국어의 이해와 탐구

# 국어의 이해와 탐구

서상준 · 손춘섭 · 양영희

역락

# 책 머리에

대학에서 국어학개론을 강의해 온 지도 적지 않은 세월이 흘렀다. 그러는 동안 우리는 학생들이 국어의 여러 가지 다양한 모습을 스스로의 눈으로 탐구하고 폭넓게 이해하도록 하는 일이 생각처럼 쉽지 않다는 사실을 늘 아쉬워했다. 국어학개론의 교수·학습 목표는 학습자들이 국어라는 객관적 대상을 다양한 시각으로 접근하여 그 안에 내재해 있는 법칙과 과제들을 스스로 탐색하고 정립할 수 있어야 한다는 것이 우리의 평소 생각이다.

이러한 생각의 저변에는, 학습자들 자신이 국어의 창조적 생산자이자 수용자이며 이로 인하여 가장 적절한 국어 관찰자이자 연구자가 될 수 있다는 지극히 당연한 명제가 자리 잡고 있다. 따라서 국어를, 인간의 사유 체계이며 의사소통을 위한 도구로서뿐 아니라, 오랜 세월 대를 이으며 켜켜이 쌓아 온 문화·지식 체계로서 온당하게 이해하고 계승·발전시키는 일이 그들 학습자들이 감당하여야 할 소임일 것이다. 그러므로 우리가 그들에게 바라는 것은 기성의 틀에 지레 압도되어 피동적인 답습자가 되지 말고, 어설프더라도 주체적인 개척자가 되라는 것이다. 이미 십수 종의 국어학개론이 대학의 강단에서 버젓이 구실을 하고 있음에도 굳이 우리가 이런 부끄러움을 무릅써야 하는 주된 이유가 바로 여기에 있다.

또 하나의 구실은 음운·문법·의미론이 여전히 국어학개론의 중심이라는 고정 관념에서 벗어나 국어 연구의 광활한 대지를 펼쳐 보이고 싶어서이다. 변방은 버려진 땅이 아니라, 결국 국어의 영토를 넓히고 더욱 풍요롭게 하는 자산이기 때문이며, 그렇게 하는 것이 시작도 하기 전부터 문법은 딱딱하고 어렵다는 선입견이나, 문법가들이 만든 규칙을 배우지 않아도 말만 잘 하고 글만 잘 써 왔다는 오해의 대물림을 마침내 끊을 수 있을 거라는 욕심도 거들었다. 중심 영역의 전문적인 지식은 세부 전공 시간에 쌓아도 늦지 않을 것이라는 생각은 여러 면에서 우리를 편하게 해 주었다.

이런 취지에서 이 책에서는 국어의 심층과 현상을 폭넓게 다루면서 각 영역의 중요 내용을 가능한 한 쉽게 설명하려 하였다. 언어에 대한 가장 기본적인 물음에서 출발하여, 국어 연구의 근간을 이루는 말소리·문장·의미 영역의 핵심은 그대로 제시하면서도, 국어의 참모습을 사회학적인 관점이나 인지학적인 관점으로도 접근할 수 있도록 안내하고, 지역에 따라 달라지는 국어의 특성을 살피고 표준어와의 관계에 대해서 고민해 보는 자리도 마련하였다. 사전을 편찬하는 방법과 원칙, 그리고 우리 문자의 창제 때의 모습과 현재에 이르기까지의 변천 과정, 국어의 역사, 국어 정책 등에 대해서도 지면을 할애했다.

교재는 총 12장으로 구성되어 있다. 중간과 기말고사를 제외하면, 한 학기에 대략 12주의 강의를 하는 현실을 고려한 것이다. 그러나 각 장의 내용을 구성하는 데에는 이러한 편의보다 주제의 선정을 우선으로 삼았다. 다시 강조하여 말하지만, 음운·문법·의미 중심의 전통적인 틀을 넘어, 국어와 국어 문화의 지평을 넓히고자 하는 우리의 오랜 바람을 성긴 채로라도 담고 싶었기 때문이다. 어떻게 운용할 것인가는 순전히 강의자의 몫으로 맡겨야 할 것이다.

생각이 책으로 옮겨지기까지 많은 시간을 아껴 보내지 못한 탓으로, 곳곳이 우리 스스로의 눈에도 많이 미흡하다. 각 장마다 생각거리를 확인하고 더 알고 싶은 욕구를 채워 줄 익힘 문제나 참고 문헌을 붙이지 못했을 뿐 아니라, 각 장의 중심 내용을 기술하면서 공저의 의도를 미처 살리지 못한 경우도 있었다. 무엇보다 국어에 대한 우리의 지식이나 관점이 잘못되지는 않았는지가 가장 큰 걱정이다.

이 작은 책자를 내기까지에는 많은 분들의 은혜를 입었다. 때로는 엄하게 때로는 따뜻하게 크고 작은 가르침을 주신 은사님들이 오늘의 우리를 있게 했다면, 주시경 선생 이후 많은 연구자들의 선공이 이 책의 밑거름이 되었다. 고개 숙여 감사드리고, 꾸준히 보정하는 것으로 보답하겠다.

2011년 가을을 기다리며

서상준·손춘섭·양영희

# 차례

제5장  **국어의 변화** · 115

## 01 | 언어란 무엇인가?

언어란 무엇인가? 언어학자 촘스키(N. Chomsky)는 언어를 '인간의 정수(精髓, human essence)'라고 정의했다.(When we study *human language*, we are approaching what some might call *the human essence*.) 이는 언어가 인간의 본질을 밝힐 수 있는 중요한 단서라는 뜻이다. 이 말대로라면 '언어란 무엇인가?'에 답하는 것은 '인간이란 무엇인가?'에 답하는 것이 된다. 그러나 이 말은 언어가 무엇인지 밝히는 것이 인간이 무엇인지를 밝히는 것만큼이나 쉽지 않다는 것을 반증하는 말이기도 하다.

'언어가 무엇인가?'에 대해 답하는 것은 쉽지 않지만, 언어가 어떤 특성을 지니고 있는가를 설명하는 것은 그리 어렵지 않다. 이것은 '인간이란 무엇인가?'에 대해 어려운 답을 바로 찾기보다는 '인간의 특성'들을 제시함으로써 인간을 탐구하려는 방법과 같다. 물론 언어의 특성들에 대한 설명은 궁극적으로는 인간에 대한 설명이기도 하다. 언어가 인간만이 갖고 있는 '인간 특유의 것(the distinctive qualities of mind that are, so far as we know, *unique to man*. N. Chomsky, 1968 : 100)'이기 때문이다.

## 02 | 언어마다 다른 닭 울음소리

독일의 철학자이자 언어학자인 라이프니츠(Gottfried Wilhelm von Leibniz)는 '언어가 인간 정신의 최고의 거울(Languages are *the best mirror of the human mind*.)'이라고 한 바 있다. 이 말은 언어가 인간의 정신세계, 곧 인간의 생각을 나타내는 것이라는 뜻이다. 말하자면 언어는 인간의 생각을 나타내는 매개체이다.

언어가 인간의 생각을 나타내는 매개체라는 점에서 언어를 '기호(symbol)'라는 개념으로 설명할 수 있다. 무엇을 나타내기 위해서 사용하는 모든 매개체는 기호이다. 따라서 기호는 그 자체로는 '나타난 것'이고, 그 안에 '나타내려는 것'을 담고 있다. 예를 들어 '빨간 신호등'은 나타난 것으로서의 기호이고, [STOP]이라는 뜻은 빨간 신호등이라는 기호를 매개체로 삼아 나타내려는 것이다. 인간의 언어도 모두 이런 기호로서의 성질을 그대로 갖고 있다. 몸짓으로 '엄지손가락을 치켜세움'은 [최고]를 나타내려는 것이고, 입으로 '아버지'라고 소리 내는 것은 [父]라는 뜻을 나타내려는 것이다.

인간의 언어가 기호로서 갖는 특성을 '이원성(duality)'이라고 한다. 입말만을 국한해 말하면, 인간의 언어가 기호로 나타난 것을 '음성'이라고 하고, 나타내려는 것을 '의미'라고 부를 수 있다. 인간의 언어 기호는 음성과 의미라는 이원적 체계를 갖는 것이다. 예를 들어 국어의 '집', 영어의 'house', 중국어의 'jia'는 모두 [家]라는 의미를 나타내려는 언어 기호이다.

언어 기호가 이원성을 지니고 있다고 해도 나타난 것과 나타내려는 의미는 필연적인 관계에 있지 않다. 이러한 언어 기호의 특성을 '자의성(arbitrariness)'이라고 부른다. 곧 어떤 음성과 의미의 관계도 필연적이지 않다. 음성 '배'는 [梨], [舟], [腹]의 의미를 동시에 가질 수 있다. 누구에게나 동일한 소리로 들리는 '개 짖는 소리'라도 여러 가지 음성으로 나타날 수 있다. 한국어에서는 '멍멍', 영어에서는 '바우와우(bowwow)', 러시아어에서는 '가브가브(gav-gav)'이다. 이것은 언어 기호가 같은 의미라 하더라도 반드시 같은 소리로 나타내도록 정해져 있지 않음을 보여준다. 닭 울음소리도 마찬가지이다. 한국어는 '꼬끼오', 영어는 '코커두들두(cock-a-doodle-doo)', 일본어는 '고케코코(コケコッコー)', 프랑스어는 '코

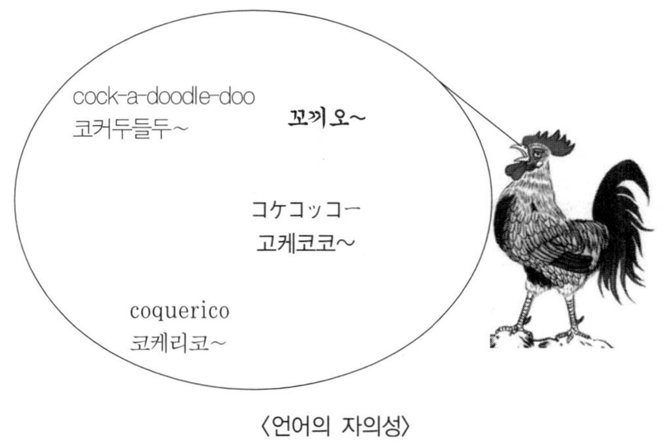


〈언어의 자의성〉

케리코(coquerico)'가 닭의 울음소리를 나타내는 기호이다. 언어마다 닭 울음소리가 이렇게 다른 이유는 기호인 음성과 의미가 자의적으로 맺어졌기 때문이다.

언어는 이원성, 자의성 이외에도 여러 가지 특성들을 갖고 있다. 예를 들면 언어는 사회적 용인을 얻어야 쓰일 수 있는데, 이를 '언어의 사회성'이라고 한다. 언어는 새로운 의미를 나타내기 위하여 언제든지 새로 만들어 쓸 수도 있다. 이러한 성질은 '언어의 창조성'이라고 부른다. 또, 언어는 화자와 청자가 서로 역할을 바꾸어 가며 주고받는 것인데, 이를 '언어의 교환성'이라고 한다. 그리고 언어는 인간에게 유전되지 않고 문화를 통해서 전달되는데, 이는 '문화적 전달성'이라고 부른다. 이러한 특성들은 언어가 무엇인가를 이해하는 데 많은 도움을 준다. 물론 언어에 대하여 여기서 언급하지 않은 더 많은 특성들을 찾아낼 수 있으며, 그렇게 하면 우리는 언어에 대하여 더 많은 것을 알 수 있게 된다.

## 03 | 몸말, 입말, 글말

인간의 언어는 크게 세 가지 유형으로 구별할 수 있다. 먼저 '몸말(신체어, body language)'이다. 몸말은 우리가 의사소통을 위해 사용하는 '몸짓, 손짓, 표정' 등 모든 종류의 행동이다. 몸말은 때로는 동물들의 것과도 흡사한 면이 있는데, 이는 인간이 의사소통을 위해서 입말이나 글말보다 몸말을 가장 먼저 사용하기 시작하였다는 사실과 통하는 것이다. 예를 들어 '입을 크게 벌리는 행동'은 공포감의 표현인데, 원숭이나 인간에게서 똑같이 발견된다고 한다. 인간은 일상에서 몸짓만으로도 다른 사람과 소통할 수 있다. 때로는 동물과도 몸짓으로 소통하는 사람도 있다.

　다음은 '입말(구어, spoken language)'이다. 입말은 인간의 목소리를 활용하는 의사소통 방식이다. 입말은 '음운, 단어, 문장' 등의 언어 단위(linguistic unit)들로 분석할 수 있다. 인간은 이 언어 단위들을 정교하게 배열하여 '음성'으로 나타냄으로써, '세계'를 인식하는 인간의 사유 체계를 표현한다. 보통 인간의 언어라고 하면 이 입말을 가리키는데, 진화론적 언어 기원론자들에 따르면, 약 50만 년 전 인간이 직립한 후 두뇌 크기가 $1,000cm^3$ 정도 되었을 때, 처음으로 입말을 사용하기 시작하였다고 한다.

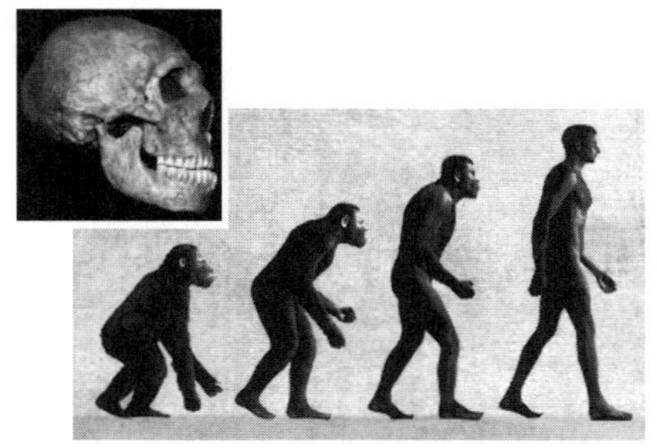

**네안데르탈인의 두개골과 인간의 직립:** 호모에렉투스, 네안데르탈인, 크로마뇽인 등은 직립한 인간의 조상으로서 두뇌 크기가 모두 $1,000cm^3$를 넘었는데 이들 중에 입말을 최초로 사용한 인간이 있을 것으로 본다.

　세 번째로는 '글말(문어, written language)'이다. 글말은 몸말과 입말에 비해 인간이 가장 나중에 사용하기 시작한 의사소통 수단이다. 글말은 글자의 출현과 함께 시작한 것으로 보아야 하는데, 알려진 최초의 글자는 지금으로부터 약 6,000년 전에 수메르인들이 사용했다는 '설형문자(쐐기글자)'이다. 글말은 입말의 단점을 보완하기 위하여 만들어진 것이지만 처음부터 입말을 그대로 적을 수는 없었다. 또한 글자를 익힌 사람들만이 사용할 수 있다는 점에서 몸말이나 입말과는 차별적인 것이었다.

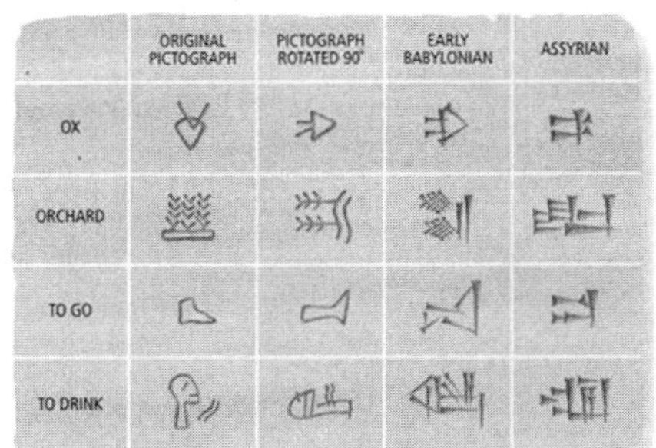

**설형문자와 설형문자가 새겨진 점토:** 설형(楔形)문자는 한자(漢字)와 마찬가지로 그림문자에서 유래한다. 설형문자는 약 6,000년 전부터 수메르인들이 젖은 점토 위에 도구를 이용해 글자를 새기기 시작하면서부터 발달했으며, 초기에는 주로 수를 세기 위해서 사용하였다.

## 04 | 저절로 배우는 언어

사람의 언어, 특히 입말을 다른 말로 '자연 언어(natural language)'라고 부른다. 이것은 사람이 태어나서 저절로 배우고, 자연스럽게 사용하기 때문이다. 그래서 자연 언어를 '일상 언어(ordinary language)'라고 부르기도 한다. 자연 언어는 누구라도 일정 시기가 되면 자연스럽게 습득한다.

사람이 태어나서 맨 처음 저절로 익히는 자연 언어를 흔히 제1언어(L1, first language)라고 한다. 제1언어를 달리 모어(mother language)라고 부르기도 한다. 모어(母語)와 모국어(母國語)를 구별 없이 혼용하는 일이 많으나 엄밀히 말하면 둘은 다르다. 인도나 중국, 캐나다처럼 여러 언어가 공존하는 국가에서는 국민들의 모어와 모국어가 반드시 일치하지는 않는다. '모어'에서 '모(母)'는 '토박이(native)'와 유사한 의미이다. 제1언어가 꼭 하나의 언어만을 가리키는 것도 아니다. 두 개 이상의 언어를 모어로 습득하는 경우도 있는데, 이를 이중 언어(bilingual), 삼중 언어(trilingual) 등의 용어로 나타낸다.

사람에 따라서는 제1언어를 완전히 습득한 후에 필요에 따라 다른 언어를 배우기도 하는데, 이를 보통 제2언어(L2, second language)라고 한다. 제2언어는 일반적으로 모어 이외의 외국어를 뜻한다. 예를 들어 한국어를 먼저 습득하고, 영어를 다시 배웠다면 한국어는 제1언어, 영어는 제2언어이다.

자연 언어와 달리 어떤 목적을 위하여 만들어 사용하는 언어도 있는데, 이를 인공 언어(artificial language)라고 부른다. 수학이나 논리학, 전산학에서 인위적으로 만들어 사용하는 기호들은 모두 인공 언어이다. 1887년에 국제적으로 널리 사용할 중립적인 언어를 만든다는 목표로 자멘호프(Lazaro Ludoviko Zamenhof)가 창시한 에스페란토어 역시 인공 언어이다. 이런 인공 언어는 자연 언어와 달리 누구나 저절로 습득하는 언어가 아니라 일부러 배워야 하는 언어이다.

# 05 | 같은 음악, 다른 연주

'랑그'와 '파롤'은 언어를 추상적인 소통의 측면과 구체적인 사용의 측면에서 이원적으로 파악한 소쉬르의 용어이다. 랑그는 사용자들의 머릿속에 저장되어 있는 추상적인 언어로서, 사회적으로 용인된 상태의 언어이다. 반면 파롤은 그것을 사용하는 개인 각자의 구체적인 실제의 언어이다. 흔히 랑그를 음악의 악보로, 파롤을 연주로 비유한다. 동일한 음악이라도 악보를 연주하는 사람에 따라 다른 느낌을 줄 수 있다. 그러나 듣는 사람들은 다른 느낌을 주는 연주들이 하나의 악보를 바탕으로 하는 것이라고 이해한다. 언어도 각기 다른 느낌을 주는 연주와 같이 개인의 구체적인 사용으로서의 언어, 곧 파롤과 연주의 바탕이 되는 악보와 같은 사회적 소통으로서의 언어, 곧 랑그가 있다고 본다.

언어를 랑그와 파롤로 구분하는 것과 흡사한 개념으로 언어능력(linguistic competence)과 언어수행(linguistic performance)이 있다. 사람은 자신의 모어를 이해하고 사용하는 천부적인 지식과 능력을 갖고 있다. 사람이 자신이 사용하는 언어에 대해 가진 이러한 내재적인 능력을 언어능력이라고 부른다. 합리주의 언어 습득 이론에서는 이러한 능력을 인간이면 누구나 가지는 '암묵적인 앎(tacit knowledge)'이라고 한다.

한편 언어수행이란 사람들이 실제로 말을 하는 행위를 뜻한다. 이 언어수행은 사람들의 정신세계에 내재한 언어능력을 바탕으로 이루어진다. 우리는 실제로 언어를 사용할 때 틀린 표현을 하거나, 말실수 등을 할 수 있다. 이것이 바로 언어수행의 특징이다. 그러나 사람은 이럴 때조차도 언어능력에 비추어 무엇이 잘못되었고, 무엇이 올바른지를 알 수 있

다. 우리가 악보를 제대로 기억하고 있지만 연주할 때는 실수를 저지를
수 있는 것과 같은 이치이다.

## 06 | 어린이의 언어 습득

어린이는 만 3세 전후가 되면 언어를 사용하고 이해할 수 있다. 이
는 어린이가 이렇게 짧은 시간에 하나의 언어를 '학습'하여 얻은 결과
라고는 말하기 힘든 현상이다. 언어 습득 이론은 어린이가 이렇게 단
시간에 어떤 언어를 자연스럽게 사용할 수 있게 되는 현상을 설명하려
는 것이다.

어린이의 언어 습득은 생득적(生得的)이라는 이론이 있다. 생득설(nativism)
혹은 합리주의 이론이라고 한다. 생득설은 사람이 태어나면서부터 이미
언어에 대한 청사진, 곧 '천부적 능력(innate faculty, tacit knowledge)'을 가
지고 있다는 것이다. 이러한 천부적 능력은 오직 사람에게만 있는 것이
어서 두뇌가 아무리 발달한 원숭이라도 인간처럼 언어를 습득할 수는
없다고 한다.

반면 후천적 학습에 의해 언어를 습득한다는 이론이 있다. 행동주의
혹은 경험주의 이론이라고 한다. 이 이론에 따르면 인간은 언어에 관해
'백지 상태'로 태어나서 점차 주위 사람의 언어를 부단히 모방하고 학습
하여, 곧 경험을 바탕으로 언어를 익혀 나간다고 한다.

# 07 | 세계의 언어와 국어

　세계에 존재하는 인간 언어의 수는 5,000~6,000개로 추정한다. 오늘날은 문명의 발달로 언어 공동체 사이의 교류가 잦고, 문화·정치적인 이유로 언어의 수에 많은 변화가 있다. 외지인이 정착하기 전의 아메리카 대륙에는 2,000여 개의 원주민 언어가 있었고, 호주나 아프리카 대륙에도 수백 개의 언어가 있었다고 한다. 현재 아프리카 사하라 사막 남쪽에는 800여 개의 언어가 쓰이고 있으며, 파푸아 뉴기니에도 700여 개의 원주민 언어가 있다.

　세계의 이렇게 많은 언어가 모두가 별개의 언어인가 아니면 어떤 언어의 방언인가를 결정하는 것은 쉽지 않다. 서로 의사소통이 가능한지 아닌지에 따라서 별개의 언어로 보기도 하지만 반드시 그렇게 구별되는 것만도 아니다. 예를 들어 스웨덴어와 노르웨이어는 서로 의사소통이 잘 될 만큼 유사하지만 다른 언어로 다루고, 중국의 북경어와 광동어는 서로 의사소통이 불가능한데도 중국어의 방언으로 본다.

　하지만 어떤 언어이든 그것이 쓰이는 지리적인 범위와 그것을 사용하는 일정한 수의 언중(言衆)을 갖고 있다. 영어는 세계 1위의 공용어로서 넓은 지리적 분포를 갖는다. 반면 중국어는 사용하는 언중의 수로 세계 1위인 언어이다. 국어는 지리적으로는 한반도 전체와 중국, 일본 등 세계 곳곳의 교민 거주 지역에서 쓰는 언어이다. 언중의 수로는 남북한 인구 6,600만 명, 중국 교포 약 200만 명, 기타 지역 약 200만 명, 총 7,000만 명 정도가 사용하는 언어이다. 이러한 수치는 2002년을 기준으로 세계 13위에 드는 것이다.

국어는 우리나라의 말, 곧 대한민국의 말이다. 따라서 국어는 '한국어(Korean language)'라는 말이 된다. 그러나 우리는 일상에서 우리말을 부를 때 '국어'라고 부르는 것이 더 자연스럽다. 또 '어느 한 국가의 공통어'라는 의미로 국어를 쓰기도 한다. 근래에 국어를 배우는 외국인들이 많아지면서, 한국어라는 말 또한 국어 못지않게 자주 쓴다. 한국어라는 말은 국어를 제2언어로 지칭할 때 쓰기도 한다. 그러나 아무런 한정 없이 쓸 때 국어나 한국어는 모두 우리나라의 말을 뜻한다.

## 08 | 언어에 대한 연구

언어를 연구하는 학문을 언어학(linguistics)이라고 한다. 언어학은 언어의 본질과 기능, 그리고 그 변화 등에 대해 연구한다. 현재 사용하는 언어는 물론 과거의 언어에 대해서도 연구한다. 언어학은 문명국에서 사용하는 언어든지 미개한 지역에서 사용하는 언어든지 모두 동일한 연구 대상으로 본다.

언어학은 언어를 과학적으로 연구한다. 과학적으로 연구한다는 것은 언어학이 자연과학이나 다른 학문 분야들과 마찬가지로 보편적 진리를 밝히려고 한다는 것이다. 곧 언어학은 언어가 가지고 있는 보편적인 특성들을 찾아내어 체계화하며, 가설이나 규칙 등의 형태로 이론을 수립하려는 목적을 갖는다. 이런 점에서 언어학은 순수 과학에 속하며, 객관적인 관점에서 언어의 본질을 기술(description)한다.

그러나 언어에 대한 연구의 결과를 실용적인 문제에 적용하는 것을 목적으로 하는 언어학도 있다. 예를 들어 언어 정책의 수립이나 언어 교육, 언어 치료, 사전 편찬, 전산화 등에서는 언어학의 연구 결과를 실용적인 목적으로 이용한다. 언어에 대한 연구가 순수한 학문으로서의 목적만을 가질 때 이를 이론 언어학(theoretical linguistics)이라고 하지만, 이처럼 실용적 목적을 가지는 언어학은 응용 언어학(applied linguistics)이라고 부른다.

언어학이 모든 언어를 대상으로 그 보편적 속성을 밝히는 것이라면, 국어학은 국어를 대상으로 하는 과학적 탐구이다. 따라서 국어학은 국어가 가지고 있는 언어로서의 보편적 특성을 연구함은 물론, 국어 나름의 개별적이고 특수한 현상들도 함께 연구한다. 전자와 같은 것을 일반 언어학(general linguistics)이라고 부르고, 국어처럼 개별 언어에 대해서 연구하는 것을 개별 언어학(individual linguistics)이라고 부른다.

일반 언어학과 개별 언어학은 상호 의존적인 관계에 있다. 곧 개별 언어학에서 밝혀진 언어의 일반적인 특성과 기능에 대한 내용들은 일반 언어학의 연구에서 활용되고 검증될 수 있다. 반대로 일반 언어학적인 연구 성과들도 똑같이 개별 언어학의 연구에 기여할 수 있다. 예를 들어 모든 언어에서 '타동사'가 쓰이는 문장에 '주어(S), 서술어(V), 목적어(O)'가 나타난다는 사실은 일반 언어학적인 기술이다. 반면 이것들이 어떤 언어에서는 '주어(S), 목적어(O), 서술어(V)'의 순서로 나타나고, 다른 언어에서는 '주어(S), 서술어(V), 목적어(O)'의 순서로 나타난다는 것은 개별 언어학적인 기술이다. 그러나 이 두 가지 기술은 별개의 것이 아니라 상호 의존적이고 보완적인 관계에 있는 것이다.

언어에 대한 연구는 어떻게 시간적 범위를 정하느냐에 따라서 구분되기도 한다. 시간은 일반적으로 과거로부터 현재를 거쳐 미래로 흘러가는 것으로 인식된다. 곧 과거에서 미래까지 어떤 시간이 순차적으로 연속되는 것으로 생각한다. 이렇게 과거로부터 미래에까지 시간이 연속적으로 존재하는 상태를 통시적(diachronic)이라고 하고, 특정한 시기의 시간적 상태를 공시적(synchronic)이라고 한다. 언어를 연구할 때 시간적으로 하나의 상태로부터 다음 상태로 이행(移行), 전개하는 현상에 관하여 연구하는 것을 통시적 연구라고 한다. 반면 어느 한 시기에 존재하는 언어 현상만을 독자적으로 기술하는 것을 공시적 연구라고 한다.

공시적 연구와 통시적 연구는 상반된 것이어서 서로 관계가 없는 것 같지만, 사실은 그렇지 않다. 어떤 한 시기의 언어 현상이 이전 시기의 언어 현상과 관련을 맺고 있는 경우가 많기 때문이다. 예컨대 현대국어 '안팎'은 '안'과 '밖'의 결합인데, 'ㅎ' 소리가 덧난다. 이것은 과거에 명사 '안'이 '안ㅎ'이었기 때문이다. 따라서 이 두 가지 연구 방법은 상호 참고하는 관계에 있다.

언어학은 연구 대상이 되는 언어 요소에 따라서도 구분할 수 있다. 언어의 연구에서 언어의 한 요소만을 대상으로 연구하는 것을 보통 일면적 연구라고 하고, 언어의 모든 요소를 대상으로 연구하는 것을 전면적 연구라고 한다. 곧 일면적 연구는 언어의 음운이나 형태, 통사, 의미 등의 한 요소만을 대상으로 삼는 연구로서, 음운론, 형태론, 통사론, 의미론 따위가 해당한다. 반면, 전면적 연구는 방언론, 어휘론, 국어사, 문자론 등처럼 언어의 어떤 한 요소만이 아니라 전반적인 요소들을 다루는 대표적인 연구 분야들이다. 그러나 항상 일면적 연구와 전면적 연구가 확연히 구별되는 것은 아니다. 예를 들어 방언론이라고 하더라도 방언의 어느 한 요소만을 대상으로 삼아 연구할 수도 있고, 전면적으로 연구하는 경우도 있을 수 있기 때문이다.

# 09 | 국어 연구의 여러 분야

국어 연구의 3대 핵심 분야는 음운론, 문법론, 의미론이다. 언어는 말소리와 구조, 그리고 의미라는 세 가지 핵심적인 요소로 이루어진다고 생각하기 때문이다. 말소리의 생성 및 변동과 변화, 음절 등을 다루는 분야가 음운론이고, 말소리를 원소로 하여 만들어지는 형태소, 단어, 구절, 문장 등의 구조를 다루는 분야가 문법론이다. 그리고 의미론은 단어, 문장 등의 언어 단위에 대해서 해석 가능한 의미를 밝히고 연구하는 분야이다. 구조론적 관점에서는 국어학의 핵심 분야를 음운론과 문법론으로 보기도 한다.

국어 연구의 목적을 순수한 이론의 수립에 두는 이론 국어학의 분야에는 국어 음운론, 국어 문법론, 국어 의미론, 국어 화용론을 비롯하여 국어 방언론, 국어 어휘론, 국어사, 국어 계통론, 국어학사 등이 있다. 국어 방언론은 국어의 지역적인 분화와 사회적 변이 등에 대해 연구하는 분야이다. 국어 어휘론은 국어 어휘의 형태와 의미, 어휘 체계 등을 다룬다. 국어사는 국어의 역사를 연구하는 분야이며, 국어 계통론은 국어의 기원과 친족 관계를 다루는 분야이다. 그리고 국어학사는 국어 연구의 역사를 고찰하는 분야이다.

국어 연구의 목적을 실용적인 적용에 두는 응용 국어학의 분야에는 국어 교육론, 국어 정책론, 국어 문체론, 심리 국어학, 임상 국어학, 국어 정보학 등이 있다. 국어 교육론은 국어 교육의 목표, 교육 내용, 교육 방법, 평가 등에 대해 연구하는 분야이다. 물론 제2언어로서의 한국어를 배우려는 사람들의 교육에 대한 연구도 포함한다. 국어 정책론은 국어

정책의 수립, 어문 규범의 제정, 국민의 국어 생활에 대한 제도의 수립
과 실행 등에 대해서 연구하는 분야이다. 국어 문체론은 국어 문체의 일
반적인 특성과 체계화에 대해서 연구하고, 심리 국어학은 국어 습득과
심리적 요인이 국어사용에 미치는 영향 등에 대해서 연구한다. 임상 국
어학은 주로 실어증이나 말더듬이와 같은 장애의 치료에 대하여 연구하
며, 국어 정보학은 컴퓨터를 이용하여 국어를 자료화하고 분석하며 정보
로서 처리하는 것 등에 대해 연구하는 분야이다.

# 제 2 장

# 국어의 말소리

## 01 | 뜻을 담는 소리들

세상에는 여러 가지 소리들이 있다. 자연에서 나오는 소리와 인간이 만들어 낸 소리에 이르기까지 수없이 많은 소리들이 있다. 세상의 이 모든 소리는 우리가 의미를 정확하게 알든 모르든 간에 그 나름대로 모두 무언가를 뜻한다고 할 수 있다. 어떤 소리는 처음부터 의미를 담기 위하여 만들어진다. 예컨대, 학교 종소리는 수업의 시작이나 끝을 나타내기 위하여 만들어지는 소리이다.

인간이 입으로 내는 소리들 중에도 어떤 의미를 담아내기 위하여 만들어지는 매우 특이하고도 정교한 것들이 있다. 무의식중에 입에서 튀어나오는 재채기 소리는 그 자체로 '코의 점막이 자극을 받아 경련성(痙攣性)의 반사 운동이 일어났다.'는 것을 뜻한다. 그러나 "간지러워!"와 같은 소리와는 다르다. 재채기 소리는 무엇인가 의미가 있다고 해도, 소리를 낸 사람이 그 의미를 담아내기 위하여 의도한 것이라고 하기는 어려운데 반하여, "간지러워!"는 사람이 어떤 의미를 담아내기 위하여 의도를 가지고 산출한 것이다. "간지러워!"처럼 인간이 입과 같은 발음 기관을 이용하여 특정의 의미를 담아 의도적으로 낸 소리를 '말소리'라고 한다. 말소리는 "간지러워!"라는 말 전체를 가리키기도 하지만, 보통 'ㄱ, ㅏ, ㄴ, ㅈ'과 같은 낱낱의 소리들을 이르는 것이다.

## 02 | 말소리를 만드는 기관(器官)

'말' 혹은 '말소리'는 보통 입이나 혀에서 만들어진다고 생각한다. 그래서 언어를 입이나 혀라고 부르기도 한다. "입 조심해!", "세 치 혀를 조심해야 한다."와 같은 말에서 입이나 혀는 바로 언어를 나타낸다. 영어의 'tongue'이 언어라는 뜻을 갖는 것도 혀가 말을 만드는 주요한 기관이라고 생각하기 때문이다.

입이나 혀처럼 말소리를 만드는 인체의 기관을 가리켜 '조음 기관' 혹은 '발음 기관(speech organ)'이라고 부른다. 이러한 조음 기관은 역할에 따라 세 가지로 구분한다. 곧 말소리를 만드는 원동력이 되는 부분으로서의 발동부, 말소리 그 자체를 생성하는 부분으로서의 발성부, 그리고 말소리를 정교하고 다양하게 만들어 내는 부분으로서의 발음부, 혹은 조음부가 그것이다.

발동부는 '폐'를 가리킨다. 폐는 인체의 호흡을 담당하는 기관으로서

숨을 들이쉬는 동작과 내쉬는 동작이 이루어지고, 인체 생리학적으로는 산소의 순환이 이루어지는 곳이다. 사람의 말소리는 대부분의 언어에서 폐가 내쉬는 숨으로 만들어진다. 곧 많은 말소리는 '날숨'을 동력으로 하여 산출된다.

발성부는 '후두'를 말한다. 후두는 '성문'과 '성대'로 구성된 목구멍 속의 기관이다. 남성들은 후두가 목의 앞쪽으로 튀어나오기도 한다. 후두를 제거하면 목소리를 잃는다. 후두가 말소리를 만드는 데 결정적인 역할을 하는 기관이기 때문이다. 후두에서 공기가 들고나는 부분을 성문이라고 하는데, 성문의 중간 부분에 성대가 있다. 성대는 남녀에 따라 길이가 다른데 성대가 상대적으로 긴 남성(약 1.5~2cm, 여성은 약 1.0~1.5cm)의 목소리는 굵고 낮고 무거운 느낌을 준다. 인간의 말소리는 이 성대를 통과하면서 유성음과 무성음으로 구별된다.

발음부는 폐로 드나드는 숨과 성대를 이용하여 만들어진 말소리가 정교하고 다양해지는 기관이다. 인두, 비강, 구강, 혀, 입술, 이, 잇몸 등이 발음부를 형성하는 기관들이다.

이 중에서 혀는 매우 중요한 역할을 한다. 이 때문에 혀는 여러 부분으로 나누어 파악하기도 한다. 혀의 맨 앞부분은 설단(blade of tongue)이라고 부른다. 이 부분은 입을 다물 때 윗잇몸과 맞닿는다. 경구개와 맞닿게 되는 부분은 전설(front of tongue)이라고 부르고, 연구개와 맞닿는 부분은 후설(back of tongue)이라고 부른다.

혀 외에 입술과 이, 잇몸, 비강 등도 말소리의 정교한 산출에 기여한다. 입술은 말소리를 낼 때 평평한가 둥근가에 따라 다른 말소리가 되게 한다. 비강은 목젖에 의해 조절된 공기를 통과시키면서 발음할 때 구강으로 공기가 흐를 때와는 다른 말소리가 만들어지게 한다. 이나 잇몸은 주로 윗니와 윗잇몸이 발음에 관여한다.

발음부를 이루는 기관들 중에서 입의 아래쪽에 있는 아랫입술, 혀 등처럼 움직임이 활발한 것들은 조음체(articulator)라고 하고, 입천장, 윗니, 윗잇몸, 윗입술처럼 조음체들이 가 닿는 부분들은 조음점(point of articulation)이라고 부른다. 말소리, 특히 자음은 이 조음체와 조음점이 함께 작용하여 만들어지는데, 조음체는 말소리의 산출 과정에서 능동적인 역할을 하고, 조음점은 수동적인 역할을 한다.

## 03 | 다르지만 같다고 느끼는 말소리

같은 언어를 쓰는 사람들은 사람이 내는 말소리가 다양하여도 말소리의 같고 다름을 구별할 수 있다. 예를 들면 '달'과 '탈'과 '딸'은 어느 한 부분만이 다른 말소리로 되어 있는 말들이다. 곧 'ㄷ'과 'ㅌ, ㄸ'만 다르고 나머지는 동일한 말소리로 되어 있다. 국어를 사용하는 사람이라면 누구나 이 세 말이 다르다는 것을 안다. 그것은 바로 세 말에서 말소리 'ㄷ, ㅌ, ㄸ'이 다르기 때문이다.

'달'과 '돌'에서도 마찬가지다. 'ㅏ, ㅗ'를 제외하고는 두 말 속에 들어 있는 모든 말소리가 같다. 국어를 사용하는 사람들은 이 두 말의 차이가 말소리 'ㅏ, ㅗ'가 다르기 때문에 생긴 것이라고 생각한다.

그러나 실제로는 창호가 '달'이라고 말하고, 영희도 '달'이라고 말할 때에 두 사람의 말에는 어떤 차이가 분명히 있다. 곧 창호의 'ㄷ' 소리와 영희의 'ㄷ' 소리에는 두 사람의 음색, 음장, 주파수 등에서 기인하는 차이들이 있다. 요컨대 창호의 'ㄷ' 소리와 영희의 'ㄷ' 소리는 다른 것이다. 그런데도 우리는 창호의 '달'과 영희의 '달'이 같은 말이라고 생각한다. 하지만 엄밀하게 말하면, 창호의 'ㄷ' 소리와 영희의 'ㄷ' 소리는, '실제는 다르지만 같다고 느끼는 말소리'라고 해야 할 것이다.

요약하면, 말소리는 구체적이고 실제적인 차원에서는 모두 다르다. 그러나 동일한 언어로 소통하는 사람들의 관념 속에는 같은 말소리가 있고 다른 말소리가 있다. 언어학자들은 실제적이고 구체적으로 모두 다른 상태의 말소리를 '음성'이라고 부르고, 다른 말을 만든다고 생각하는 관념적인 말소리들을 '음운'이라고 부른다. 앞에서 말한 'ㄷ, ㅌ, ㄸ'이나, 'ㅏ, ㅗ' 등이 음운이다.

다르지만 같다고 느끼는 말소리는 한 사람이 발화한 어떤 낱말의 내부에도 있다. 예를 들어 어떤 사람이 '바보'라고 말했다고 하자. 이때 '바보'라는 말 속에는 두 번의 'ㅂ' 소리가 나타난다. 곧 '바'에 'ㅂ' 소리가 있고, '보'에도 'ㅂ' 소리가 있다. 그렇다면 이 두 'ㅂ' 소리는 같은 것인가 다른 것인가. '바보' 속의 두 'ㅂ' 소리는 같은 사람의 말소리이지 두 사람의 말소리가 아니기 때문에 음색이나 주파수 등의 차이가 있다고 보기도 어렵다. 그렇다면 이 두 개의 소리는 같은 것이어야 한다.

그런데도 '바보' 속의 두 'ㅂ' 소리는 '다른 소리'이다. 우선 '보' 속의 'ㅂ' 소리는 '바' 속의 'ㅂ' 소리와는 달리, 앞에 'ㅏ'라는 모음이 있고, 뒤에도 'ㅗ'라는 모음이 있다. 이렇게 앞뒤에 모음이 있는 환경 때문에 비록 한 사람이 내는 말소리라 하더라도 '보' 속의 'ㅂ' 소리는 모음들처럼 울림소리가 되어서, '바' 속의 'ㅂ' 소리와는 다른 것이 되고 만다. 그렇지만 국어를 사용하는 사람은 누구라도 이러한 사실 때문에 두 'ㅂ' 소리를 다르다고 생각하지 않는다. 물론 이러한 차이를 다른 말소리로 인식하게 하는 언어도 많다.

한 사람이 발화한 '바보' 속의 두 'ㅂ' 소리처럼 다른 음운이라고 인식하지는 않지만 분명한 차이를 지니는 것들을 동일 음운의 변이음이라고 부른다. '바보' 속의 두 'ㅂ' 소리나 '학교'나 '고기' 속의 각각의 두 'ㄱ' 소리도 모두 동일 음운의 변이음들이다. '은행, 향기, 흙, 화장'에 나타나는 네 개의 'ㅎ' 소리도 다 변이음들이다.


# 04 | '눈'에 들어가는 '눈ː'


중국어에서는 'ma'라는 말소리에 '높낮이'를 두어 말하면, 다른 말이 된다. 곧 mā(媽), má(麻), mǎ(馬), mà(罵)처럼 'ma'라는 동일한 부분을 갖고 있어도 소리의 높낮이에 따라서 다른 말이 되는 것이다. 이때의 높낮이(-, ´, ∨, ˋ)도 의미를 다르게 만드는 말소리와 같은 것이라고 본다. 곧 이것들 역시 '달'과 '탈'의 'ㄷ, ㅌ'과 같은 역할을 하는 것이다.

국어에서는 겨울에 하늘에서 하얗게 내리는 것을 '눈ː'이라고 하고, 얼굴에 있는 시각 기관을 '눈'이라고 한다. 두 말 역시 앞서 중국어의 'ma'처럼 '눈'이라는 동일한 부분을 가졌지만, 소리의 '길이(ː)'에 의해서 다른 말이 되고 있다. 국어의 소리의 길이도 의미를 달라지게 만드는 말소리와 같은 것이다.

'ma'나 '눈'과 같이 분절을 이루는 말소리가 아닌데도, 중국어의 높낮이, 국어의 길이 등처럼 말 사이의 뜻이 달라지게 하는 것을 '운소'라고 부른다. 앞에서 나온 '음운'이라는 용어는 'ma'와 '눈'처럼 분절하는 음소(segmental phoneme)와 높낮이, 길이처럼 분절하지 않는 운소(prosodeme)를 모두 가리키는 용어이다. 운소는 '초분절 음소(suprasegmental phoneme)'라고도 부른다.

## 05 | 자음과 모음의 차이

자음과 모음은 모두 말소리이다. 그러나 이 둘은 만들어지는 과정에 차이가 있다. 모음은 폐에서 나온 공기가 발음 기관을 통과하는 동안에 어떤 장애도 받지 않고 만들어진다. 'ㅏ, ㅓ, ㅗ, ㅜ' 등의 모음을 발음해 보면 이러한 사실을 알 수 있다. 반면 자음은 폐에서 나온 공기가 발음 기관을 통과하면서 장애를 받아 만들어지는 말소리이다. 예를 들어 'ㄱ, ㄷ, ㅂ'을 발음해 보면 입술끼리 닿거나 혀가 입천장 또는 윗니 뒤쪽에 닿으면서 공기의 흐름을 방해하는 현상이 나타난다. 공기의 흐름이 발음 기관을 통과할 때 장애를 받는가의 여부에 따라 자음과 모음의 차이가 생기는 것이다.

## 06 | 음소로서의 자음의 수

음소로서의 국어의 자음은 19개이다. 국어의 자음을 적는 데 쓰이는 글자는 14개(ㄱ, ㄴ, ㄷ, ㄹ, ㅁ, ㅂ, ㅅ, ㅇ, ㅈ, ㅊ, ㅋ, ㅌ, ㅍ, ㅎ)이므로, 이 글자들로는 국어의 자음을 모두 적을 수 없다. 국어 자음 음소를 적을 때에는 자음 글자 14개에 자음 글자 둘을 겹친 'ㄲ, ㄸ, ㅃ, ㅆ, ㅉ' 5개의 겹글자를 더하여 적는다.

이들 자음은 말소리의 발음 특성을 만들어 주는 조음 위치(place of articulation)에 따라 분류하기도 하고, 말소리를 만드는 조음 방식(manner of articulation)에 따라서 분류하기도 한다.

(1) 국어 자음 분류표

| 조음 위치 / 조음 방법 | | 양순음 | 치조음 | 경구개음 | 연구개음 | 후음 |
|---|---|---|---|---|---|---|
| 파열음 | 평음 | ㅂ | ㄷ | | ㄱ | |
| | 경음 | ㅃ | ㄸ | | ㄲ | |
| | 격음 | ㅍ | ㅌ | | ㅋ | |
| 마찰음 | 평음 | | ㅅ | | | ㅎ |
| | 경음 | | ㅆ | | | |
| 파찰음 | 평음 | | | ㅈ | | |
| | 경음 | | | ㅉ | | |
| | 격음 | | | ㅊ | | |
| 비음 | | ㅁ | ㄴ | | ㅇ | |
| 유음 | | | ㄹ | | | |

위의 표에서 양순음, 치조음, 경구개음, 연구개음, 후음은 조음 위치에 따라 자음을 분류한 것이다. 양순음에서 후음의 순서는 입안의 해부학적인 위치를 따라 앞에서부터 뒤의 순서로 나열한 것이다.

양순음(bilabial)은 두 입술이 닿았다가 떨어지면서 나는 말소리이다. 곧 공기의 흐름이 두 입술에서 방해를 받는다. 'ㅂ, ㅃ, ㅍ, ㅁ'이 해당한다.

치조음(alveolar)은 치경음이라고도 한다. 치조란 이를 싸고 있는 골 조직으로서 그 위에 잇몸 조직이 덮여 있다. 따라서 치조음은 혀의 끝이나 혀의 앞부분이 윗잇몸에 닿거나 가까워지면서 나는 말소리를 말한다. 국어의 자음은 치조음이 많다. 'ㄷ, ㅌ, ㄸ, ㅅ, ㅆ, ㄴ, ㄹ'이 치조음이다.

경구개음(palatal)은 혀가 입천장의 앞쪽 딱딱한 부분, 곧 경구개(hard palate)에 닿았다가 떨어지면서 나는 소리이다. 보통 구개음이라고 부르기도 한다. 'ㅈ, ㅊ, ㅉ'이 해당한다.

연구개음(velar)은 혀가 입천장의 뒤쪽 부드러운 부분, 곧 연구개(velum)에 닿았다가 떨어지면서 나는 소리이다. 'ㄱ, ㅋ, ㄲ, ㅇ'이 해당한다.

후음(glottal)은 후두의 성문에서 기류가 장애를 받아 나는 소리이다. 이 때문에 성문음이라고도 부른다. 'ㅎ'이 여기에 해당한다.

한편, 위의 표에서 파열음, 마찰음, 파찰음, 비음, 유음, 평음, 경음, 격음과 같은 분류는 조음 방식에 따른 것이다. 이러한 명칭은 대부분 공기의 흐름에 장애가 일어나는 방식을 말하는 것이다.

파열음(plosive)은 폐에서 나온 공기가 발음 기관의 어떤 부위에서 완전히 막혔다가 일시에 터지면서 나는 소리이다. 이 때문에 파열음을 폐쇄음이라고도 부른다. 또 파열음이라는 말 대신 터짐소리라는 용어를 쓰기도 한다. 'ㄱ, ㅋ, ㄲ', 'ㄷ, ㅌ, ㄸ', 'ㅂ, ㅍ, ㅃ'이 이에 해당한다.

마찰음(fricative)은 발음 기관의 어느 부분을 좁혀서 그 사이로 공기를 통과시키면서 내는 소리이다. 'ㅅ, ㅆ'은 혀끝과 윗잇몸 사이의 공기가 마찰을 일으키면서 내는 소리이고, 'ㅎ'은 두 성대가 좁아지면서 공기가 마찰을 일으켜 나는 소리이다.

파찰음(affricate)은 파열음의 조음 방식과 마찰음의 조음 방식을 모두 가지고 있는 말소리이다. 곧 파찰음은 발음 기관의 어느 부위에서 기류를 완전히 막았다가 터트릴 때 마찰을 일으키도록 하여 내는 소리이다. 'ㅈ, ㅊ, ㅉ'이 이에 해당한다.

비음(nasal)은 발음할 때 공기가 콧속, 곧 비강으로 흘러나오면서 나는 소리이다. 공기의 흐름을 구강이나 비강으로 나오도록 조절하는 기관은 목젖, 곧 구개수이다. 구개수가 구강으로의 공기 흐름을 막고 비강으로 흐르게 하여 나는 소리가 비음이다. 'ㅁ, ㄴ, ㅇ'이 이에 해당한다.

유음(liquid)은 구강에서 공기가 물 흐르듯 하면서 나는 소리를 말한다. 'ㄹ'이 이에 속하는데 '달'과 같은 말에서는 공기가 혀의 옆쪽으로 흐르면서 소리가 난다. '구름'과 같은 말에서는 공기가 흐르면서 혀끝이 입천장에 부딪치는 현상이 함께 일어난다.

국어에서 특징적인 조음 방식으로 성문에서 공기를 많이 압축했다가 내보내는 방식과 후두를 긴장시켜 소리를 내는 방식이 있다. 전자와 같은 방식으로 만들어지는 말소리를 격음(거센소리), 또는 유기음(有氣音, aspirated)이라 부르고, 후자와 같은 방식으로 만들어지는 말소리를 경음(硬音, tense) 혹은 된소리라고 한다. 같은 조음 위치와 조음 방식을 가진 말소리 중에서 이러한 성질을 갖지 않는 말소리는 평음(平音), 혹은 예사소리라고 부른다.

## 07 | 음소로서의 단모음의 수

음소로서의 국어 단모음은 10개이다. 곧 'ㅣ, ㅐ, ㅔ, ㅟ, ㅚ, ㅡ, ㅓ, ㅏ, ㅜ, ㅗ'가 그것이다. 모음은 입안에서 공기의 흐름이 장애를 받지 않고 산출되기 때문에 그 분류 방식이 자음과 다르다. 모음의 소리를 달라지게 하는 중요한 발음 기관은 혀와 입술이다. 따라서 혀의 전후 위치와 입술의 모양, 혀의 높이가 모음을 분류하는 주된 기준이다. 여기서 혀의 높이는 입을 벌린 정도, 곧 개구도와 관련이 깊다. 국어 단모음 10개를 표로 보이면 아래와 같다.

(2) 국어 모음 분류표

| 혀의 전후 위치 / 입술의 모양 / 혀의 높이(개구도) | 전설모음 | | 중설모음 | | 후설모음 | |
|---|---|---|---|---|---|---|
| | 평순모음 | 원순모음 | 평순모음 | 원순모음 | 평순모음 | 원순모음 |
| 고 모 음(폐 모 음) | ㅣ | ㅟ | ㅡ | | | ㅜ |
| 반고모음(반폐모음) | ㅔ | ㅚ | | | ㅓ | ㅗ |
| 반저모음(반개모음) | ㅐ | | | | | |
| 저 모 음(개 모 음) | | | ㅏ | | | |

위의 모음 분류표에서는 혀의 위치를 전설과 중설, 후설로 구분하였다. 그러나 전설모음이 아닌 모음을 모두 비전설모음, 혹은 후설모음이라고 본다면, 국어의 모음은 전설모음, 후설모음 각각에서 앞은 평순모음, 뒤는 원순모음으로 대립하는 특성을 보인다.

한편 위의 표에서 보듯이 혀의 높이에 따라 분류되는 모음은 개구도에 따라서도 분류할 수 있다. 곧 고모음은 혀의 높이가 가장 높은 상태이지만 입이 열린 정도로 보면 가장 많이 닫힌 상태, 곧 폐모음이다. 반대로 저모음은 혀의 높이는 가장 낮지만 입이 열린 정도로는 가장 큰 개모음이다.

## 08 | 자음도 아니고 모음도 아닌 말소리

　자음도 아니고 모음도 아닌 말소리가 있다. 이 때문에 이 말소리를 '반자음'이라고도 하고, '반모음'이라고도 부른다. 이것은 단모음과 합하여 이중모음을 만든다. 이중모음을 만들 때에는 주음과 결합하는 부음의 기능을 하는데, 이때 다른 모음 속으로 미끄러져 들어가는 소리라 하여 '활음(滑音, glide), 혹은 과도음(過渡音)'이라고도 부른다. 국어의 이러한 말소리로 'j'와 'w'가 있다. 이 말소리를 표기할 국어의 글자는 없다.

　국어의 이중모음은 반모음 'j'와 결합하여 만들어지는 'ㅑ, ㅕ, ㅛ, ㅠ, ㅒ, ㅖ, ㅢ'와 'w'와 결합하여 만들어지는 'ㅘ, ㅝ, ㅙ, ㅞ' 등이 있다. 이중모음을 이루는 반모음을 부음이라고 하고, 단모음은 주음이라고 한다. 반모음 'j'가 결합한 이중모음은 모음 'ㅣ'와 가까운 자리에서 나는 소리가 순간적으로 주음인 단모음의 자리로 옮겨 가면서 나는 소리이다. 한편 반모음 'w'가 결합한 이중모음은 모음 'ㅗ'나 'ㅜ'와 가까운 자리에서 나는 소리가 순간적으로 주음의 자리로 옮겨가면서 나는 소리이다.


## 09 | 말소리의 덩어리

　자음이나 모음과 같은 말소리는 서로 합쳐지거나 혹은 제 스스로 좀 더 큰 단위가 되기도 한다. 음절이 그러한 단위이다. 이런 점에서 음절은 '말소리의 덩어리'라고 할 수 있다.

말소리들이 덩어리, 곧 음절을 이룰 수 있는지 없는지를 따지는 것은 음성학적으로 공명도(共鳴度, sonority scale)와 관련이 깊다. 음절이란 이 공명도가 높은 말소리를 중심으로 그 앞뒤에 공명도가 낮은 소리가 위치하는 구조를 갖는 심리적 실재로 인식된다. 공명도가 가장 높은 말소리는 모음이기 때문에 모음은 음절을 이룬다. 자음 중에서도 공명도가 높은 것은 언어에 따라서는 음절을 이룬다.

공명도의 크기는 대체로 '모음 > 반모음 > 공명자음 > 장애음'의 순서로 보는데, 이를 수치로 보이면 아래와 같다.

(3) 말소리별 공명도 지수 표

| 공명도 지수 | 말소리 | 예 |
| --- | --- | --- |
| 10 | 저모음 | ㅏ, ㅐ |
| 9 | 중모음 | ㅓ, ㅔ |
| 8 | 고모음 | ㅣ, ㅡ, ㅜ |
| 7 | 반모음 | j, w |
| 6 | 유음 | ㄹ |
| 5 | 비음 | ㅁ, ㄴ, ㅇ |
| 4 | 유성/무성 마찰음 | ㅅ, v, z |
| 3 | 파찰음 | ㅈ, ㅊ, ㅉ |
| 2 | 유성파열음 | g, d, b |
| 1 | 무성파열음 | ㄱ, ㄷ, ㅂ |

음절에 대한 인식은 언어마다 다르다. 이 때문에 영어의 'stream'은 하나의 음절이지만, 국어로 적으면 '스트림'처럼 3개의 음절로 인식된다. 'stop'도 영어에서는 하나의 음절이지만 국어로 적으면 '스톱'처럼 두 음

절로 인식된다.

국어는 모음만이 음절을 이룰 수 있다. 따라서 국어는 이중모음 구조를 고려하지 않으면, ‘모음(V), 자음(C)＋모음(V), 모음(V)＋자음(C), 자음(C)＋모음(V)＋자음(C)’이라는 네 가지 기본 음절 구조를 갖는다. 현대국어는 자음이 둘 이상 겹치지 못하므로 ‘CC＋V, V＋CC, CC＋V＋CC’와 같은 음절 구조는 갖지 못한다.


# 10 │ 말소리도 변한다


세상의 모든 것이 변하는 것처럼 말소리도 변한다. 그리고 무엇이든지 오랜 시간을 거쳐 변하기도 하지만, 지금 이 순간에도 변한다. 어떤 말소리는 시간이 지나면서 완전히 다른 말소리로 변하거나 사라지기도 하고, 어떤 말소리는 말을 하는 순간에 다른 말소리로 변하거나 사라지기도 한다. 예를 들면 ‘해오라기’라는 ‘하야로비’라는 말이 변한 것이다. 같은 새를 가리키는 말이 세월이 흐르면서 말소리에 변화를 겪은 것이다. 한편 ‘독립’이라는 말에서 ‘독’에 있는 ‘ㄱ’ 소리는 ‘독립’이라고 합쳐 말하는 순간에 [동닙]처럼 ‘ㅇ(ŋ)’ 소리가 되고 만다. 이렇듯 말소리가 역사 속에서 오랜 시간 변해 오는 것을 음운 변화(phonological change)라고 하고, 말하는 순간에 변하는 것을 음운 변동(phonological variation)이라고 구분한다. 음운 변화와 음운 변동을 합쳐서 음운 현상이라고 부르기도 한다.

음운 변화나 음운 변동은 몇 가지 현상으로 요약할 수 있다. 먼저 어떤 음운이 다른 음운으로 바뀌는 현상이 있다. 이것을 음운 교체라고 부른다. 어떤 음운이 사라져 버리는 현상도 있는데 이것은 음운 탈락, 혹은 음운 삭제라고 부른다. 반대로 어떤 말 속에 없던 음운이 생겨나는 현상은 음운 첨가, 혹은 음운 삽입이라고 부른다. 이 외에 두 개의 음운이 합쳐지는 음운 축약, 두 개의 음운이 위치를 바꾸는 음운 도치와 같은 현상도 있다. 이러한 음운 변화나 음운 변동이 일어나는 원리를 체계화하는 것이 음운론의 오랜 연구 목표이다.

# 11 | 말소리가 변하는 이유

말소리의 변화나 변동의 주된 원인으로 크게 두 가지를 들 수 있다. 하나는 '노력 경제의 원리'이고, 다른 하나는 '더 분명하게 표현하려는 욕구'이다. 전자의 예로는 '밥 먹는다'와 같은 말에서 일어나는 말소리의 변동을 들 수 있다. '밥 먹는다'에서 '밥'의 받침 'ㅂ'은 'ㅁ'으로 바뀌고, '먹'의 'ㄱ'은 'ㅇ'으로 바뀌는데, 'ㅂ' 뒤에는 비음인 'ㅁ'이 있고, 'ㄱ' 뒤에도 비음 'ㄴ'이 있다. 따라서 비음이 아닌 'ㅂ'과 'ㄱ' 소리를 비음으로 발음한다면 훨씬 노력이 덜 들 것이다. 이런 현상을 다른 말로 '언어 경제의 원리'라고 부른다.

후자의 예로는 '거붑 > 거북'의 변화를 들 수 있다. 15세기 국어 문헌에서 오늘날의 '거북'이라는 말은 '거붑'으로 나타난다.

(4) 須彌山 아래 바룷 가온디 훈 눈 가진 <u>거붑</u>과 훈 구무 가진 남기
잇ᄂ니. (석보상절 권 21, 40장)


'거붑'의 받침 'ㅂ' 소리가 'ㄱ'으로 바뀐 것을 이화(異化)라고 부르는
데, 이것은 'ㅂ' 소리가 두 번 나올 때보다 훨씬 분명하게 들리게 하기
위한 것이라고 볼 수 있다. 곧 '표현을 더 분명하게 하려는 욕구'가 반영
된 현상이다.


# 12 │ 국어 말소리가 변하는 환경


국어의 음운 현상, 곧 말소리의 변화나 변동은 국어가 문법적으로 교착
어라는 유형론적 특성과 관련이 깊다. 국어는 문장을 형성할 때 어휘 형
태소에 문법 형태소를 연결하여 문법적 기능을 표시하는 경우가 대부분이
다. 이때 형태소끼리 만나는 경계에서 다양한 음운 현상이 일어난다. 예를
들어 동사 어간 '잡-'에 어미 '-고, -는, -어라/아라'가 연결되면, '잡고
→잡꼬, 잡는→잠는, 잡아라→자바라'와 같이 말소리의 변동이 일어난
다. 이때 발생한 음운 현상을 각각 경음화, 비음화, 모음조화라고 부른다.
　형태소 경계에서만큼 활발한 것은 아니지만 어절과 어절이 만나는 어
절 경계에서도 말소리의 변동이 일어난다.


(5) 가. 요즘 집 보러 다닌다. (집 보러→집뽀러)
　　나. 몸에 딱 맞는 옷 (딱 맞는→땅만는)

어절 경계에서의 말소리의 변동은 어절과 어절을 이어서 발음할 때는 일어나지만, 중간에 쉼을 두고 발음하면 일어나지 않는다. 예를 들어 위 (5가)의 '집'과 '보러' 사이나 (5나)의 '딱'과 '맞는' 사이에 쉼을 두고 끊어서 발음하면 말소리의 변동이 일어나지 않는 것을 알 수 있다.

## 13 | 국어의 일곱 받침소리

국어의 '자음(C)+모음(V)+자음(C)'형 음절 구조에서 모음 뒤에 오는 자음을 받침소리라고 한다. 그런데 이 받침소리는 뒤따르는 음절이 '모음(V)'이나 '모음(V)+자음(C)' 구조일 때에는 뒤따르는 음절의 첫 번째 자음의 역할을 한다. 예를 들어 '책'이라는 말에 조사 '-은'이 연결되면 '책' 속의 두 번째 자음 'ㄱ'은 후행하는 조사 '-은'의 첫 번째 자음으로 발음되어 '채근'이 된다. 따라서 국어 받침소리가 한 음절의 끝에서 발음되기 위해서는 뒤따르는 음절이 자음을 첫소리로 갖는 구조이거나, 아무런 말도 이어지지 않는 상태여야 한다. 예를 들어 '책도'나 '책'과 같은 상황에서만 받침소리는 원래 음절의 두 번째 자음으로 발음된다.

그러나 국어의 모든 자음이 위와 같은 상황에서 제 음가대로 발음되는 것은 아니다. 오직 일곱 개의 자음만이 위와 같은 상황에서 제대로 발음될 수 있는데, 그 일곱 자음은 'ㄱ, ㄴ, ㄷ, ㄹ, ㅁ, ㅂ, ㅇ'이다. 나머지 자음들은 아래와 같이 이 일곱 개의 자음으로 대표되어 발음된다. 그리고 이러한 음운 현상을 대표음화, 받침법칙, 말음법칙, 중화, 평폐쇄음화 등 다양한 이름으로 부른다.

(6) 가. ㄲ, ㅋ→ㄱ: 닦다→닥따, 부엌→부억

　　나. ㅍ→ㅂ: 앞도→압또

　　다. ㅅ, ㅆ, ㅈ, ㅊ, ㅌ, ㅎ→ㄷ: 솥→솓, 솟다→솓따,

　　　　　　　　　　　　　　놓는→녿는→논는

(6가)는 'ㄲ'과 'ㅋ'이 'ㄱ'으로 대표되는 것을, (6나)는 'ㅍ'이 'ㅂ'으로 대표되는 것을 보여 준다. 그리고 (6다)는 받침에서 'ㅅ, ㅆ, ㅈ, ㅊ, ㅌ, ㅎ'이 모두 'ㄷ'으로 대표되는 현상을 보여 준다.

# 14 │ 'ㄴ'과 'ㄹ'은 나란히 있지 못해

국어에는 나란히 있는 것이 자연스럽지 않은 말소리들이 있는데 바로 'ㄴ'과 'ㄹ'이다. 따라서 두 말소리는 나란히 연결되면 둘 중의 한 소리가 다른 소리로 바뀐다. 곧 'ㄴ→ㄹ'이 되든지 'ㄹ→ㄴ'이 된다.

(7) 가. ㄴ→ㄹ: 신라→실라, 난로→날로,

　　　　　　칼날→칼랄, 발냄새→발램새

　　나. ㄹ→ㄴ: 공권력→공꿘녁, 이원론→이:원논,

　　　　　　입원료→이붠뇨

(7가)는 이른바 유음 동화의 예이다. '신라→실라'와 같은 예는 역행적 유음 동화이고, '칼날→칼랄'과 같은 예는 순행적 유음 동화이다. (7나)는 (7가)와는 반대로 'ㄹ'이 'ㄴ'으로 바뀌는 예들이다. (7나)의 예들

은 '이원론→이:월론'처럼 유음 동화하는 것도 가능하다.


## 15 | 부산통화 판매고


  국어에는 '값, 넋, 핥-, 읊-'과 같이 두 개의 자음을 받침으로 갖는 말들이 있다. 국어의 음절은 'CVCC'와 같은 구조를 허용하지 않기 때문에 이러한 말들의 뒤에 이어지는 음절이 모음으로 시작하는 것이 아니면 'CVCC' 중 뒤에 연이어 있는 두 개의 자음 가운데 하나는 필연적으로 탈락해야 한다.

  '부산통화 판매고'는 모음 뒤에 연달아 나오는 두 개의 자음 중 탈락해야 할 하나의 자음에 대하여 재미있게 표현한 말이다. 국어는 'ㄼ, ㅄ, ㄶ, ㄳ, ㄾ, ㅀ, ㄶ'처럼 'ㅂ, ㅅ, ㅌ, ㅎ(부산통화)'이 들어 있는 겹받침과, 'ㄺ, ㄻ, ㄿ'처럼 'ㅍ, ㅁ, ㄱ(판매고)'이 들어 있는 겹받침으로 대별된다. 이때 'ㅂ, ㅅ, ㅌ, ㅎ'이 들어 있는 겹받침에서는 '어떤 상황을 부산에 알려 주기 위해서는 먼저 전화를 걸어야 한다.'는 것을 생각하여, 두 자음 중 '앞의 것을 남기고 뒤의 것을 탈락'시키라는 말이다. 반면 'ㅍ, ㅁ, ㄱ'이 들어 있는 겹받침은 '부산에 전화를 건 후 나중에 판매고를 말할 수 있다.'는 것을 생각하여 두 자음 중 '뒤의 것을 남기고 앞의 것을 탈락'시키라는 뜻이다. 물론 표준어에서는 'ㄵ'이나, 'ㅎ'을 가진 겹받침, 그리고 '읽고'와 '밟다'에서처럼 예외적인 경우들이 있지만, '부산통화 판매고'라는 말은 국어의 '자음군 단순화' 현상을 쉽게 기억하게 해 주는 것임에 틀림없다.

# 16 | 말소리가 사라지거나 끼어드는 현상

음운 탈락, 음운 생략(elision), 음운 삭제(deletion)라는 말은 어떤 말 속에 있던 말소리가 사라져 버리는 현상을 가리킨다.

    (8) 가. 솔+나무→소나무
        나. 놀-+니→노니
        다. 쓰-+어라→써라
        라. 놓-+아→노아

(8가)는 단어 형성 과정에서 일어난 말소리 탈락을 보여 주는 예이다. (8나)는 국어의 ‘ㄹ’과 ‘ㄴ’이 나란히 오지 못하는 현상과도 관계있는 것으로, ‘ㄴ’ 앞에서 ‘ㄹ’이 탈락한 것을 보여 준다. (8다)는 어중의 ‘ㅡ’가, (8라)는 어말 자음 ‘ㅎ’이 모음 앞에서 탈락한 것이다. 이러한 현상들은 ‘ㄹ 탈락’이니 ‘ㅎ 탈락’이니 하고 부른다.

음운 탈락과는 반대로 없던 말소리가 끼어드는 현상이 있는데, 이를 음운 첨가 혹은 음운 삽입(insertion)이라고 한다.

    (9) 가. 소+아지→송아지
        나. 더디다 > 던지다, 고치다→곤치다

(9가)는 단어 형성 과정에서 일어난 말소리의 삽입을 보여 주는 예이다. (9나)의 ‘더디다 > 던지다’는 역사적으로, ‘고치다→곤치다’는 방언에서 음운 삽입이 일어난 예이다.

　이러한 음운 삽입은 노력 경제의 원리를 위배하는 것이지만, 발음이
힘들거나 청각상 어색한 것을 해소해 주는 역할을 하기도 하고, 어형이
짧은 말에 안정성을 높여 주는 기능을 하기도 한다.

# 국어의 문장

　인간은 자신의 생각을 대부분 말과 글로 표현한다. 이때 어떤 방식을 취하든지 그 표현법이 타인과 일치해야 원활한 의사소통을 기대할 수 있다. 모든 언어 공동체는 그들대로의 생각과 문화를 표현하기에 적합한 말과 글로 소통하는데, 이 말과 글에는 '문법'이라 부르는 내재적인 규칙이 있다.

　말과 글을 문장들의 집합체로 간주하고, 말과 글에 관한 규칙을 문법으로 규정한다면, 결국 문법은 문장 구성에 관한 법칙이다. 따라서 '국어 문법'은 국어의 문장을 구성하는 원리와 법칙을 탐구하는 분야라 할 수 있다.

# 01  문장의 기본 단위는 '단어'

    아이들은 먼저 '엄마, 아빠, 맘마' 혹은 '주다, 먹다, 자다'와 같은 구체적인 사물이나 대상 혹은 행동 등을 나타내는 용어를 습득한 후에, 이를 연결하여 '엄마 맘마.'나 '잠 와.' 등과 같은 단순한 문장을 사용하여 원초적 욕구를 표현한다. 그러면서 차츰 '오늘은 날씨가 좋다.', '엄마는 나를 사랑해요.' 등과 같은 문장을 만드는 단계를 거쳐 마침내 추상적인 생각이나 복잡한 상황을 표현하는 문장을 자유롭게 구사하기에 이른다. 이러한 일련의 언어 습득 과정을 참조할 때 인간은 구체적인 뜻을 가진 단순한 언어 형식들을 먼저 익힌 후에 이들을 연결하여 문장을 만드는 것으로 이해된다.

> (1) 가. 으아, 우이우, 가나사, 고기고
>     나. 아빠, 엄마, 꽃; 오다, 가다, 예쁘다; 매우, 아주

    위의 (1)은 인간이 발성 기관을 통해 낼 수 있는 소리라는 점은 같다. 그러나 (1가)는 그 의미를 전혀 가늠할 수 없는 단순한 발성으로 간주되고, (1나)는 그 의미를 명확하게 알 수 있는 언어 단위로 인식된다. (1나)와 같은 언어 형식을 '단어(낱말)'라 부르는데, 이 단어가 문장을 이루는 기본 단위가 된다.

    이와 같은 단어를 인식하는 것은 쉬운 일이지만, 정작 이를 정의하기는 쉽지 않아서 지금까지 많은 이견이 존재해 왔다. 그렇지만 다음에 나오는 몇 가지 정의를 보면, 단어의 기본 조건을 '최소의 자립 형식'으로 보는 견해가 많다.

(2) 가. 최소 자립 형식으로 의존형태소들의 결합이되, 자립성을 발휘
　　　하는 것이다. (박덕유, 2009 : 215)
　　나. 단어는 최소 자립성을 가지는 단위이어야 한다. (정경일 외,
　　　2000 : 100)
　　다. 단어는 최소의 자립 형식이라 말할 수 있다. (이규호, 2010 : 85)
　　라. 국어 단어의 정립 기준은 자립성과 분리성이라 할 수 있다.
　　　(남기심 외, 2002 : 51)


　여기서 '자립 형식'이라 함은 문장 안에서 홀로 쓰일 수 있는 형식을 뜻한다. 그런데 어떤 말이 문장에서 홀로 쓰이려면 실질적인 의미를 가지고 있어야 한다. 앞에서 살핀 '하늘, 땅, 오다, 가다' 등은 이러한 조건에 부합하므로 단어로 인정한다.

　어떤 말이 더 이상 분리가 불가능한 단일한 형식인가도 단어를 규정하는 기준이 될 수 있다. 다시 말하면 '하늘'을 '하+늘'로 '아빠'를 '아+빠' 등으로 분리할 수 없다. 만약 이렇게 분리하면 이들 역시 (1가)와 같이 무의미한 발성체일 따름이다. 이처럼 더 이상 분리할 수 없는 단일한 형태로 이루어진 단어를 단일어라 한다. 단일어는 최소의 자립 형식으로 단일한 의미를 지닌 단어라는 뜻이다.


## 02 | 새로운 단어를 만드는 방법


　단일어만으로는 우리가 보고 듣고 느끼고 생각하는 모든 현상과 대상들을 표현하기에는 한계가 있다. 그렇다고 해서 그들을 표상할 용어나

개념들을 일일이 새로 만든다는 것도 쉽지 않다. 그뿐 아니라 언어 사용의 측면에서도 경제적이지도 않다. 그것을 창출하는 과정에서 들여야 할 노력도 만만치 않거니와, 또 그것을 일일이 기억해야 하는 부담도 적지 않기 때문이다.

언중들은 이러한 비경제성을 최소화할 방안으로 이미 존재하는 언어 형식들을 결합하여 활용하는 방식을 취한다. 즉 기존의 언어 형식끼리 결합하거나, 그 언어 형식에 특수한 의미나 기능을 지닌 요소를 덧붙여 자신들이 새로이 표현하고자 하는 개념이나 현상들을 표상하는 것이다.

이렇게 형성된 단어를 복합어라 하고, 이 가운데 어근끼리 결합하여 만든 단어를 합성어로, 어근에 비자립적 형식인 접사를 덧붙여 만든 단어를 파생어로 일컫는다.


## 1) 합성어

합성어는 다음과 같이 이미 존재하는 어근들을 결합하여 만든 단어이다.

> (3) 가. 봄비, 들꽃, 여름날, 나리꽃
>     나. 뛰어오르다, 읽어보다, 건너뛰다

(3가)에서 '봄비'라는 언어 형식은 두 개의 자립적인 어근으로 이루어졌을지라도 [봄에 오는 비]라는 단일한 의미를 표상한다는 점에서 두 단어가 아닌 한 단어로 처리한다. 결합 방식은 다르지만 '뛰어오르다'도 '뛰다'와 '오르다'의 어근인 '뛰-'와 '오르-'가 결합하여 [몸을 날리어

높은 데에 오르다]라는 단일한 의미를 표상하는 한 단어를 이루고 있다.

> (4) 가. 작은집, 큰아버지, 산나물
> 　　나. 작은 집, 큰 아버지, 산 나물

위의 (4)는 동일한 언어 요소들로 구성되어 있을지라도, (4가)는 한 단어로 인정되어 각각 [따로 사는 아들 또는 아우의 집], [백부], [산에서 나는 나물]을 뜻한다. 그러나 (4나)는 단어가 이어진 구(phrase)로 간주되어 각각의 의미가 그대로 살아 있는 [규모가 작은 집], [키가 큰 아버지], [살아 있는 나물] 등을 뜻한다.


## 2) 파생어

복합어 형성의 또 다른 방식은, 중심적 의미를 지닌 어근에 비자립적 언어 형식인 접사를 덧붙이는 것이다. 이렇게 생성된 단어를 파생어라 한다.

> (5) 가. 풋콩, 풋사랑, 풋배; 개살구, 개떡, 개꿈
> 　　나. 가위질, 도둑질; 사랑하다, 공부하다; 꿈지럭거리다, 머뭇거리다

가령 여기에 [콩이 있는데, 그것이 아직 익지 않았음.]을 하나의 개념으로 표현하고 싶다는 생각을 해 보자. 그러면 표현의 중심 대상인 '콩'이라는 단어에 [아직 덜 익은]이라는 뜻을 지닌 언어 형식을 덧붙이고자 할 것이다. 그런데 '풋-'이라는 비자립 형식이 위와 같은 뜻을 가지고서 '풋배, 풋사랑' 등으로 사용되고 있음을 알게 된다면, 자연스레 '콩'에도

연결할 것이다. 그 결과 '풋콩'이라는 단어가 만들어지게 된 것이다.

여기서 '풋-'과 같은 비자립적인 형식을 접두사라 하고, 이렇게 만들어진 단어를 접두파생어라 한다. 어떤 특수한 뜻을 지닌 접두사를 중심 의미를 지닌 자립어 앞(머리)에 붙여서 새로운 단어를 형성했다는 뜻이다.

이와 반대로 중심 의미를 지닌 어근 뒤(꼬리)에 특수한 의미를 지닌 비자립 형식을 덧붙여 새로운 단어를 형성하기도 하는데, 앞서 소개한 (5나)가 이 유형에 해당한다. 예컨대 '가위질'은 '가위'에 '-질'을 더하여 [가위로 자르거나 오리는 동작]을 뜻하는 한 단어가 된 것이다. 이때의 비자립적 형식인 '-질'을 접미사라 하고, 이렇게 만들어진 단어를 접미파생어라 한다. 지금까지의 설명을 정리하면 다음과 같다.

(6) 단어의 구조

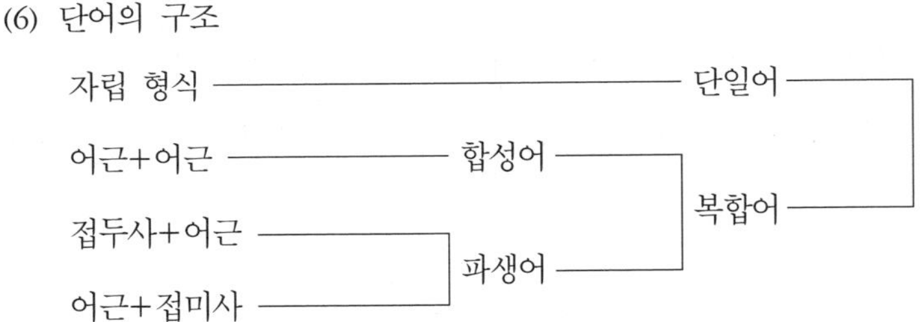

## 03 | 단어의 기본 단위인 형태소

복합어든지 단일어든지 간에, 이들은 고유하고 단일한 의미를 지니고서 문장 안에서 자립적으로 사용된다는 점에서 단어이다. 그러면 단어는 더 작은 단위로 분석할 수 있으며, 그렇게 분석할 필요가 있을까? 이는 다음의 예를 비교해 보면 자연스레 이해할 수 있다.

(7) 가. 봄비, 가을비, 겨울비
　　나. 풋내, 풋사랑; 늦가을, 늦바람
　　다. 밥하다, 사랑스럽다, 아름답다
　　라. 예쁘다, 예뻤다, 예쁘셨다, 예쁘니, 예쁘고
　　마. 꽃이, 꽃을, 꽃에, 꽃부터

위 (7가)~(7다)는 자립어를 결합하거나 이 자립어에 비자립 형식을 덧붙여서 만든 복합어이다. 복합어라는 개념에는 이들이 한 단어로 인식되기 전에 이미 각자의 고유한 의미를 지닌 자립어가 하나 이상 결합되어 있다는 의미가 내포되어 있다. 예를 들어 '봄비, 가을비, 겨울비'에서 '봄, 가을, 겨울'과 '비'는 비록 (7가)에서는 단어를 만드는 구성체의 일부로서 작용하지만, 다른 환경에서는 하나의 독립적인 자립어로 작용하기도 하며, 다른 자립어와 결합하여 '봄바람, 가을비'와 같은 새로운 단어를 만들기도 한다. 이 같은 사실에 주목한다면, 복합어는 그것을 구성하는 자립어 단위로 다시 분석할 필요가 있다.

그 필요성은 (7라), (7마)에서는 더욱 두드러진다. 예컨대 (7라)의 '예쁘다'를 보면, 어떻게 쓰이든 결국 하나의 단어 내부에서 일어나는 일이지만, '예쁘-' 뒤에 '-았-'이 첨가될 경우와 '-고'가 첨가될 경우의 의미는 같지 않다. 전자는 '예쁘-'의 의미에 [과거]라는 의미가 첨가되고, 후자는 [연결]이라는 의미가 첨가된다. 이는 곧 '-았-'과 '-고'가 비록 앞서 살핀 '봄비'를 이루는 '봄'과 '비'처럼 실질적인 의미를 갖는 자립

어는 아니지만, 그 나름대로 고유한 의미를 지닌 하나의 언어 단위임을
시사한다. 그렇다면 이들 역시 '예쁘-'와 분리해서 각자의 고유성을 인
정해 주어야 한다.

(7마) 역시 마찬가지여서 '꽃' 뒤에 '이'가 연결되느냐 '을'이 연결되
느냐에 따라 그 의미가 달라진다. '이'가 연결되면 '꽃'이 문장에서 '주
어'의 역할을 하게 되고, '을'이 연결되면 '목적어'의 역할을 하게 된다.
곧 '이'와 '을'은 '꽃'과 차별되는 고유한 언어 형식임을 뜻하는 것으로,
이들 역시 고유성을 인정해 주어야 할 것이다.

이상과 같은 언어 형식을 '형태소'라 명명하고, '최소의 유의미 단위
(minimal meaningful unit)'로 정의한다. 의미를 지닌 가장 작은 언어 형식이
라는 뜻이다. 이런 관점에서 보면 (7)의 단어는 다음 (8)과 같은 형태소
의 결합체로 이해된다.


    (8) 가. 봄-비, 가을-비, 겨울-비
        나. 풋-내, 풋-사랑; 늦-가을, 늦-바람
        다. 밥-하-다, 사랑-스럽-다, 아름-답-다
        라. 예쁘-다, 예쁘-었-다(예뻤다), 예쁘-시-었-다(예쁘셨다),
            예쁘-니, 예쁘-고
        마. 꽃-이, 꽃-을, 꽃-에, 꽃-부터


앞서 살핀 '하늘'과 같은 단일어는 그 자체가 하나의 형태소로 이루어
진 경우이다. 그러나 (8가)~(8다)와 (8라)는 보다시피 둘 이상의 형태소
가 결합하여 한 단어를 이룬 경우이다.

요컨대 형태소는 단어를 만드는 기본 단위이며, 단어는 문장을 만드는
기본 단위인 것이다.

## 04 ｜ 단어와 형태소에 이름을 붙여 보자

지금까지 살펴 단어와 형태소들은 문장 구성체로서의 고유한 기능을 보유하고 있다. 문법가들은 그러한 고유성을 인정하여 다음과 같이 구별하여 명명하고 있다.

(9) 가. 명사: 하늘, 바다, 땅 등
    나. 대명사: 나, 너, 우리; 여기, 거기, 저기 등
    다. 수사: 하나, 둘; 첫째, 여섯째 등
    라. 동사: 가다, 오다, 달리다 등
    마. 형용사: 예쁘다, 귀엽다, 싫다 등
    바. 관형사: 새, 헌 등
    사. 부사: 아주, 더욱, 빨리 등
    아. 감탄사: 아, 하하, 아이고 등
    자. 조사: 이/가, 을/를, 으로, 부터, 까지, 만, 만큼 등

(10) 가. 어간: 먹-, 입-, 가, 오- 등
     나. 어미: -시-, -겠-, -았-, -다 등
     다. 접두사: 개-, 풋-, 늦- 맨-, 덧- 등
     라. 접미사: -하다, -질, -거리다 등

여기서 '명사'는 사물의 이름을 지칭하는 단어이며, '대명사'는 사물의 이름을 대신하는 단어이고, '수사'는 사물의 수량이나 순서를 나타내는 단어이다. 그리고 '동사'는 사물의 움직임을 표시하는 단어이고, '형용사'는 사물의 성질이나 상태를 표시하는 단어이다. '관형사'는 명사나 대

명사 앞에서 그 뜻을 분명하게 제한하는 단어이고, '부사'는 주로 동사나 형용사 앞에서 이들의 의미를 분명하게 제한하는 단어이다. 그리고 '감탄사'는 화자가 자신의 느낌이나 의지를 직접적으로 나타내는 단어이다. 이상의 단어들은 문장 내에서 자립적인 형식으로 주어 혹은 목적어, 서술어, 수식어 등의 역할을 한다.

이에 비하여 '조사'는 명사나 대명사 혹은 수사에 연결되어서 이들의 문법적 기능을 나타내 주거나 특수한 뜻을 더해 주는 품사이다.

'먹-'과 '오-'처럼 활용할 때 변하지 않은 형태소를 '어간'이라 하고, 동사나 형용사 등의 어간에 붙어서 활용하는 형태소를 '어미'라 하는데, '먹다'의 '-다'나, '오시다'의 '-시-, -다' 등과 같은 형식을 일컫는다.

'접두사'는 이미 설명했듯이 어떤 단어의 앞에 붙어 뜻을 첨가하여 다른 단어를 이루는 형태소이며, 반대로 '접미사'는 어떤 단어의 뒤에 붙어 뜻을 첨가하여 다른 단어를 이루는 형태소이다.


## 05 | 규칙에 근거하여 단어를 배열해야: 단문 구조


단어를 만드는 궁극적인 목적은 문장을 형성하여 자신의 생각을 표현하는 데 있다. 그러므로 자신이 속해 있는 공동체의 언어에 내재해 있는 구성 규칙에 따라 단어를 배열할 때, 비로소 소통할 수 있는 문장이 형성되는 것이다. 이 점은 다음 두 예문을 비교해 보면 쉽게 이해된다. 즉 동일한 단어를 배열했을지라도 (11나)는 불완전하나마 그 의미가 전달되지만, (11가)는 전혀 그렇지 못하다.

(11) 가. 사랑한다 순이 철수

　　　나. 순이 철수 사랑한다.


　　우선 (11가)는 누가 누구를 사랑하는지가 매우 불분명하다. [철수가 순이를 사랑하는지], 아니면 [순이가 철수를 사랑하는지]가 명확하지 않다는 말이다. 그에 비하여 (11나)는 [순이가 철수를 사랑한다]는 의미가 명확하게 드러난다. 이렇게 간단한 비교만으로도 우리는 자신의 생각을 상대방에게 온전히 전달하기 위해서는 일정한 규칙에 따라 단어를 배열해야 한다는 사실을 깨우치게 된다.

　　그러면 그것들을 어떻게 배열해야 할까? 이에 대한 해답은 우리가 문장을 만드는 이유에서 찾아진다. 일반적으로 우리는 어떤 대상이나 개념 등에 대한 자신의 생각을 서술할 목적으로 문장을 만든다. 그러므로 표현하고자 하는 중심 대상이나 개념 등을 먼저 제시해야 할 것이다. 그래야 그에 대한 자신의 생각을 서술할 기회를 가질 수 있기 때문이다. 이런 절차로 만들어진 가장 단순한 문장이 바로 다음에 제시한 예문 (12)이다.


(12) 가. 하늘이 － 파랗다.

　　　나. 개나리가 － 피었다.

　　　다. 아버지께서 － 웃으셨다.


　　즉 (12)의 화자는 '하늘, 개나리, 아버지'에 대해 말할 목적에서 문장을 구성한 것으로 이해된다. 그러므로 이들을 먼저 제시하고, 그런 다음 이들에 대한 자신의 생각인 '파랗다, 피었다, 웃으셨다' 등을 진술한 것이다. 청자들도 문장이 이러한 절차를 거쳐 생성된다는 것을 이미 알고 있으므로 (12가)를 접하면 "화자가 '하늘'에 대해 '파랗다'라고 생각하는구나."라고 이해하게 된다.

이때 표현의 주체가 되는 '하늘, 개나리, 아버지'와 같은 주체를 주어라 하고, 그 대상에 대한 화자의 생각을 진술한 동사나 형용사를 서술어라 한다. 예문 (12)는 '주어-서술어'의 구조를 지닌 문장으로 이해된다.

그런데 주어에 대해 서술하다 보면 다음 (13)처럼 주어와 관련하여 다른 대상을 거론해야 할 상황도 발생한다.

(13) 가. 나는 - 그를 - 사랑한다.
　　　나. 나는 - 아침을 - 먹는다.
　　　다. 윤수는 - 학생회장이 - 되었다.

가령 '그를 사랑하는 나의 심리'를 문장으로 표현하고 싶다는 가정을 해 보자. 이러한 정서를 정확히 표현하기 위해서는 방금 살핀 예문 (12)와 같은 문장 구조(주어-서술어)만으로는 부족하고, 여기에 내가 사랑하는 대상을 첨가해 주어야 한다. 그럴 때 비로소 내 생각을 제대로 전달할 수 있게 된다. 예문 (13가)는 이와 같은 생각을 문장으로 표현한 것으로, 여기의 '그'는 주어의 행위나 감정의 대상이 된다. 이와 같은 성분을 우리는 목적어라 한다. 그러므로 (13가)는 '주어-목적어-서술어'의 순으로 이루어진 문장으로 이해된다.

위에서 언급했듯이 목적어는 주어의 행위나 감정의 대상을 나타내는 문장 성분으로, 일반적으로 명사, 대명사, 수사 등에 조사 '을/를'을 연결하여 서술어 앞에 놓는다. 그런데 (13다)와 같이 서술어에 따라 목적어가 아닌 다른 문장 성분을 사용해야 하는 경우도 있다.

이 문장에서 [윤수가 되었다]라는 의미를 보다 정확하게 표현하고자 한다면 이때는 '행위의 대상'이 아니라 서술어의 불완전함을 채워 줄 '보충어'를 제시해 주어야 한다. 그래야 '윤수가 무엇이 되었는지'가 분명해지기 때문이다. 이처럼 보충어 곧 보어는 서술어 앞에 위치하여 서술어의 의미를 완전하게 충족시켜 줌으로써 결국에는 문장 전체의 의미가 잘 드러나도록 해 준다. 그리고 이 보어를 사용하여 형성된 문장은 '주어-보어-서술어'의 구조를 지니게 된다. 지금까지 살핀 국어 문장의 구조를 정리하면 (14)와 같다.

> (14) 국어 문장 구조
> 　　가. 주어 ― 서술어
> 　　나. 주어 ― 목적어 ― 서술어
> 　　다. 주어 ― 보어 ― 서술어

이상과 같은 방식으로 이루어진 문장을 단문이라 한다. 곧 주어와 서술어가 각각 하나로 이루어진 문장이라는 뜻이다.


## 06 │ 문장을 확대하는 방법: 복문 구조

그러나 지금까지 살핀 단문만으로 일상에서 일어나는 수많은 사건이나 다양한 생각들을 전달하기에 부족한 점이 없지 않다. 그렇다고 해서 끊임없이 새로운 단문을 생성하는 것도 한계가 있다. 또 굳이 그럴 필요도 없다. 이미 마련한 단문을 활용하여 그것을 확대해 가면 되기 때문이다. 이렇게 단문을 확대하여 형성된 문장을 복문이라 한다.

문장 확대 방식은 단일어를 이용하여 복합어를 생성하는 원리와 같은 맥락으로 이해된다. 즉 새로운 개념이나 현상을 나타내야 할 필요가 있을 때, 이미 만들어 놓은 단어를 활용하여 단어를 늘려 가는데 이러한 방식이 문장을 확대해 가는 방식에도 그대로 적용된다는 말이다. 같은 구성 원리를 제대로만 파악한다면, 개별적인 문법 현상으로 보이는 단어와 문장을 보다 체계적이고 간명하게 이해할 수 있다.

그러면 이제부터 단문을 활용하여 복문을 형성하는 방식을 살펴보기로 하자.

 

   (15) 가. 비가 오고 바람이 분다.
       나. 네가 들어오니 방안이 환하다.
       다. 꽃은 피었지만, 아직 봄은 오지 않았다.
       라. 바람이 들어오니까 문을 닫아라.
       마. 오늘 비가 오다가 오후에 개겠습니다.

 

먼저 예문 (15가)의 서술자는 자신이 표현하고자 하는 자연 현상을, '비가 온다.'와 '바람이 분다.'라는 두 개의 단문으로써 나타낼 수도 있다. 그런데 그는 이 두 자연 현상이 서로 관련된 것으로 해석하여 두 개의 단문을 하나로 이어서 '비가 오고 바람이 분다.'로 표현한 것이다. 이처럼 하나 이상의 단문을 이어서 하나의 문장으로 구성한 형식을 '이어진 문장'이라 한다.

그럼으로써 표현의 간결성을 도모한 것이다. (15가)를 '비가 온다. 그리고 바람이 분다.'라는 두 문장으로 서술하기보다 '비가 오고 바람이 분다.'와 같이 하나의 문장으로 서술하면 훨씬 더 간결한 표현으로 인식되는 것이 사실이다. 여기에 더하여 두 자연 현상이 무관하지 않고 [동시에 진행된다]는 의미까지를 표현해 주기도 한다. 어떻든 위에 소개한 예문 (15)의 문장들은 두 개 이상의 단문을 이어서 하나의 문장으로 만들었다는 점에서 복문이라 할 수 있다.

그런데 우리는 다음과 같은 방식으로 문장을 확대해 가기도 한다.

(16) 가. 바람이 봄이 왔음을 알려 준다.
　　 나. 나는 네가 오기만을 기다린다.
　　 다. 그 사람이 그렇게 말하는 것은 그동안 고생이 컸기 때문이다.
　　 라. 너의 그 말이 눈물 나게 고마웠다.
　　 마. 이 길이 꽃이 피어 더욱 아름답다.

(16가)의 화자는 '봄이 왔다.'는 자신의 느낌을 '바람이 알려 준다.'고 생각하고 이것을 두 개의 단문으로 나타낼 수도 있는데, 이 내용이 서로 관련이 있다고 판단하여 위와 같이 하나의 문장으로 표현한 것이다. 따라서 이 역시 단문을 결합하여 만든 복문으로 이해된다. 그러나 그 구조는 앞에서 살핀 (15가)와 다르다. (16가)는 '바람이 알려 준다.'라는 문장 속에 '봄이 왔다.'라는 문장을 '알려 준다'의 목적어로 끼워 넣어 하나의 큰 문장으로 만드는 방식을 취하고 있다. 이와 같이 어떤 문장에 다른 문장을 끼워서 하나의 문장으로 만든 구조를 '안은 문장'이라 한다.

요컨대 국어 문장은 단문과 복문으로 나뉘고, 후자는 다시 '이어진 문장'과 '안은 문장'으로 나뉜다. 이러한 내용을 표로 정리하면 다음과 같다.

(17) 국어 문장 구조

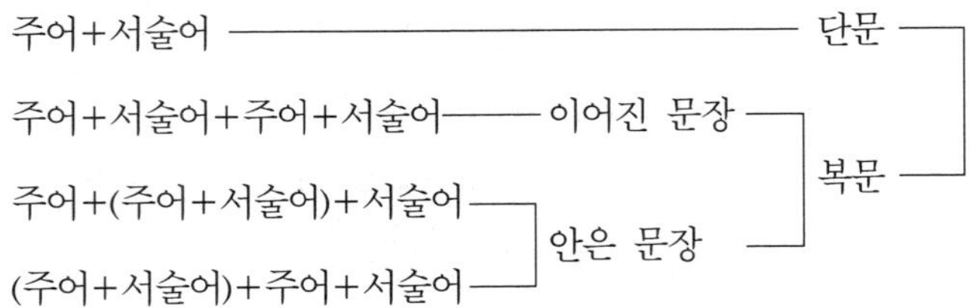

## 07 | 기능에 따른 문장 분류

문장이 화자의 생각을 표현하는 도구라 한다면, 표현 목적에 따라 문장 형식도 달라야 할 것이다. 가령 자신의 생각을 상대에게 진술할 때의 문장 형식과 상대의 의향을 물어볼 때의 문장 형식, 그리고 상대에게 어떤 것을 요청할 때의 문장 형식은 각각 달라야 한다. 이러한 서술 태도는 다음과 같이 문장의 종결 부분에 나타난다.

(18) 가. 사실 나는 오래 전부터 너를 사랑했다.
　　 나. 너는 이 기사에 대해 어떻게 생각하니?
　　 다. 그렇게 하지 말고, 저 선생님을 따라 해라.
　　 라. 우리 끝까지 함께 하자.
　　 마. 이제 가을이 되었구나.

(18가)는 자신의 생각을 상대에게 진술하기 위해 서술한 문장으로 평서문이라 일컬으며, '-다'와 같은 형태로 이를 나타낸다. (18나)는 상대

의 의향을 물어 보는 형식으로 의문문이라 일컫고, '-니' 등의 형태로
나타낸다. 그리고 (18다)는 상대에게 어떤 행동을 하도록 요구하는 문장
인데 이러한 유형의 문장을 명령문이라 하고 흔히 '-아라' 등으로 표시
한다. (18라)는 상대에게 어떤 행동을 함께 하도록 요청하는 문장으로
청유문이라 하고, '-자'와 같은 형식으로 표시한다. 마지막으로 (18마)는
자신의 느낌을 독백으로써 표현한 문장으로 감탄문이라 하는데, '-구나'
와 같은 형태로 이를 나타낸다.

## 08 | 공부를 안 하는 것과 못 하는 것은 다르다

우리는 어떤 일을 하고 싶어도 못 하는 경우가 있고, 자신의 의지에
따라 안 하는 경우도 있다. 즉 '못'은 능력을 부정하는 것이고, '안'은 의
지를 부정하는 것이다. 이러한 차이를 문장에 반영하고자 한다면 다음과
같은 형식을 취한다.

    (19) 가. 나는 숙제를 안 했다.
            나는 숙제를 못 했다.
        나. 그 사람 안 온다.
            그 사람 못 온다.
        다. 수미는 저녁을 안 먹었다.
            수미는 저녁을 못 먹었다.
        라. 철희는 어제 모임에 안 갔다.
            철희는 어제 모임에 못 갔다.

먼저 (19가)의 두 문장은 '나는 숙제를 했다.'를 부정하는 문장이고, (19나)는 '그 사람이 온다.'를 부정하는 문장으로, 이 예문들은 각각 부사 '안'과 '못'을 사용하고 있다. 그런데 그 의미는 같지 않아서 '안'을 사용한 문장은 주체가 스스로 하고자 하는 의지가 없어 긍정문과 반대되는 행위를 하거나 반대되는 상태에 이른 것으로 이해된다. 이에 비해 '못'을 사용한 문장은 주체의 의지와 상관없이 외부의 상황이나 힘에 의해 긍정문과 반대되는 행위를 하거나 상태에 이른 것으로 이해된다.

예를 들어 (19가)에서 '안'을 사용한 경우는 숙제를 해야 한다는 것을 잘 알면서도 스스로가 하지 않았다는 의미로 해석되고, '못'을 사용한 경우는 숙제를 하고 싶었지만 집에 손님이 왔다든지 숙제를 할 능력이 없어서 숙제를 하지 않았다는 의미로 해석된다.

이러한 부정은 다음과 같이 '안'을 '~지 않다'로 바꾸거나 '못'을 '~지 못하다'로 바꾸어서도 표현할 수 있다.


(20) 가. 나는 숙제를 하지 않았다.
　　　　나는 숙제를 하지 못했다.
　　나. 그 사람 오지 않는다.
　　　　그 사람 오지 못한다.
　　다. 수미는 저녁을 먹지 않았다.
　　　　수미는 저녁을 먹지 못했다.
　　라. 철희는 어제 모임에 가지 않았다.
　　　　철희는 어제 모임에 가지 못했다.


그런데 흥미로운 사실은 '이다'로 종결하는 문장은 '안'으로 부정할 수 없으며, 형용사로 종결하는 문장은 '못'으로 부정할 수 없다는 것이다.

(21) 가. 철수는 *안(*못) 미남이다.

　　　철수는 미남이 아니다.

　　나. 저것은 *안(*못) 책이다.

　　　저것은 책이 아니다.


(22) 가. 영희는 안(*못) 예쁘다.

　　　영희는 예쁘지 않다.

　　나. 교실이 안(*못) 깨끗하다.

　　　교실이 깨끗하지 않다.

　　다. 꽃이 안(*못) 피었다.

　　　꽃이 피지 않았다.


　먼저 (21)처럼 '이다'로 끝나는 문장을 부정하기 위해서는 '미남이 아니다, 책이 아니다.'처럼 '안' 대신 '아니다'의 형식을 취해야 한다. 그리고 (22)처럼 형용사로 끝나는 문장은 '안'을 연결할 수 있지만, '못'을 연결할 수는 없다. 그런데 '꽃이 피다.'의 부정문인 (22다)의 경우는 '꽃이 못 피었다.'도 맞는 문장으로 인정할 수도 있다. 가령 벚꽃이 필 시기가 되었음에도 날씨가 따뜻해지지 않아서 꽃이 피어야 할 계절인데도 피지 못하는 상황이 있을 수 있는데, 그러면 그 꽃은 안 핀 것이 아니고 못 핀 것이 된다. 그러나 '꽃' 스스로가 의지적으로 피고 안 피고를 결정할 수 없음을 고려한다면 옳은 표현은 아니라 할 수 있다.

# 09 | ‘잡는’과 ‘잡히는’, ‘입는’과 ‘입히는’의 차이

‘경찰이 도둑을 잡았다.’와 ‘도둑이 경찰에게 잡혔다.’라는 두 사건의 결과는 동일하다. 즉 잡은 주체는 경찰이고, 잡힌 대상은 도둑이라는 사실에는 변함이 없다. 다만 누구의 관점에서 서술하느냐에 따라 전자처럼 표현할 수도 있고, 후자처럼 표현할 수도 있다. ‘경찰이 도둑을 잡았다.’는 경찰을 초점으로 사건을 진술한 것이고, ‘도둑이 경찰에게 잡혔다.’는 도둑을 초점으로 사건을 진술한 것이다. 이처럼 동일한 현상을 서술하더라도 어디에 초점을 맞추느냐에 따라 문장의 서술 양상은 달라진다.

그에 따라 전체적인 의미도 달라져서, ‘경찰이 도둑을 잡았다.’는 [경찰이 능동적으로 자신의 역할을 잘 수행하였음]을 뜻하지만, ‘도둑이 경찰에게 잡혔다.’는 [도둑이 경찰에 의해 잡혔음]을 뜻하게 된다.

이처럼 주어로 표현된 대상이 어떤 행위를 능동적으로 수행하는 과정을 서술한 문장을 능동문이라 하고, 반대로 주어로 표현된 대상이 제 힘으로 어떤 행위를 일으키는 것이 아니라 다른 사람에 의하여 이루어지는 행동이나 작용을 표현한 문장을 피동문이라 한다. 이때 후자는 일반적으로 다음 예문과 같이 동사 어간에 ‘-이-, -히-, -리-, -기-’ 등의 접미사를 연결하여 만든다.

> (23) 가. 학생들이 책을 읽다.
> 　　가'. 책이 학생들에게 읽히다.
> 　　나. 철수가 고기를 잡았다.
> 　　나'. 고기가 철수에게 잡혔다.

다. 어른들이 다리를 놓았다.
다'. 다리가 어른들에 의해 놓였다.


　(23가)는 능동문으로 학생이 책을 읽는 행위에 대해 서술한 것이고, (23가')는 피동문으로 책이 학생들에 의해 읽히는 사실에 대해 서술한 것이다. 그러나 결국 동일한 현상을 서술한다고 보아야 한다. 다만 서술자가 어떤 대상에 초점을 맞춰 서술할 것인가에 따라, 선택되는 문장 형식이 달라질 뿐이다. 이때 만약 (23가')처럼 피동형을 선택하고자 한다면 초점 대상을 주어로 하고, 그렇지 않은 대상을 목적어로 삼아서 주어와 호응하는 서술어에 '-이-, -히-, -리-, -기-' 등을 연결하면 된다.
　국어에는 처음부터 능동형을 상정하기 어려운 피동문도 존재한다.


　(24) 가. 낙엽이 떨어지다.
　　　나. 요즘에는 돈이 잘 안 걷힌다.


　이로 볼 때, 국어 피동문은 반드시 능동문에 대응되는 개념으로만 파악하기는 어려울 듯하다.
　그런데 우리는 주어가 남에게 어떤 동작을 하도록 시키는 상황을 문장으로 표현할 경우에도 동사 어간에 '-이-, -히-, -리-, -기-, -우-, -추-' 등을 연결하기도 한다.


　(25) 가. 철이가 옷을 입는다.
　　　가'. 엄마가 철이에게 옷을 입혔다.
　　　나. 순미가 밥을 먹는다.
　　　나'. 엄마가 순미에게 밥을 먹인다.

  그래서 (25가'), (25나')의 문장을 피동문으로 오해하기도 하지만, 이 경우는 주어가 어떤 대상에게 어떤 행위를 함으로써 이 대상이 구체적인 행위를 직접 하게 되는 것으로 이해한다는 점에서 피동문과 분명히 구별된다. 예컨대 (25가')는 철이가 옷을 입는 행위를 한 것은 주어인 엄마가 철이에게 직접 옷을 입히는 행위를 한 때문으로, (25나')는 엄마가 순미에게 직접 밥을 먹이는 행위에 의해 순미가 밥을 먹게 된 것으로 이해된다. 이처럼 해석되는 문장을 사동문이라 하는데, 이 사동문은 다음과 같은 방식으로 만들어지기도 한다.

> (26) 가. 엄마가 철이에게 옷을 입게 했다.
> 　　　나. 엄마가 순미에게 밥을 먹게 했다.
> 　　　다. 선생님께서 학생들에게 책을 읽게 했다.

  그런데 (26)의 의미가 방금 살핀 또 다른 사동문의 형식인 (25가'), (25나')의 의미와 같지 않다는 사실을 주목할 필요가 있다. 즉 앞서 살핀 예문 (25가'), (25나')는 주어로 표현된 존재가 '에게'로 연결된 대상에게 본인이 의도한 바를 직접 실행함을 뜻하지만, (26)은 주어로 표현된 존재가 '에게'로 연결된 대상에게 어떤 행위를 하도록 지시만 하고, 실제 행위는 그 대상이 직접 행함을 뜻한다.

# 10 │ 어제, 오늘, 내일 일을 문장에 담으려면

우리 삶은 어제 있었던 일과 사건, 오늘 진행 중인 일과 사건 그리고 내일 해야 할 일과 사건의 연속이다. 이런 일련의 흐름을 어떻게 문장으로 표현할 수 있을까. 여기서는 이에 대해 생각해 보기로 한다.

다음은 '순미가 오는 행위'를 표현한 문장이다. 그런데 보다시피 '오는 행위'가 이루어진 시점은 전혀 다르게 인식한다.

    (27) 가. 순미가 온다.
         나. 순미가 왔다.
         다. 순미가 오리라.

즉 (27가)는 현재형으로, (27나)는 과거형으로, (27다)는 미래형으로 이해한다. 이러한 차이는 어간 '오-'에 어떤 형태소를 결합하느냐에서 기인하는 것으로, '-(으)ㄴ'을 첨가하면 현재로 해석되고, '-았-/-었-'을 첨가하면 과거로 해석되며, '-겠-/-리-'를 첨가하면 미래로 해석된다. 이처럼 국어는 시간을 뜻하는 특정 형태소를 동사나 형용사 어간에 연결하여 표현한다. 여기에 더하여 다음과 같은 부사어 등을 첨가하기도 한다.

    (28) 가. 순미가 오늘 온다.
         나. 순미가 어제 왔다.
         다. 순미가 내일 오리라.

그러면 순미가 온 시점을 보다 정확하게 표현할 수 있다.

# 11 | 누구를 어떻게 얼마나 대우할 것인가?

사회적 동물로 규정되는 인간의 일상은 대화의 연속이라 해도 과언이 아니다. 우리는 끊임없이 타인들과 어떤 대상이나 사건에 대해 서로 이야기하며 하루를 보낸다. 이때 화자는 상대방과 화제에 거론되는 인물을 어떻게 대접할 것인가를 바르게 판단해서, 그에 합당한 언어적 태도를 취해야 한다. 그렇지 않으면 뜻하지 않게 그들에게 불쾌감을 주거나 결례를 범할 수도 있기 때문이다. 그러면 이들을 어떻게 대우해야 하는가.

## 1) 청자

청자는 화자와 직접 대화하는 대상이어서 화자로서는 가장 예민하고 신중하게 대해야 할 대상이다. 그런데 이 청자가 화자 자신보다 나이가 많거나 사회적 지위가 높을 수도 있고, 그 반대일 수도 있으며, 자신과 동년배이거나 대등한 지위에 있을 수도 있다. 이와 같은 차이에 따라 청자를 대하는 태도는 다음과 같이 달라진다.

(29) 가. 선생님 어디 가십니까?
　　　　선생님, 제 생각은 이렇습니다.
　　나. 선생님, 어디 가세요?
　　　　선생님, 제 생각은 이래요.
　　다. 여보, 어디 가오?
　　　　여보, 여기 좀 보오.

라. 어이, 거기 학생 조용히 할 수 없나?

　　어이, 거기 학생 이리 좀 오게.

마. 이 일은 철수가 맡기로 해?

　　이 일은 철수가 해.

바. 철수야, 네가 하기로 했니?

　　철수야, 이 일은 네가 해라.


(29가)~(29나)는 화자 자신보다 나이가 많거나 지위가 높은 대상에게 사용하는 말씨이며, (29다)~(29바)는 그 반대의 대상이나 동년배에게 사용하는 말씨이다. 이러한 말씨를 유형별로 정리해 보면 다음과 같다.

(30) 청자 대우 체계

| | | 평서법 | 의문법 | 명령법 | 청유법 |
|---|---|---|---|---|---|
| 존대<br>대상 | 합쇼체 | 가십니다 | 가십니까 | 가십시오 | 가시지요 |
| | 해요체 | 가요 | 가요 | 가(세/셔)요 | 가(세/셔)요 |
| | 하오체 | 가(시)오 | 가(시)오 | 가(시)오 | 갑시다 |
| 비존대<br>대상 | 하게체 | 가네, 감세 | 가는가 | 가게 | 가세 |
| | 해체 | 가, 가지 | 가, 가지 | 가, 가지 | 가, 가지 |
| | 해라체 | 간다 | 가느냐(니) | 가거라 | 가자 |

이 가운데 '합쇼체'는 가장 격식적이고 가장 존중하고자 하는 대상에게 사용하고, '해요체'는 합쇼체보다 격식을 덜 갖추어도 되는 대상에게 사용한다. 그리고 '하오체'는 존대해야 할 대상이지만 아주 높이 존대하지 않아도 되는 대상에게 사용한다.

'하게체'는 자신보다 낮거나 어린 대상이지만 어느 정도 존대하고자 할 때 사용하고, '해체'는 반말체라고도 하는데, 아주 낮추기도 어렵고 그렇다고 존대하기도 어려운 대상에게 사용하며 '해라체'는 존대하지 않아도 되는 대상에게 사용한다.

## 2) 주체와 객체

대화를 하다보면, 어떤 인물을 화제의 중심으로 거론하기도 하고, 그와 관련하여 또 다른 대상을 거론하기도 한다. 가령 "문 선생님께서 이 서류를 송 선생님께 드렸습니다."라고 말을 했다고 할 때, 여기에는 문 선생님과 송 선생님이라는 두 인물이 나오고 있다. 그러나 이들의 역할은 같지 않아서, 문 선생님은 화제의 핵심 인물에 해당하고 송 선생님은 그의 행위와 관련하여 거론되는 인물이다. 존대법에서는 전자를 주체라 일컫고 후자를 객체라 일컫는다. 그래서 주체에 대한 언어적 태도를 '주체 존대법'이라 하고 객체에 대한 언어적 태도를 '객체 존대법'이라 한다.

먼저 주체 존대법은 다음과 같이 주체의 행위나 상태 등을 나타내는 용언의 어간에 '-시-'를 연결하여 표현한다.

> (31) 가. 선생님, 어제 이 선생님께서 오늘 오신다고 하셨습니다.
> 　　　나. 과장님께서 오늘은 기분이 언짢으신가 보다.
> 　　　다. 우리 선생님이 최고이시다.
> 　　　라. 아버지께서 오늘 용돈을 주셨다.
> 　　　마. 작은아버지께서 많이 편찮으시다.

(31가)는 주체인 '이 선생님'이 화자가 존대해야 할 대상이므로 위와 같이 주체의 행위를 나타내는 어간 '오-'에 '-시-'를 연결하여 '오시다'

로 표현하고 있다. (31나) 역시 마찬가지여서 주체인 '과장님'이 화자의 존대 대상이므로 주체의 감정을 표현한 어간 '언짢-'에 '-시-'를 연결하여 '언짢으시다'로 표현한 것이다. 주체 존대는 이처럼 [존대]를 뜻하는 문법 형태소 '-시-'를 덧붙이는 일관된 방식으로 표현된다.

이에 비하여 객체 존대는 다음과 같이 특정 어휘를 사용하는 방식을 취한다.

(32) 가. 이 선생님께서 어제 김 선생님께 서류를 드리셨다.
　　　나. 오늘은 윤 선생님을 뵙고 가야 한다.
　　　다. 선생님께 먼저 여쭙고 그 다음에 그 일을 결정하겠습니다.

(32가)의 객체는 '김 선생님'인데, 화자는 존대하려 한다. 그러므로 '서류를 주다.'로 표현하지 않고 '서류를 드리다.'로 표현한 것이다. (32나) 역시 마찬가지여서 화자는 객체인 '윤 선생님'을 존대하기 위해 '윤 선생님을 보고'로 표현하지 않고 '윤 선생님을 뵙고'로 표현하고 있다.

사실 이 객체 존대는 중세국어 시기에는 '-숩-'이라는 문법 형태소를 동사나 형용사 어간에 연결하는 방식으로써 실현되었다. 그러나 현대로 오면서 이 방식은 달라져서, '보다'를 '뵙다'로 '주다'를 '드리다'로 '묻다'를 '여쭙다' 등으로 대체하는 어휘적 방식을 취하고 있다.

# 01 | 말의 의미

'사과'는 맛있고 건강에 좋은 과일이다. 우리는 늘 사과를 먹고 사과에서 좋은 영양을 얻는다. 또 사과라는 말의 뜻을 정확하게 알고 있는 것처럼 보여서, 사과를 달라는 다른 사람의 요구에 '오렌지'를 가져다주는 일은 한 번도 없다. 그러나 우리가 정말 사과의 뜻, 곧 사과의 의미를 정확하게 말할 수 있는지는 의문이다.

사과라는 말의 의미는 정확하게 무엇일까? 이 질문에 답하기 앞서서 우리는 또 다른 물음 하나에 답해야 한다. 곧 '의미가 무슨 의미인가?'라는 물음이다. 리차즈와 오그덴이라는 학자는 1923년에 <의미의 의미 (The Meaning of Meaning)>라는 책을 냄으로써 의미론의 전개에서 '의미의 의미'를 규정하는 것이 결코 쉽지 않은 일임을 보인 바 있다. 의미라는 것이 무엇인지 먼저 정의한 다음에라야 어떤 말의 의미가 무엇인지를 말할 수 있을 것이다.

전통적으로 의미가 무엇인가를 정의하는 데에는 '의미는 무엇과 같다.'는 '동일성론(identity theory)'을 이용하였다. '어떤 말의 의미는 그것이 지시하는 대상과 같다.'는 정의나 '어떤 말의 의미는 그 말에 의해 떠오는 심리적 영상과 같다.'는 정의가 그 예이다. 또 '어떤 말의 의미는 그 말에 의해 생기는 자극과 그것에 대한 반응과 같다.'는 정의도 있다. 그러나 언어의 의미라는 것은 실제로는 그 성질이 워낙 다양하고 미묘하여, 어떤 정의를 선택한다고 해도 완전하게 설명한 것이라고 말하기 어렵다.

## 02 | 의미론의 연구 내용

언어학이 언어에 대해서 과학적으로 연구하는 것이라면, 의미론은 의미에 대해서 과학적으로 연구하는 분야이다. 언어학이 언어에 대해 과학적으로 연구할 때 그것은 대체로 경험 과학적인 방법에 의해서 전개한다. 언어학의 하위 분야인 의미론도 마찬가지이다. 따라서 가설의 수립, 검토, 수정 또는 폐기, 새로운 가설의 수립 등의 과정을 끝없이 반복하고, 그 결과로 의미론이 추구하는 학문의 목적에 접근하게 된다.

의미론의 연구는 우선 낱말의 의미를 밝히는 데 주력한다. 그 다음 낱말의 의미가 문장의 의미에 어떻게 기여하며, 둘 사이에는 어떤 상관관계가 있는지를 밝히려고 한다. 다음으로 의미론의 연구는 언어 단위들의 의미 특성, 곧 중의성, 동의성, 함의, 모순성 등의 문제를 설명하고자 한다. 그리고 의미론 연구의 궁극적인 목표는 언어학의 연구 정신과 마찬가지로 무한한 언어 자료들의 질서를 밝혀 줄 유한한 규칙 체계를 수립하는 것이다.

의미론에 대한 관심의 시작은 독일의 라이지히(C. K. Reisig) 교수가 <라틴어학 강의>에서 처음으로 의미론을 언어학의 하위 영역으로 설정하면서부터이다. 라이지히는 의미론을 '의미의 발달을 지배하는 원리'를 연구하는 학문으로 규정했다. 그 뒤 여러 학자들에 의해 주로 어원론이나 의미 변화에 대한 것이 의미론으로 다루어졌다. 그러다가 프랑스 언어학자 브레알(M. Bréal)이 '새로운 학문'으로서의 '의미의 과학'을 'Semantique'라고 불렀고, 쿠스트(H. Cust)가 이를 'Semantics'로 영역하면서 이것이 의미론이라는 용어로 널리 쓰이게 되었다.

울만(Ullmann, 1959)는 언어학의 하위 분야로서의 의미론의 영역을 '울만의 상자'로 제시한 바 있다.


    (1) 울만의 상자




(1)에서 morphology는 언어를 형식과 내용으로 나누었을 때 형식을 연구하는 분야를 가리킨다. 문법론의 하위 분야로서 통사론과 함께 다루

는 형태론은 위의 그림에서 lexicology에 해당한다. 울만은 의미론이 음운론과는 직접적인 관계를 갖지 않으나 어휘론 및 통사론과는 직접적인 관련이 있는 분야로 본 것이다.

# 03 | '사과'의 의미는 '사과의 집합'

앞서 의미를 규정할 때 동일성론(identity theory)을 이용한다는 것을 언급한 바 있다. 동일성론을 이용하는 대표적인 의미의 규정 방법이 지시설, 혹은 지시 의미론이다. 지시 의미론에서는 언어 표현(말, 혹은 단어나 문장)의 의미를 그 표현이 지시하는 실재 세계(actual world)의 지시 대상(object)과 동일시한다. 예를 들어 사과라는 말의 의미는 그것이 가리키는 이 세계에 있는 지시물인 사과 전체이다.

(2)

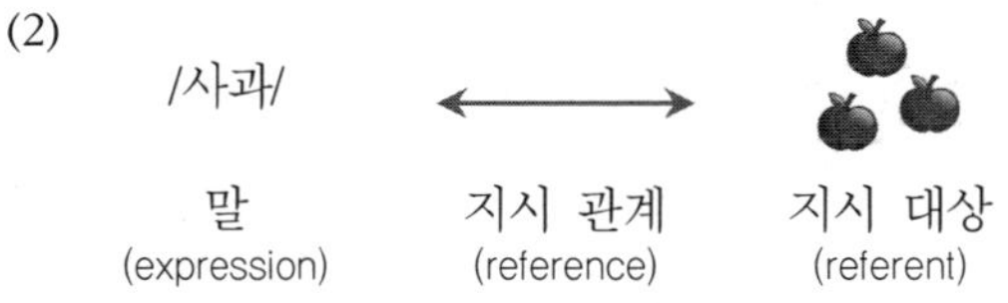



다시 말하면 지시 의미론에서는 말의 의미를 그 말이 지시하는 개체들의 집합으로 본다. 따라서 명사인 사과의 의미는 '사과의 집합'을 나타내고, '학생'의 의미는 '학생의 집합'을 나타낸다. 그렇다면 '아름답다'와 같이 속성을 나타내는 말이나, 가다와 같이 동작을 나타내는 말은 어떻게 지시 대상을 가리킬 수 있는지 궁금하다. 지시 의미론에서는 이런 말들도 그러한 속성을 지닌 개체들의 집합이나, 그러한 동작을 하는 개체들의 집합으로 규정할 수 있다고 생각한다. '사랑하다'와 같은 타동사도 지시 대상을 규정하는 것이 가능하다. 타동사는 어떤 동작에 두 개이상의 개체가 관여한다는 점에서 '그러한 동작에 관여하는 개체들의 집합'을 그 의미로 본다.

이러한 지시적 의미론의 견해에 따르자면 세상의 모든 언어 표현에는 지시 대상이 있어야 한다. 그러나 세상에는 지시 대상이 없는 말들도 많다. 예를 들어 '용, 유니콘, 귀신, 도깨비' 등은 상상 속의 것들이어서 실재 세계에서는 이 말들이 지시하는 대상을 찾을 수 없다. 그렇다고 이러한 말들이 아무런 의미도 없다고 말하기는 어렵다.

또 우리는 동일한 지시 대상에 대해서 전혀 다른 표현을 사용할 때가 있다. 예를 들어, '술이 반 남아 있는 술병'을 보고, "어, 술이 반밖에 없네." 혹은 "어, 술이 반이나 있네."처럼 두 가지로 말할 수 있는데, 그 의미는 정반대이다. 이런 경우 정반대의 의미로 인식되는 표현을 '동일한 지시(의미)'라고 해야 하는 문제점이 있다.

지시 의미론은 언어 표현의 의미를 언어 외의 실재 세계 속에서 찾고 있다는 점이 특징이다. 지시 의미론은 언어와 실재 세계가 직접적인 관계를 형성한다고 보고, 언어 표현의 의미를 그것과 세계와의 대응 관계 속에서 파악하려고 하는 이론이다.

# 04 | '사과'의 의미는 '행동'

　누군가 '사과'라고 말했다면, 그 의미는 [사과를 사 달라]는 뜻이라고 생각할 수도 있다. 이른바 행동주의 언어학의 '자극반응설(S→R설)'이 그러한 생각의 근거가 될 수 있다. 자극반응설은 언어 표현은 행동을 촉구하는 자극이고, 그로 인하여 어떤 반응이 유도된다고 본다. 자극반응설을 행동설이라고도 하는데, 언어 표현이 이루어지는 상황에 대하여 과학적이고 기계적인 분석을 시도하려 했다는 점에서 의의가 있다.

　행동주의 언어학자 블룸필드(L. Bloomfield, 1933)의 <언어(Language)>라는 책에는 배고픈 여자 질(Jeal)과 그녀의 남자 친구 잭(Jack)의 이야기가 나온다. 길을 가다 질은 '나무의 사과'를 보고 자극(S)을 받아 "사과."라는 말로 반응(r)한다. 그러자 잭은 '사과라는 말을 듣고' 자극(s)을 받아 '나무의 사과를 따오는 행동'으로 반응(R)한다.

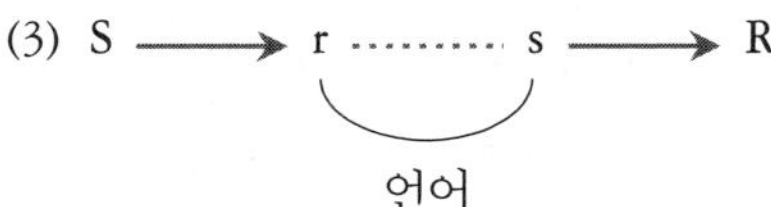



(S: 실세계 자극, R: 실세계의 반응, s: 언어 자극, r: 언어 반응)

　위의 (3)에서 보듯이 언어 표현은 실제 자극에 대한 말의 반응(r)으로 이루어지며, 이 반응은 다시 청자의 청취라는 청각적 자극(s)을 일으켜 청자의 행동이라는 실제적 반응을 만들어낸다. 언어란 이러한 일련의 자극과 반응의 과정을 통해 의미를 소통하는 것이라고 보는 것이 행동설의 골자이다.

그러나 이러한 행동설도 의미에 대해 충분한 설명이 되지 못한다. 어떤 상황에서 사람이 느끼는 자극과 반응이 항상 다르기 때문이다. 어떤 언어 표현의 의미가 청자나 상황에 따라서 유동적인 것이라면 그것을 객관적으로 체계화하는 것도 불가능하다. 또한 행동설은 어떤 자극도 없어서 반응을 이끌어 낼 수 없는 접속사나 조사 등의 의미에 대해서도 역시 설명할 수 없다.

## 05 │ '사과'의 의미는 '사과에 대한 관념 명세'

'사과는 [붉다], [달다(때론 시다)], [동그랗다], ……' 등은 우리가 사과라는 말을 듣고 떠올릴 수 있는 다양한 관념들이다. 다른 말로 하자면 '다양한 심리적 영상'들이다. 의미의 규정을 위한 동일성론 중에는 언어 표현의 의미를 그것을 알고 있는 사람이 그것과 관련지어 생각할 수 있는 관념(개념 또는 심리적 영상, mental image)과 동일시하는 이론이 있는데, 이를 유심론적 의미론(개념론적 의미론)이라고 한다. 곧 사과라고 하면 우리는 머릿속에서 '어떤 생각이나 영상'이 떠오르는데, 그러한 생각이나 심리적 영상이 사과의 의미라는 것이다.

소쉬르(F. de Saussure), 오그덴과 리차즈(Ogden & Richards) 등이 이러한 견해를 가진 사람들이다. 이들은 언어 표현과 실세계의 대응물은 직접적으로 연결될 수 없고, 반드시 그것과 관련된 개념 또는 심리적 영상을 통해야 한다고 본다. 따라서 이들은 의미를 '생각의 연쇄(a recurrent set of mental events)'라고 본다. 그리고 말과 의미의 관계를 흔히 아래와 같은 삼각형으로 나타내는데, 이를 보통 '의미의 기본 삼각형'이라고 부른다.

(4) 의미의 기본 삼각형

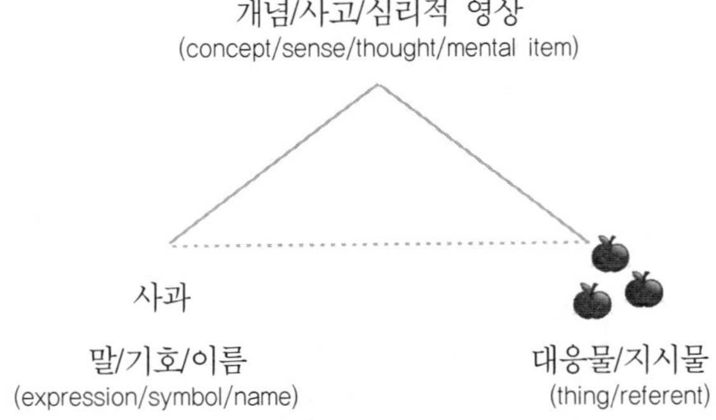


　유심론적 의미론의 관점을 지니면 앞서 의미를 지시 대상의 집합으로 보는 지시적 의미론의 문제점을 포용할 수 있다. 곧, 실재 세계에 대응물이 없어도 모든 언어 표현은 의미를 가질 수 있다. 따라서, '용, 유니콘, 불로초' 등의 표현들도 의미를 따지는 데 아무런 문제가 없다. 또한 하나의 지시 대상에 대하여 여러 가지로 표현한다고 하여도 의미를 파악하는 것이 가능하다.

　그렇다고 유심론적 의미론에 결함이 없는 것은 아니다. 어떤 언어 표현에 대하여 가질 수 있는 개념이나 심리적 영상이 사람마다 다를 수 있다. 그리고 의미라는 것이 개념이나 심리적 영상이라고 했을 때, 그것들은 도대체 무엇인가라는 물음을 불러일으킬 수 있다. 이러한 점들은 의미의 문제를 오히려 불명확한 것으로 만들어 버릴 수 있다는 단점을 갖는다. 또한 '그리고, 그러나, if, then, for'와 같이 주로 문법적인 기능을 하는 말들의 개념이나 심리적 영상은 무엇인지에 대해서도 답하기 어렵다. 이것은 물론 지시적 의미론에서도 그 지시 대상이 무엇인지 명확히 할 수 없는 것들이지만, 유심론적 의미론에서도 여전히 해결하지 못한다.

## 06 | 낱말들이 속하는 영역

어휘장(lexical field, 혹은 의미장, 낱말밭) 이론에서는 어떤 낱말이든지 단독으로는 통용 가치를 갖지 못한다고 본다. 다시 말해 한 낱말의 의미는 인접하거나 이웃하는 다른 낱말의 의미를 고려하여 규정할 때 더 잘 이해할 수 있다는 것이다. 예를 들어 사람, 혹은 인간이라는 단어는 위로는 생물, 동물 등과 같은 낱말들과 하나의 의미 영역을 이룬다. 또한 아래로는 남자, 여자, 아줌마, 처녀, 총각, 소년, 소녀 등과 같은 낱말들과 의미 영역을 이룬다. 이러한 사실을 그림으로 보이면 아래와 같다.

(5)

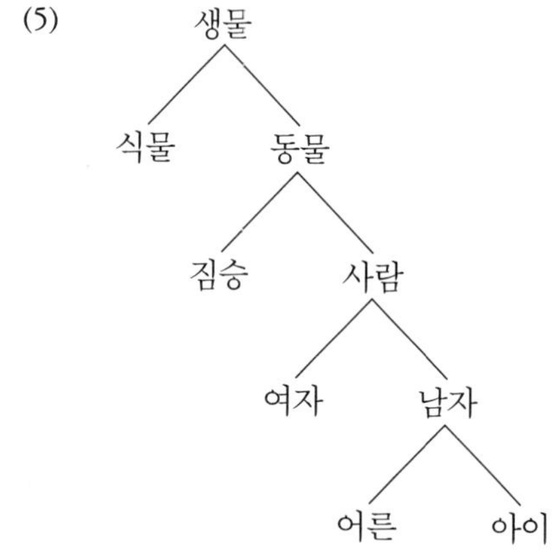

위의 (5)만을 두고 이야기하자면, '생물'이라는 개념의 어휘장이 있고, 그 아래에 속하는 '식물'과 '동물'을 의미하는 많은 낱말들이 그 어휘장의 원소들이 된다. 그리고 역시 동물이라는 개념이 이루는 어휘장에는 '짐승'과 '사람'을 의미하는 낱말들이 속해 있다.

어휘장 이론은 (5)처럼 각각의 어휘장이 층위를 이루고 있고, 상위의 장으로 올라가면서 점점 큰 영역의 어휘장으로 묶이거나, 점점 작은 영역의 하위장으로 나뉘면서 전체 어휘의 구조를 체계화한다는 이론이다. 곧 어휘장 이론에서는 보다 작은 하위장(sub-field)들이 모여서 보다 큰 장을 이루고 그러한 큰 장들은 그것보다 상대적으로 더 큰 장의 하위장이 되므로 결국은 한 언어의 모든 어휘를 망라하는 어휘장을 가정할 수 있다고 본다.

어휘장 이론은 개별 언어들의 어휘 체계의 상대성을 파악하는 데에 도움을 준다. 어휘장은 어떤 언어를 사용하는 사람들의 개념적 장이 구체화하여 만들어진다. 따라서 어휘장은 어떤 언어의 세계에 대한 개념적 틀을 보여 주는 구체적 증거이다. 그리고 그러한 개념적 틀이 개별 언어마다 다르다는 언어 상대성 이론을 지지해 준다.

(6) '형제자매' 어휘장

| 한국어 | 중국어 | 영어 | 말레이어 |
|---|---|---|---|
| 형 | 哥哥 | brother | sudarā |
| 오빠 | | | |
| 동생(남) | 弟弟 | | |
| 언니 | 姐姐 | sister | |
| 누나 | | | |
| 동생(여) | 妹妹 | | |

(6)은 어느 언어권에나 존재할 수 있는 '형제자매'에 대한 어휘장이 언어마다 다름을 보여 준다. 즉 형제자매를 나타내는 어휘장에 속하는 낱말들이 이루는 장의 구조와 구성원 수가 언어마다 다른 것이다. 이것은 언어마다 실세계를 분절시키는 방법, 곧 개념화에서 차이가 있다는 것을 말해 준다.

(7) 한국어의 착탈 어휘장

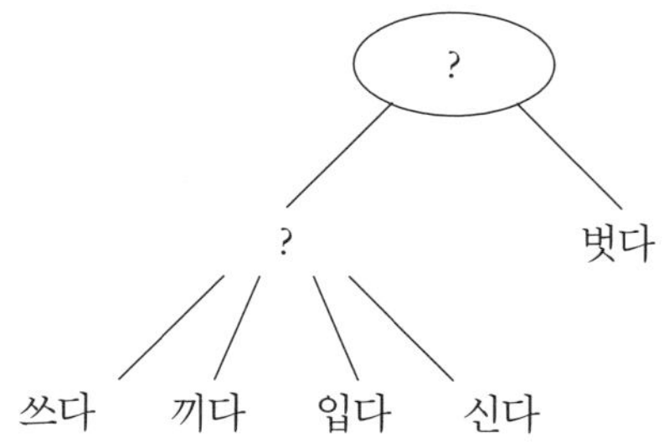


(8) 영어의 착탈 어휘장

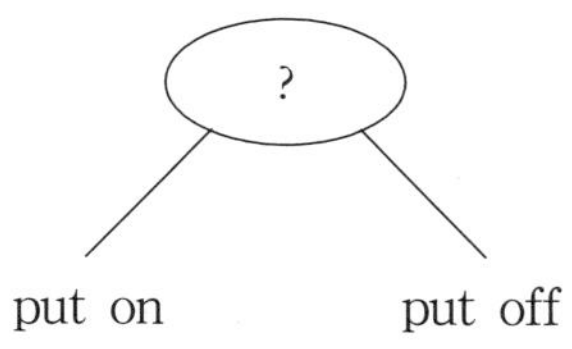


위 (7)은 한국어, (8)은 영어의 착탈 어휘장을 계층적으로 보인 것이다. 영어권이든 한국어권이든지 간에 실세계에는 입고 벗는 행위가 동일하게 존재한다. 그러나 그러한 행위를 개념화하여 말로 표현하는 것은 개별 언어마다 다르다. 위의 어휘장의 구조는 이러한 사실을 잘 보여 주는 예이다. 곧 한국어에서는 무엇을 몸의 어느 부위에 부착하느냐에 따라서

‘쓰다, 입다, 끼다, 신다, 매다’와 같은 낱말들이 분화한다. 그러나 무엇을 몸의 어느 부위에서 떼어내더라도 다 ‘벗다’로만 표현한다. 반면 영어에서는 부착하는 동작과 떼어내는 동작을 모두 하나의 낱말로만 파악하고 있다. 곧 부착할 때는 ‘put on’으로, 떼어낼 때는 ‘put off’로만 개념화하는 것이다.

## 07 | 낱말들의 의미를 이루는 성분

부모의 형제를 삼촌, 혹은 외삼촌이라고 부른다. 그러나 삼촌은 다른 친족어들과는 약간 다른 특징을 가진 것으로 인식한다. 표준 화법을 정리한 조선일보사와 국립국어원이 펴낸 <우리말의 예절(상)> 160쪽에 보면, 삼촌이 관계를 나타내는 말이기 때문에 친족 호칭어가 될 수 없다는 지적이 있다고 한다. 그러나 삼촌은 삼촌숙(三寸叔)의 준말로 사전에 등재되어 있으므로, 아버지의 형제를 이르는 말로 인정해야 한다고 한다.

어느 언어에서나 친족어들은 잘 짜인 어휘장을 이룬다. 친족어들의 어휘장을 예시하면 아래와 같다.

(9) 친족어의 어휘장

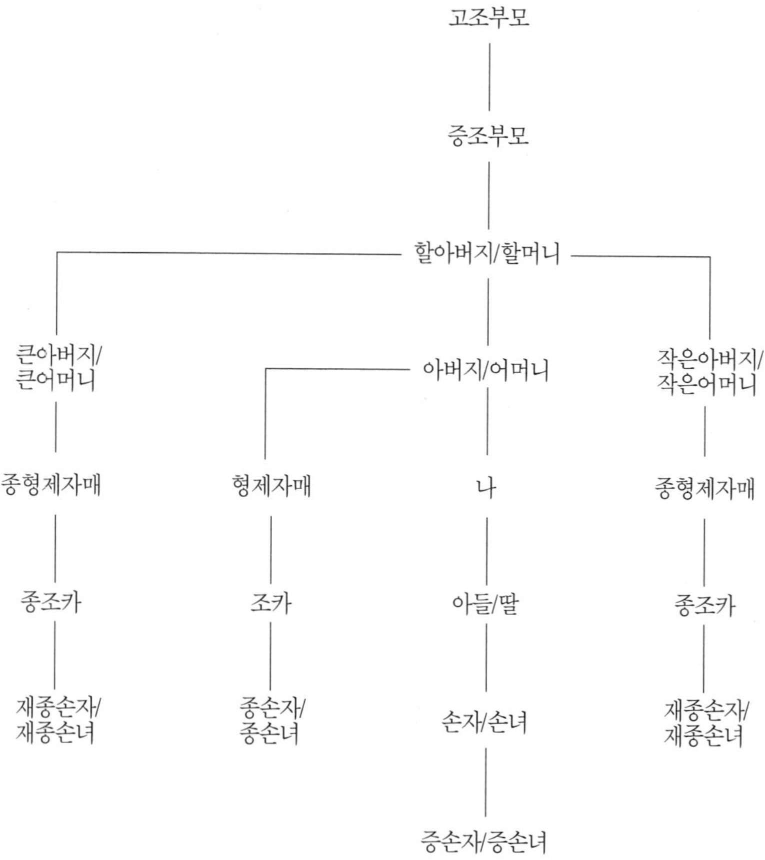



　　(9)와 같은 친족어 어휘장을 형성하는 기준으로, 오래 전부터 언급되어 온 것들이 계통, 세대, 성별, 연령, 결혼 여부, 촌수 등이다. 이 중 촌수는 친족어가 가리키는 대상들 사이의 관계를 '마디'로 나타내어 그 수를 세는 것이다. 삼촌이라는 말이 친족어가 아니라고 생각하는 것은 삼촌이 바로 친족어들의 의미적 연관성을 설명해 주는 촌수이기

때문이다.

어휘에 대한 구조주의적 연구에서는 어휘의 의미를 각 어휘들이 지니는 추상적인 의미 성분(semantic feature)들의 집합으로 파악하려고 한다. 그리고 이러한 연구 방법론을 성분 분석 이론이라고 한다. 의미 성분들은 어떤 어휘에 내재하는 추상적인 의미 자질이기 때문에 낱말 상호간의 의미의 공통점과 차이점 등의 의미적 연관성을 보여 줄 수 있다.

어떤 어휘장의 구조를 밝히기 위해서는, 먼저 각 어휘의 의미 성분을 해석해 내야 한다. 위의 친족어 어휘장에서 낱말들의 의미적 연관성을 판단하는 데 이용하는 계통, 세대, 촌수, 성별, 연령, 결혼 여부 등은 모두 의미 성분이다. 따라서 위 (9)의 친족어 어휘장에 속한 어휘들의 의미는 다음과 같이 의미 성분들을 나열하여 기술할 수 있다.

(10) 친족어의 의미 성분
　　　L: 계통 [pa: 부계], [Lma: 모계], [Lwi: 처계], [-Lo: 타계],
　　　　　　 [Lpa-Lo: 부계 쪽 타계], [Lma-Lo: 모계 쪽 타계]
　　　G: 세대 [G1: 1세대 위], [G-1: 1세대 아래]
　　　D: 촌수 [D3: 삼촌], [D4: 사촌]
　　　A: 연령 [Ae: 연상], [Ay: 연하]
　　　S: 성별 [Sm: 남성], [Sf: 여성]
　　　M: 결혼 여부

(11) 친족 어휘의 의미 성분 표시 예
　　　아버지: [Lpa G1 D1 Sm]
　　　어머니: [Lpa G1 D1 Sf]
　　　숙　부: [Lpa G1 D3 Ay Sm]
　　　숙　모: [Lpa G1 D3 Ay Sf]

(11)에서 보듯이 의미 성분은 어떤 어휘의 속성(혹은 개념)들을 나열하는 것과 흡사하다. 의미 성분을 나열할 때에는 해당 성분의 있고 없음을 이분법적으로 나타내는 것을 선호한다.


(12) 가. 총각: [−기혼], [+남자], [+사람]
　　　나. 처녀: [−기혼], [−남자], [+사람]


(12)에서 [　]는 의미 성분의 표시 기호이고, [+]는 해당 의미 성분이 있음을, [−]는 없음을 나타낸다. 보통 +나 − 표시 없이 [○○]로만 표기할 때에도 이분법적으로 해석한다. 의미 성분을 [±○○]처럼 표시하는 일은 없다. [±]는 해당 의미 성분이 어휘들 간의 대립을 보장하지 않는다는 것, 곧 변별적이지 않다는 것을 뜻한다.


# 08 | 반대말은 뜻이 반대가 아니다


‘아버지’와 ‘어머니’는 반대말이다. 상식적으로 반대말은 ‘뜻이 정반대인 말’이다. 그러나 반대말의 짝인 아버지와 어머니의 뜻은 실제로 정반대라고 보기 어려운 점이 많다. 왜냐하면 아버지와 어머니는 모두 [사람]이며, [어른]이며, [동일 세대]이기 때문이다. 아버지와 어머니는 [남자]인가 [여자]인가 하는 점에서만 반대이다.

의미론에서 성분 분석 이론은 막연히 ‘뜻이 반대’라고 생각할 수 있는 반대말들의 의미 특성을 설명하는 데 유용하다. 의미 성분에는 같은 어휘

장 내에 있는 어휘가 공통으로 가지고 있는 공통적 성분(common component)
과 한 어휘장에 속하는 어휘들의 의미 차이를 구별하는 데 사용하는 진
단적 성분(diagnostic component)이 있다. 앞서의 아버지와 어머니를 성분
분석하면 아래와 같이 다수의 공통적 성분과 하나의 진단적 성분을 갖
는 것을 알 수 있다.

> (13) 가. 아버지: [+사람], [+어른], [+기혼], [+남성]
> 　　　나. 어머니: [+사람], [+어른], [+기혼], [−남성]

　(13)을 보면 아버지와 어머니라는 어휘는 공통적인 성분들, 곧 유사점
들로 인해서 같은 어휘장 안에 든다. 그러나 하나의 진단적인 성분, 곧
차이점으로 인해서 같은 어휘장 안에서 구별되는 어휘로 대립한다는 것
을 알 수 있다. 이렇게 '동일 어휘장 안에서 오직 하나의 진단적 성분으
로 인해서 대립하는 어휘들의 쌍'을 보통 반의 관계에 있다고 하거나,
반대말이라고 한다. 따라서 반대말이란 두 어휘가 의미상 여러 가지 공
통점을 지니고 있으면서, 다만 하나의 매개 변인(parameter)이 다름으로써
성립한다고 볼 수 있다. 이러한 설명은 성분 분석 이론에 크게 힘입은
것이다.


## 09 │ 참말과 거짓말의 근거

　우리는 다른 사람의 말을 들으면서 '참말일까, 거짓말일까'를 생각해

볼 때가 있다. 예를 들어 "철수가 남자이다."라는 말을 들었다면, 그것이 참말인지 거짓말인지를 어떻게 알 수 있을까? 물론 '철수의 성별'을 확인하면 될 것이다. 그런데 먼저 '철수가 남자가 될 수 있는 조건'들을 정리한 다음에 철수가 그러한 조건에 맞는지를 알아보는 방법도 있다. 이러한 방법론을 진리조건 의미론이라고 부른다.

진리조건 의미론은 어떤 언어에 속하는 문장들 하나하나가 어떤 상황 (진리조건, truth-condition)에서 참이 되고 거짓이 되는지를 밝히는 것을 목표로 한다. 말하자면 문장의 의미를 그 문장이 참(true)이 되기 위한 조건이라고 보는 것이다.

한 문장이 참이 된다고 할 때 '참'은 실제(reality)와의 일치를 뜻한다. 곧 참이라는 것은 그 내용과 부합하는 실제 상황이 있다는 뜻이고, 거짓이라는 것은 그러한 상황이 존재하지 않는다는 뜻이다.

진리조건 의미론은 논리학자 타르스키(Tarski, 1956)의 진리 이론을 의미론에 도입한 것이다. 이 이론을 도입함으로써 의미론은 공허하고 비논리적이라는 평판을 벗어났다. 타르스키(1944)는 문장의 진리조건을 밝히기 위해서 다음과 같은 T-동치 공식을 제안하였다.


(14) S is true if and only if P.


(14)에서 S는 진위 판단의 대상이 되는 문장을 나타내고, P는 문장 S가 참이 되기 위한 조건을 가리킨다. 그리고 'if and only if'는 필요충분조건을 나타낸다. 따라서 (14)는 '문장 S가 참이 되기 위한 필요충분조건은 P이다.'로 풀이할 수 있다.

# 10 | 프랑스 왕은 대머리

의미론에서는 하나의 문장이 의미적 정당성을 갖기 위해서 이미 참임이 보장된 다른 문장을 도출해 낼 수 있을 때, 도출한 문장을 해당 문장의 '전제'라고 한다.

> (15) 가. 창수는 영희와 결혼한 것을 후회했다.
> 나. 창수는 영희와 결혼했다.

> (16) 창수는 영희와 결혼한 것을 후회하지 않았다.

(15가)는 (15나)를 전제한다. (15가)의 부정인 (16)도 (15가)와 똑같이 (15나)를 전제한다. 따라서 어떤 문장의 전제는 그 문장의 참, 거짓과는 상관없이 항상 참으로 판명된다.

전제라는 용어는 다음과 같은 한정 명사구(definite noun phrase)의 존재 전제(existential presupposition)를 따지기 위한 철학적 논쟁에서 처음 도입한 것이다.

> (17) 프랑스의 왕은 대머리다.

> (18) 가. 프랑스 왕이 존재한다.
> 나. 그는 대머리이다.

러셀(Russel, 1905)은 (17)을 (18가), (18나) 두 명제의 연접(conjunction)으

로 보았다. 연접(p∧q)에서는 연접되는 두 명제 p와 q가 동시에 참이어야 복합 명제 전체가 참이 된다. 따라서 프랑스의 왕이 존재하고 그가 대머리일 때, 바로 그때에만 '프랑스 왕은 대머리다.'라는 명제는 참이 된다. 결국 '프랑스의 왕'이 존재하지 않는다면 러셀의 견해로는 (17)은 거짓이다.

반면 스트로슨(Strawson, 1950)은 러셀의 이러한 견해와는 다른 생각을 피력한다. (17)은 서로 다른 두 가지 유형의 정보를 서로 다른 두 차원에서 전하고 있다고 보았다. 즉 (18나)는 단언(asserted)되어 있으나, (18가)는 명제 (17)이 진리치를 갖기 위해서 반드시 충족되어야 할 선조건으로서의 전제라는 것이다. 따라서 프랑스의 왕이 존재하지 않을 경우 곧 (18가)가 거짓일 경우에 진리치를 따지기 위한 선조건이 충족되지 않으므로 (17)은 참도 거짓도 아닌 진리치 공백이 되고 만다. 이것은 모든 명제는 참 아니면 거짓이라는 고전논리학의 이원적 체계를 부정하고, 다원적 진리 체계를 인정하는 것이다.


## 11 │ 모든 총각은 남자

'철수가 총각이면 철수는 항상 남자이다.'는 이 문장은 다음과 같은 두 개의 문장으로 나누어 생각할 수 있다.

(19) 가. 철수가 총각이다.
      나. 철수가 남자이다.

(20) 가. 철수가 총각이 아니다.
　　　나. 철수가 남자가 아니다.

(19가)가 참일 때 (19나)는 항상 참이 된다. 그러나 (19가)를 (20가)처럼 부정할 때, 곧 (19가)가 거짓이면 (19나)는 참이거나 거짓이 된다. 반면 (19나)를 부정한 (20나), 곧 (19나)가 거짓이면 (19가)도 항상 거짓이 된다.

(19가)처럼 어떤 문장에서 다른 문장이 분석적으로 도출될 때, 도출된 문장을 해당 문장의 '함의'라고 한다. 분석적으로 도출된다는 것은 외부 세계와의 대응 관계를 따지지 않고서도 참, 거짓을 논리적으로 판정할 수 있다는 뜻이다.

이러한 함의는 의미적으로 포섭 관계에 있는 말들 사이에서 주로 성립한다. A라는 말의 개념(혹은 외연)이 B라는 말의 개념을 모두 포함할 때, A가 B를 포섭한다고 하고 A와 B를 포섭 관계라고 한다. 예를 들어 '인간'은 '남자'를 의미적으로 포섭하고, 남자는 '총각'을 포섭한다. 따라서 남자에서는 항상 인간이 분석적으로 도출되고, 총각에서는 남자, 인간이 분석적으로 도출된다. 이럴 때 남자는 인간을 함의하고 총각은 남자와 인간을 함의한다. 이러한 관계는 동일한 구조의 문장 안에서 쓰일 때에도 똑같이 유지된다.

# 12 | 늙은 신사와 숙녀

하나의 문장이 여러 가지 뜻으로 해석되는 경우가 있다. 이러한 문장을 '중의성'이 있다고 한다. 중의성은 하나의 구조가 둘 이상의 의미로 해석되는 것으로서 둘 이상의 구조가 하나의 의미로 해석되는 '동의성'과는 상반된다. 촘스키는 표준 이론에서 문장의 중의성 문제를 구조의 차이로 설명한 바 있다.

(21) 나는 아버지와 어머니를 방문했다.

(21)은 전형적인 중의문이다. 촘스키의 표준 이론에서는 이러한 문장의 중의성은 두 개의 심층 구조(deep structure)가 하나의 표면 구조(surface structure)로 나타난 것이라고 보았다. 이때 실제로 발화된 문장은 표면 구조와 유사하고, 의미 해석은 심층 구조와 유사하다고 할 수 있다.

(22) 가. [[나는] [아버지와 어머니를] 방문했다.]
　　 나. [[나는 아버지와] [어머니를] 방문했다.]

중의성을 갖는 문장 (21)은 (22가)와 (22나)라는 두 개의 심층 구조를 가지고 있다고 보는 것이다. (22가), (22나)는 결국 (21)에 대한 두 가지 의미 해석과 같다.

(23) 가. 배가 있다.
　　 나. 늙은 신사와 숙녀가 의자에 앉아 있다.

다. 아버지는 어머니보다 딸을 더 사랑한다.
라. 너만 떠나지 마라.
마. 손님이 다 오지 않았다.

(23가)~(23라)는 여러 가지 유형의 중의문들이다. (23가)는 어휘 자체에 두 가지 이상의 뜻이 있는 어휘적 중의문이다. (23나), (23다)는 문장의 성분들의 관계에 대한 해석의 차이로 생기는 구조적 중의문이다. (23라), (23마)는 문장의 부정사나 부사의 영향력이 미치는 범위에 대한 해석의 차이로 생기는 작용역 중의문이다. 부연하면, (23가)는 어휘 '배'가 가진 중의성으로 인해 중의문이 된 예이다. 이러한 어휘적 중의성은 문맥을 통해 올바른 해석이 가능하다. (23나)는 '늙은'이라는 말의 수식 대상을 분명히 하지 않는 한 '늙은 사람'이 누구인지 판단하기 어렵다. (23다)는 '어머니'라는 말이 문장의 목적어로 해석되느냐 주어로 해석되느냐에 따라 다른 의미를 갖게 된다. (23라)는 '마라'의 영향력이 미치는 범위에 따라서, (23마)는 부사 '다'와 부정사 '않다'의 영향력이 미치는 범위에 따라서 다른 의미 해석을 할 수 있다.

중의적인 문장인가 아닌가를 판단하는 엄격한 기준으로 진리조건을 들 수 있다. 곧 어떤 문장이 참이 되는 조건이 둘 이상일 때 그 문장은 중의성을 갖는다고 보는 것이다.

(24) 가. 남편이 갑자기 안 돌아왔다.
나. 철수가 권총으로 그 사람을 쏘았다.
나'. 철수가 권총으로 쏜 것은 바로 그 사람이다.

(24가)는 중의문이지만, (24나)는 (24나')와 같은 문장을 도출할 수 있

다고 해도 중의문이라고 보지 않는다. (24가)가 참이 되는 데에는 두 가지 조건이 있다. 하나는 '남편이 안 돌아오는 조건'이고, 다른 하나는 '남편이 연락하고 돌아오는 조건'이다. 곧 남편이 돌아오거나 돌아오지 않는 정반대의 조건에도 이 문장은 참이 될 수 있다. 그러나 (24나)는 (24나')처럼 바꾸어도 그 진리조건은 항상 같다.


## 13 | 'A+B≠B+A'


덧셈은 소위 교환법칙이 성립한다. 그래서 항상 'A+B=B+A'가 성립한다. 그러나 낱말들과 그것의 합으로 생각할 수 있는 문장에서는 이러한 법칙이 잘 지켜지지 않는다. 곧 'A+B≠B+A'가 성립하는 경우가 있다.

    (25) 가. 고양이가 쥐를 잡았다.
        나. 쥐가 고양이를 잡았다.

(25가), (25나)는 전혀 다른 의미를 지니는 문장들이지만, 그 구성 성분은 하나도 다르지 않다. 만약 문장의 의미가 구성 성분들의 단순한 합이라면 순서만 바꾼 (25가), (25나)는 정확하게 동일한 의미를 지닌 문장이어야 한다. 여기서 우리는 '문장의 의미는 그것을 구성한 낱말들의 의미의 단순한 총화가 아니다.'라는 문장 의미론의 특성을 이해하게 된다. 다른 말로는 '동일한 성분들이라도 그것들을 배열한 방식, 혹은 배열하

는 규칙에 따라서 의미가 다른 문장이 될 수 있다.'는 것이다. 문장의 의
미의 이러한 특성은 '합성성의 원리'로 설명할 수 있다.

　　(26) 합성성의 원리
　　　　언어 표현 전체의 의미는 그것을 구성하는 부분들의 의미와 부분
　　　　들이 결합하는 규칙에 의해 결정된다.

　합성성의 원리는 언어 표현의 의미가 부분을 이루고 있는 성분의 의
미와 그 부분들 사이에 내재하는 규칙에 의해서 해석될 수 있음을 말한
다. 이를 좀 더 형식화하여 나타내면 아래와 같다.

　　(27) $X = f(x_1 + x_2 + x_3 + \cdots x_n)$

　곧 어떤 언어 표현이 갖는 전체 의미를 X, 전체를 구성하는 부분의
의미를 x, 그리고 문장을 구성하는 규칙을 f라고 하면, 언어 표현의 전체
의미는 (27)과 같은 함수로 표현할 수 있다.


# 14 │ 항상 거짓인 문장과 항상 참인 문장

　어떤 사람이 항상 거짓말만을 한다면 사회생활에 어려움이 많을 것이
다. 그렇다고 항상 참말만을 하면서 살기도 쉽지 않다. 사람은 악의든
선의든, 그리고 크든 작든 간에 어쩔 수 없이 거짓말을 하는 경우도 있
다. 그런데 어떤 문장은 어떤 상황에서도 항상 참이거나 항상 거짓인 것

이 있다.

> (28) 가. 이 씨는 죽었거나 죽지 않았다.(p∨−p)
> 　　　 나. 이 씨는 죽었고 동시에 죽지 않았다.(p∧−p)

(28가)처럼 요소 명제의 진리치에 관계없이, 항상 참이 되는 문장을 항진문(논리적 참명제, tautology)이라고 하고, (28나)처럼 항상 거짓이 되는 문장을 모순문(contradiction)이라고 한다. 위 (28)에서 p 대신 어떤 문장을 대치해도 (28가)는 항진문이다. 즉 어떤 상황, 어떤 가능 세계를 선택한다고 하더라도 항상 참이다. 반대로 (28나)는 어떤 명제로 바꾸어도 항상 거짓이다. 즉 어떤 세계에서도 그러한 경우를 찾기 어렵다. 바꾸어 말하면 항진문의 진리의 집합은 모든 가능 세계의 집합(universal set)이고, 모순문의 진리 집합은 공집합(null set)이다.

# 15 │ '저 사람'이라는 말이 가리키는 사람

우리가 사용하는 언어 표현에는 그것이 쓰이는 상황에 따라 가리키는 바가 달라지는 것이 있다. 말하는 이의 시간, 공간적 처지가 기준점(point of reference)이 되어 사물을 직접 가리키는 데 쓰이는 낱말이나 그러한 특성을 지닌 말을 '직시 표현(deictic expression)'이라고 한다. 예를 들면 '나, 너, 이곳, 저곳, 저 사람' 등이 그런 것이다.

(29) 가. 나는 어제 공원에서 저 사람을 보았다.

　　　나. 영호는 7월 23일 12시에 공원에서 영희를 보았다.


(29가)는 직시 표현이 쓰인 문장이지만 (29나)는 그렇지 않다. (29나)
에는 발화와 관련된 요소들의 지시 내용이 분명하기 때문에 그 뜻을 파
악하는 데 아무런 문제가 없다. 그러나 (29가)는 맥락을 모르면 문자의
의미를 구체적으로 알 수 없다. 곧 '나'는 누구이고, '저 사람'은 누구이
며, '어제'는 또 언제인지는 맥락 속에 들어 있다. (29가)처럼 발화의 맥
락을 이루는 요소들을 말로서 직접 가리키는 문법적 현상을 '직시(deixis)'
라고 한다.

　직시 표현은 대개 화자 중심으로 이루어진다. 따라서 화자 중심의 직
시에는 '원점(origin)'이라고 하는 '나-여기-지금'의 세 단어가 있으며,
이것들이 직시의 중심을 이룬다고 한다. 이것은 직시의 기본적 표현인
인칭, 장소, 시간에서 '나-여기-지금'이 중심임을 가리키는 것이다. 레
빈슨(S. C. Levinson, 1983 : 63~64)은 직시의 중심을 구성하고 연결하는 지
점을 다음과 같이 다섯 가지로 정리하고 있다.


(30) 가. 중심 인물: 화자

　　　나. 중심 시간: 화자의 발화 시간

　　　다. 중심 장소: 발화 시간의 화자 위치

　　　라. 담화 중심: 화자 자신이 발화할 때 존재하는 지점

　　　마. 사회 중심: 청자 또는 제3자와 관련된 화자의 상대적 지위


위 (30)의 다섯 가지 유형을 보면 직시가 모두 화자 중심으로 이루어
지고 있음을 말해 주고 있다. 결국 직시의 중심은 발화 당사자인 화자와

화자의 시간, 공간, 존재 지점, 사회적 지위 등으로 구성되어 있다.

# 16 │ 의도적 의미

교실 안이 몹시 추운데 창문이 열려 있다고 가정해 보자. 자신이 직접 가서 창문을 닫는 것이 다소 곤란할 때에는 다른 사람에게 창문을 닫아 달라고 요청할 수 있다. 그럴 때 상대방의 기분을 나쁘게 하지 않으면서도 효과적으로 창문을 닫도록 요청하는 방법은 무엇일까? 아마 말로 그렇게 해야 한다면 다음과 같은 표현 중 하나를 쓸 수 있을 것이다.

(31) 가. 야, 거기 창문 좀 닫아라.
　　나. 창문 좀 닫아 주시겠어요?
　　다. 어이! 추워라.

청자가 친구이거나 아랫사람이면 (31가)와 같은 표현을 쓸 수 있을 것이다. 그러나 청자가 누구든지 간에 직접적인 명령문의 형식으로 되어 있는 (31가)를 듣고는 기분이 썩 좋지 않을 것이다. (31나)는 청자의 기분을 고려하면서 선택권을 청자에게 넘기는 의문문의 형식을 써서 요청하는 표현이다. 아마도 청자는 특별한 이유가 없는 한 기분을 상하지 않고 기꺼이 창문을 닫아 줄 것이다. 마지막으로 (31다)도 창문을 닫아 달라는 요청의 뜻으로 사용할 수 있다. 상대방이 윗사람이거나 요청하기가 매우 어려운 상대라면 (31다)처럼 화자가 자신의 처지를 말함으로써 약간의 동정심을 이끌어내면 청자는 흡족한 마음으로 창문을 닫아 줄 것이다. 하지만 끝내 화자의 의도를 이해하지 못하고 창문을 닫아 줄 생각도 못하는 사람도 있을 것이다. 그때는 물론 다른 방법을 강구해야 할 것이다.

그런데 우리는 (31나), (31다)에서 좀 특별한 두 가지 문제를 생각해 볼 수 있다. 첫째는 왜 요청을 하는 데에 명령문을 쓰지 않았느냐는 것이다. 둘째는 어떻게 청자들은 요청하는 문장이 아닌데도 (31나), (31다)로부터 요청의 뜻을 찾아내는가 하는 것이다. 이러한 문제를 이해하는 데에는 발화 행위 이론(speech act theory)이 도움이 된다.

발화 행위 이론은 오스틴(Austin, 1962)에서 비롯된 이론 체계이다. 1930년대의 유럽의 논리실증주의자들은 언어를 진리조건적 관점에서 이해하려고 노력했다. 그러나 오스틴은 언어가 실세계에 대해 가지는 기술적 기능만을 중시하여 맥락적 요소를 배제하고 진리조건을 언어 이해의 핵심으로 보는 견해를 비판했다. 오스틴은 일상 언어에서 어떤 서술문들은 참 또는 거짓을 진술하려는 의도로 사용된 것이 아니고, 분명히 어떤 행위를 수행하려는 의도로 말해진 것이라고 보았다. 그러한 특정 형태의 서술문을 수행문(performative)이라고 불렀다. 그리고 수행문은 말과 제도적 절차를 연계시키는 특정한 사회적 관습의 존재에 의해 그것에 상응하는 행위를 수행하게 된다고 했다.

그렇다면 발화가 수행하려는 행위는 무엇인가? 발화 행위 이론에서는 하나의 발화는 다음과 같은 세 가지 행위를 수행한다고 본다.

 

    (32) 가. 발화 행위(locutionary act)

         나. 발화 수반 행위(illocutionary act)

         다. 발화 효과 행위(perlocutionary act)

발화 행위는 무엇인가를 말하는 행위(act of saying something)이고, 발화 수반 행위는 무엇인가를 말하는 가운데 이뤄지는 행위(act performed in saying something)이며, 발화 효과 행위는 무엇인가를 말한 결과로 이루어지는 행위(act performed by saying something)이다. 앞서의 창문을 닫아 달라고 요청하는 예문 (31나)에 이러한 개념을 적용하여 보자. (31나)를 다시 보자.

(31) 나. 창문 좀 닫아 주시겠어요?

(31나)의 "창문 좀 닫아 주시겠어요?"는 그 자체로 발화 행위이다. 좀 더 구체적으로 말하면 질문 형식의 발화 행위이다. (31나)는 질문 형식이지만 대답보다는 상대방의 행위를 요청하는 것으로 해석된다. 화자의 의도가 그렇다는 것은 특정한 사회적 관습, 곧 맥락으로 판단할 수 있다. (31나)에서 화자가 청자에게 요청하는 이 의도적 행위가 바로 발화 수반 행위이다. (31나)에서 '요청의 행위'처럼 발화 수반 행위에 의해 표현되는 의도적 의미를 '발화 수반력(illocutionary force: IF, 언표내적 효력)이라고 부른다. (31나)의 발화가 화자의 의도대로 수행되거나 혹은 그렇지 않더라도 화자와 청자 사이에는 또 다른 어떤 결과적 행위가 뒤따른다. 가령 화자가 의도한 행위가 잘 이뤄졌다면 화자는 결과적으로 매우 만족한 느낌을 갖는 행위가 뒤따른다고 볼 수 있다. 이러한 결과적 행위를 발화 효과 행위라고 부른다.

발화 행위 이론에서는 발화의 발화 수반 행위, 혹은 발화 수반력을 해석하고 체계화하는 것이 핵심적인 과제이다. 발화 수반 행위를 체계적으로 분류하고, 발화와 발화 수반력의 관계를 규칙화하여 언어 사용의 원리를 밝힐 수 있다고 보기 때문이다.

발화 행위 이론에서는 대부분의 문장이 수행 발화이다. 이 수행 발화는 두 가지가 있다. 하나는 수행 동사(performative verb)에 의해서 해당 발화의 발화 수반 행위가 명시되어 있는 경우이다. 이를 명시적 수행 발화(explicit performative)라고 한다. 다른 하나는 수행 동사가 나타나지 않더라도 발화 수반 행위가 이루어지는 발화이다. 이를 비명시적 수행 발화(implicit performative)라고 한다.

(33) 가. 나는 당신에게 지금 당장 여기서 떠날 것을 요구한다.
　　　나. 지금 당장 여기서 떠나 줘.

(33가)는 '요구하다'라는 수행 동사가 나타나는 명시적 수행 발화이다. 반면 (33나)는 (33가)와 똑같은 발화 수반 행위가 일어나지만, 수행 동사는 보이지 않는다. (33나)와 같은 발화를 비명시적 수행 발화라고 한다.

발화된 문장의 형식과 발화 수반력이 같으면 직접 발화 행위라고 하고, 그렇지 않으면 간접 발화 행위라고 한다.

(34) 가. 지금 몇 시입니까?
　　　나. 너 한 번 맞아 볼래?

(34가)는 질문의 문장 형식을 취하고 있으며, '질문'이라는 발화 수반력을 갖는다. 곧 직접 발화 행위이다. 그러나 (34나)는 문장 형식은 질문이지만 화자는 청자의 대답을 듣고자 하는 것이 아니다. (34나)는 청자에게 어떤 행위의 금지를 '명령'하고 있는 것으로 보인다. 그렇다면 명령의 발화 수반력을 지닌 것이고, 이런 발화를 간접 발화 행위라고 한다.

# 17 | 지키기 싫은 약속

우리가 누군가에게 무엇을 약속했다면 그것을 지켜야 하는 의무가 부과된다. 그런데 처음부터 지키기 싫으면서 무엇을 약속할 수도 있는가? 그럴 수도 있을 것이다. 그러나 그러한 행위는 어디까지나 약속을 가장한 속임수, 혹은 사기일 뿐, 약속은 될 수 없다. 약속은 그것을 성실히 지키려는 화자의 의지를 전제로 하는 것이기 때문이다. 또 약속은 반드시 미래의 일에 대한 것이어야 한다. 절대로 지나간 일에 대해서는 약속할 수 없다. 그리고 약속을 하려는 화자는 약속할 일을 수행할 능력이 있어야 한다. 그러한 능력이 없는데도 약속만을 했다면 결과적으로 약속을 한 것이 아니라 거짓말을 한 것이 되고 말 것이다. 마지막으로 약속은 청자도 원하는 것이어야 한다. 청자가 원하지 않는 것을 화자가 혼자서 약속하는 것은 약속이 아니라 '다짐'이나 '강압'이 될 수 있다.

이와 같은 여러 가지 묵시적 요건들은 약속이라는 행위가 적절히 수행되기 위한 조건들이다. 발화 행위 이론에서는 이러한 조건들을 발화 수반 행위가 적절히 수행되기 위한 '적절성 조건(felicity condition)'이라고 부른다. 모든 발화의 적절성 조건을 체계화하는 것은 발화 행위 이론의 궁극적인 목표라고 볼 수 있다. 서얼(J. R. Searle, 1969)은 이러한 적절성 조건을 체계화한 대표적인 사례이다.

서얼(1969)에서 제시한 약속과 요청의 적절성 조건을 보이면 다음과 같다.

(35) 약속의 적절성 조건

    가. 명제 내용적 조건: 화자가 장차 수행할 행위(A)

    나. 예비 조건

      (ㄱ) 화자(S)는 A를 할 수 있다.

      (ㄴ) 청자(H)는 S가 A를 수행하길 원한다.

    다. 성실성 조건: S는 A를 수행하길 원한다.

    라. 본질 조건: S가 A를 수행하는 것은 의무로 간주된다.

(36) 요청의 적절성 조건

    가. 명제 내용적 조건: 청자가 장차 수행할 행위(A)

    나. 예비 조건

      (ㄱ) 청자(H)는 A를 수행할 수 있고 화자(S)도 그렇게 믿고 있다.

      (ㄴ) 보통 청자(H)가 스스로 A를 수행할 것인지는 모른다.

    다. 성실성 조건: S는 H가 A를 수행하길 원한다.

    라. 본질 조건: H로 하여금 A를 수행하게 하려는 시도로 간주된다.

(35), (36)의 적절성 조건들은 위에서 언급한 약속에 대한 사회적 상규들을 서얼(1969)이 체계화한 것이다. 서얼(1969)에는 약속 이외에도 '단언, 축하' 등의 적절성 조건들이 제시되어 있다.

## 18 │ 친절을 베푸는 불순한 의도

(37) 당신이 친절을 베풀면, 사람들은 당신이 어떤 불순한 의도를 갖고 있다고 비난할 수도 있다. 그래도 친절을 베풀어라.

(If you are kind, people may accuse you of selfish, ulterior motives. Be kind anyway.)

(37)은 '사랑의 선교 수녀회'를 설립하여 세계의 불행한 사람들을 위해 일생을 바친 테레사 수녀의 말이다. 이 말은 누군가에게 친절한 행위를 하면 사람들은 우리에게 어떤 불순한 의도가 있다고 생각할 수도 있으나, 그래도 끝까지 친절하게 대하라는 가르침이다. 그런데 왜 사람들은 말이나 행동에서 어떤 의도를 찾아내려고 할까? 의미론적으로는 '맥락'이라는 개념으로 설명할 수 있다.

맥락은 발화의 생산자와 수용자인 화자와 청자, 그리고 발화가 이루어지는 장면, 하나의 발화가 생성되고, 수용되고, 해석되는 전 과정과 결부된 언어 외적인 체계이다. 곧 맥락은 우리가 살고 있는 실세계에 대해 화자와 청자가 가지고 있는 전반적인 지식 체계이다. 우리의 발화나 행위는 이러한 맥락에서 자유로울 수 없다. 우리가 어떤 말을 하거나 행동을 하더라도 반드시 어떤 구체적인 맥락 속에서 이루어지는 것이다. 따라서 우리가 친절한 말을 하거나 행동을 하게 되면 사람들은 맥락을 찾으려고 하고, 적절한 맥락이 찾아지지 않으면 스스로 불순한 의도가 있다고 단정해 버리는 것이다.

우리가 어떤 발화에서 맥락을 읽고 해석하는 것을 '추론'이라고 한다. 맥락 의존적 추론이라고 부를 수 있다. 이러한 맥락 의존적 추론을 다른 말로는 화용론적 함축이라고 부른다. 그라이스(Grice, 1975)는 문장의 내용을 '암시된 것(what is implicated)'과 '말해진 것(what is said)'으로 구분하였는데, 여기서 '암시된 것'이 바로 함축이다. 다시 말해 화용론적 함축은 발화가 암시하는 내용이다.

일반적으로 함축은 대화 함축(conversational implication)과 관용 함축(conventional implication)으로 나뉜다. 대화 함축의 올바른 전달 여부는 협동의 원리나 대화 격률과 같은 일반 원칙들의 준수 여부와 관계가 있다. 의사소통 과정에서 말을 주고받는다는 것은 대화 참여자 스스로 그러한 일반 원칙들을 준수하기로 묵시적으로 동의한 것과 같다. 대화 참여자는 대화의 목적이나 방향에 따라 정보의 양과 질을 적절하게 조절하면서 이야기를 진행하고, 이러한 과정에서 함축이 발생한다.

관용 함축은 발화에 포함되어 있는 단어의 관용적인 의미에 의해서 전달되는 함축을 가리킨다. 따라서 대화 함축과는 달리 대화의 일반 원칙인 협동의 원리나 대화 격률들과 무관하게 발화에 쓰인 단어의 고정적 자질(conventional feature)에 의해서 추가적인 의미가 발생한다.

# 제 5 장

# 국어의 변화

언어는 변한다. 예를 들어 우리가 '강'이라 일컫는 대상을 과거에는 'ᄀᆞ람'이라 하였고, 'ᄀᆞ람'이라 발음할 때 'ㆍ'를 오늘날의 우리로서는 어떻게 발음해야 할지 모른다. 또 지금 사용하는 '쌩얼'은 불과 몇 년 전까지만 해도 사용하지 않은 단어였다. 이처럼 언제부터 'ᄀᆞ람'이 '강'으로 변했는지, 'ㆍ'를 과거에는 어떻게 발음했는지 등, 즉 국어의 음운, 문법, 어휘 등의 변천 양상을 체계적으로 연구하는 분야를 국어사라 한다.

국어의 역사를 연구하기 위해서는 과거부터 현대에 이르는 동안의 국어를 시대별로 구분해야 할 것이다. 그래야 발음이나 의미가 변화한 시점이나 소멸한 시점이 언제인지를 가늠할 수 있기 때문이다.

# 01 | 국어의 시대별 명칭

국어의 시대 구분은 음운, 문법, 어휘 등의 변화를 기준으로 한다. 국어의 전반적인 체제와 변화의 모습은 훈민정음이 창제된 이후에야 비로소 객관적으로 검증할 수 있어서, 일반적으로 국어의 역사는 훈민정음이 창제되었던 15세기가 중요한 기점이 된다.

15세기 이전, 우리 고유 문자가 없었던 시기의 우리 민족의 언어는 북방의 부여계 언어와 남방의 한계(韓系) 언어로 나뉘었던 것으로 추정한다. 그런 뒤에 이 두 언어는 고구려어, 백제어, 신라어로 발전하다가, 신라가 삼국을 통일하면서부터는 경주를 중심으로 언어가 통일되는 양상을 보였다. 이 시기에 사용하였던 국어를 고대국어라고 부른다.

이 시기의 언어는 <삼국사기>, <삼국유사> 등에 실린 인명(琉璃, 乙巴素)이나 지명(駕洛, 比斯伐, 達句火) 등의 고유명사 표기와 <삼국유사>에 실린 향가 14수의 문장 표기를 보고 유추해 낼 수 있다.

이후 10세기부터 16세기 말까지의 국어를 중세국어라 하는데, 이 중세국어는 다시 전기 중세국어와 후기 중세국어로 나뉜다. 전기 중세국어는 10세기부터 13세기 말까지 고려시대에 사용했던 국어를 말하며, 후기 중세국어는 조선이 건국된 14세기부터 16세기 말까지 사용하였던 국어를 일컫는다. 그러나 후자만을 중세국어로 일컫고 전자를 고려어로 일컫기도 한다. 이 두 시기에 사용되었던 국어를 중세국어로 통칭하는 이유는 비록 왕조가 교체되긴 했지만 국어의 측면에서 보면, 음운 체계나 문법 등의 변화가 없었던 것으로 추정하는 까닭이다.

전기 중세국어의 모습은 중국 송나라 손목이 지은 <계림유사>와 의

약서인 <향약구급방>을 통해서 유추해 볼 수 있다. 후기 중세국어는 훈민정음이 창제되어 이 문자로 많은 문헌을 간행하여, 당시의 언어 모습을 여러 문헌을 통해 살펴볼 수 있는데, 대표적인 것이 <훈민정음>, <용비어천가>, <석보상절>, <월인천강지곡>, <월인석보> 등이다. 이 외에도 불교의 경전을 훈민정음으로 언해한 <능엄경 언해>, <법화경 언해> 등이 있고, 중국 문헌인 <박통사>와 <노걸대>를 언해한 <번역 박통사>, <번역 노걸대> 등이 있다.

임진왜란을 겪으면서 우리 국어에는 많은 변화가 있었다. 'ㅿ'이 소멸되고, 성조가 없어지고, 모음 체계상에 변화가 일어났다. 그리고 여러 문법 현상들이 사라지거나 새로 생겨나기도 했다. 이런 점에 주목하여 임진왜란이 끝난 17세기부터 19세기 말까지의 약 300년 동안의 국어를 근대국어라고 부른다.

이 시기의 국어 모습은 의학서인 <언해 두창집요>, <언해 태산집요> 등을 통해서 알 수 있고, 16세기에 중국어 학습서로 이용하기 위해 언해했던 <박통사>와 <노걸대>를 17세기 국어에 맞게 다시 언해한 <박통사 언해>와 <노걸대 언해>, 그리고 일본어 학습서로 이용된 <첩해신어> 등을 통해서 추정할 수 있다.

갑오개혁(1894년)을 기점으로 우리나라는 문화, 사회적인 면에서 많은 변화가 있었다. 그러다 보니 새로운 어휘들이 많이 생겨났는데, 그것은 서구 신문명의 전래와 더불어 수많은 단어들이 도입되거나 만들어졌기 때문이다. 이와 같은 어휘 변화를 중시하여 20세기부터 현재까지의 국어를 현대국어라 한다.

이 시기에 특기할 만한 것은, 조선어학회에서 1933년 10월 29일에 '한글 마춤법 통일안'을 제정·발표한 것이다. 이 통일안은 바로 현재 우리가 사용하는 <한글 맞춤법>과 <표준어 규정>의 기틀이 되었다는 점에서 의의를 가진다. 이 시기의 국어는 <빈상설>, <모란병>, <천로역정>과 같은 개화기 소설이나, <국민 소학독본>, <독립신문>과 같은 자료뿐 아니라 현재 우리가 사용하는 언어 등을 통해 쉽게 알 수 있다.

이상과 같은 시대 구분을 알기 쉽게 요약하면 다음과 같다.

(1) 국어사 시대 구분

가. 고대국어: ~9세기(~통일신라시대)
나. 전기 중세국어: 10~13세기(고려시대)
다. 후기 중세국어: 14~16세기(조선시대)
라. 근대국어: 17~19세기
마. 현대국어: 20세기~

## 02 | 자음과 모음 체계의 변화

현재 우리가 생각을 표현하는 수단의 하나로 사용하는 말소리의 과거 모습은 어떠했을까? 지금과 같이 과거에도 된소리와 거센소리가 있었을까? 없어진 소리는 없을까? 이러한 궁금증을 해결하기 위해서는 과거의 문자 표기를 확인해야 한다. 그러나 위에서 언급한 대로 훈민정음이 창제되기 전에는 우리 고유의 문자 표기가 없어서 이에 대한 궁금증을 확실하게 해결할 수는 없다. 하지만 불완전하게나마 그것을 표기한 문자(향찰, 이두)가 있어서, 이를 토대로 중세국어 이전의 말소리의 모습을 재구해 볼 수 있을 것이다.

먼저 자음의 변천부터 보기로 한다.

## 1) 자음

우선 고대국어 시기의 자음으로는 예사소리 ㅂ(p), ㄷ(t), ㅅ(s), ㅈ(č), ㄱ (k)와 거센소리 ㅍ(pʰ), ㅌ(tʰ), ㅊ(čʰ), ㅋ(kʰ)만 있었고, 된소리인 ㅃ(p'), ㄸ(t'), ㅉ(ts'), ㅆ(s'), ㄲ(k') 등은 없었으며, 이 외의 'ㄴ(n), ㅁ(m), ㅇ(ŋ), ㅅ(s), ㅎ (h)' 등은 존재했을 것으로 추정한다. 그러나 무엇보다 받침의 발음에 주의를 해야 하는데, 현대에는 '빛, 닿다, 곳' 등의 받침 'ㅊ, ㅎ, ㅅ, ㅈ'을 [ㄷ]으로 발음하지만, 당시에는 제 음가 그대로 발음하였을 것으로 추측한다.

고려어로 일컬어지기도 하는 전기 중세국어 자음의 가장 큰 특징은 된소리 계열이 등장하였다는 점이다. 고대국어에서도 어미 'ㄹ(-ㄹ)' 뒤에 오는 단어의 두음 'ㅂ, ㄷ, ㅅ, ㅈ, ㄱ' 등이 된소리로 발음되었을 것으로 추정되지만, 단어의 첫머리에 된소리가 사용된 시기는 아마도 이 시기가 아닌가 한다. 또 이 시기에는 'ㅿ'과 'ㅸ' 소리가 있었던 것으로 추정된다. 받침 'ㅊ'은 'ㅈ'으로 발음되었으나, 'ㅅ'과 'ㅈ'의 중화는 아직 일어나지 않아서, 받침 'ㄱ, ㄴ, ㄷ, ㄹ, ㅁ, ㅂ, ㅅ, ㅿ, ㅇ, ㅈ, ㅎ' 등이 제 음가대로 발음되었다. 자음의 이와 같은 변화에 비하여 모음은 고대국어의 7모음 체계가 그대로 유지되었다.

후기 중세국어부터는 우리 문자를 만들어 사용하였지만, 그렇다고 해서 당시의 말소리를 정확하게 알 수는 없다. 아직까지 문자 'ㄲ, ㄸ, ㅃ' 등이나 'ㅅㄱ, ㅅㄷ' 등의 음가에 대해서 많은 이견이 존재한다는 사실이 이를 방증해 준다. 그럼에도 불구하고 예사소리에 대립하는 된소리와 거센소리가 있었다는 점에 대해서는 의견 일치를 보인다. 다만 위의 두 자음군 가운데 어떤 표기가 된소리를 나타내는가에 대한 의견이 다를 뿐이다. 이렇게 보면 후기 중세국어의 자음은 '평음(ㄱ, ㄴ, ㄷ, ㄹ, ㅁ, ㅂ, ㅅ, ㅇ, ㅈ, ㅎ, ㅸ, ㅿ), 격음(ㅊ, ㅋ, ㅌ, ㅍ), 경음(ㆅ, ㄲ, ㄸ, ㅃ, ㅆ, ㅉ)' 등이 있었을 것으로 정리된다.

여기서 사용한 'ㄱ, ㅋ, ㄲ'과 같은 문자는 각각 평음과 격음, 경음을 표시하는 기호에 불과하다는 사실을 주의할 필요가 있다. 위에서 잠깐 언급했듯이 'ㄲ'이나 'ㅅ'의 음가에 대해서는 아직까지 많은 이견이 있다. 즉 이 두 계열이 모두 경음을 표기하는 기호였다는 견해도 있고, 전자의 계열만이 경음을 표기하는 기호였다는 견해 등이 존재한다. 위에서 경음의 표기로 'ㄲ' 계열을 취한 것은 편의적인 것일 뿐, 이 계열을 경음으로 간주한다는 의미는 아니다.

그런데 여기서 당시의 'ㅈ, ㅊ'이 현대의 [tʃ], [tʃʰ]가 아니라 [ts], [tsʰ]로 발음되었다는 점에 주의해야 한다.

한편 받침의 'ㅈ, ㅊ'은 'ㅅ'으로 발음되고 'ㅌ'은 'ㄷ'으로 'ㅍ'은 'ㅂ'으로 발음되어 결국 받침으로는 'ㄱ, ㄴ, ㄷ, ㄹ, ㅁ, ㅂ, ㅅ, ㅇ'의 8가지로만 발음되었다. 이와 같은 받침의 중화 현상은 현대국어에서도 일어나는 것으로, 다만 현대국어에서는 받침 'ㅅ'까지 'ㄷ'으로 중화되어 7자음으로 나타나지만 후기 중세국어에서는 이 두 자음이 중화되지 않아서 8자음으로 소리를 나타낸다는 점에서 차이를 보인다.

근대국어 자음에서 먼저 언급해야 할 것이 'ㅿ[z]'음의 소실이다. 'ㅸ[ß]'음은 이미 15세기에 [w]로 변하기 시작하여 소멸하였고, 'ㅿ'음은 16세기 전반까지 존재했다가 17세기에 들어서서 완전히 소멸된 것으로 보인다. 여기에 'ㅎ'의 경음인 'ㆅ'이 18세기 이후에는 'ㅎ'에 합류되어서 결국 근대국어 자음은 'ㄱ, ㄴ, ㄷ, ㄹ, ㅁ, ㅂ, ㅅ, ㅇ, ㅈ, ㅊ, ㅋ, ㅌ, ㅍ, ㅎ, ㄲ, ㄸ, ㅃ, ㅆ, ㅉ'으로 발음되었다고 할 수 있다. 이 당시의 자음과 관련해서는 'i, j' 앞에서 'ㄷ, ㅌ, ㄸ' 혹은 'ㄱ, ㅋ, ㄲ'이 'ㅈ, ㅊ, ㅉ'로 변하는 구개음화 현상이 일어났고, 이에 따라 'ㅈ, ㅊ'이 현대와 같이 [ʧ], [ʧʰ]로 변하였다는 사실에 주목할 필요가 있다.

현대국어의 자음은 근대국어와 다름이 없어 19자음을 가지고 있다. 지금까지의 내용을 정리해 보면 다음과 같다.

(2) 시기별 자음 체계

가. 고대국어: 14자음
ㄱ, ㄴ, ㄷ, ㄹ, ㅁ, ㅂ, ㅅ, ㅇ, ㅈ, ㅊ, ㅋ, ㅌ, ㅍ, ㅎ
－예사소리와 거센소리 존재

나. 전기 중세국어: 22자음
ㄱ, ㄴ, ㄷ, ㄹ, ㅁ, ㅂ, ㅅ, ㅇ, ㅈ, ㅊ, ㅋ, ㅌ, ㅍ, ㅎ, ㄲ, ㄸ, ㅃ, ㅆ, ㅉ, ㆅ, ㅿ, ㅸ
－예사소리, 거센소리, 된소리, 'ㅿ, ㅸ' 존재

다. 후기 중세국어: 22자음
ㄱ, ㄴ, ㄷ, ㄹ, ㅁ, ㅂ, ㅅ, ㅇ, ㅈ, ㅊ, ㅋ, ㅌ, ㅍ, ㅎ, ㄲ, ㄸ, ㅃ, ㅆ, ㅉ, ㆅ, ㅿ, ㅸ

라. 근대국어: 19자음
ㄱ, ㄴ, ㄷ, ㄹ, ㅁ, ㅂ, ㅅ, ㅇ, ㅈ, ㅊ, ㅋ, ㅌ, ㅍ, ㅎ, ㄲ, ㄸ, ㅃ, ㅆ, ㅉ
－'ㅿ, ㅸ' 소멸, 'ㆅ'이 'ㅎ'으로 흡수됨.

마. 현대국어: 19자음
ㄱ, ㄴ, ㄷ, ㄹ, ㅁ, ㅂ, ㅅ, ㅇ, ㅈ, ㅊ, ㅋ, ㅌ, ㅍ, ㅎ, ㄲ, ㄸ, ㅃ, ㅆ, ㅉ

## 2) 모음

모음은 자음보다 음가를 재구하기가 훨씬 어렵고 변화 양상을 포착하기가 쉽지 않다. 그럼에도 불구하고 표기로 존재하는 후기 중세국어의 모음 체계를 기반으로 살펴보면, 대략 7개의 단모음 체계에서 크게 벗어나지 않을 것으로 추정된다. 이러한 추정을 기반으로 고대국어의 모음 체계부터 살펴보면 다음과 같다.

조선 한자음과 중국어 중고음의 운모를 비교해 보면, 고대국어의 모음은 'ㅣ, ㅜ, ㅡ, ㅓ, ㅗ, ㆍ, ㅏ'의 7개 모음이 있었던 것으로 추정한다. 이러한 7개의 모음은 전기 중세국어와 후기 중세국어로 그대로 이어진다. 그러다가 16세기 들어 'ㆍ'의 경우는 비어두 음절에서 'ㅡ'로 바뀌었다. 즉 'ᄀᆞᄅᆞ쳐, ᄒᆞᄆᆞᆯ며, 다ᄅᆞ' 등이 16세기에 와서 'ᄀᆞ르쳐, ᄒᆞ믈며, 다르' 등으로 바뀐 것이다. 그러나 어두 음절에서는 여전히 'ㆍ'의 음가를 지녔으므로 모음 체계는 변함이 없는 것으로 해석해야 할 것이다. 후기 중세국어의 이중모음으로는 'ㅛ, ㅑ, ㅠ, ㅕ, ㆎ, ㅢ, ㅐ, ㅔ, ㅚ, ㅟ, ㅘ, ㅝ' 등이 있었으며 삼중모음으로 'ㆀ, ㆇ, ㅒ, ㅖ, ㅙ, ㅞ' 등이 있었던 것으로 추정된다.

이러한 모음 체계의 변화는 근대국어 시기에 일어났다. 먼저 16세기 비어두 음절에서 'ㅡ'로 바뀐 'ㆍ'가 18세기 들어서 첫 음절에서 'ㅏ'로 바뀌어서 'ᄀᆞ래[楸], 릭년[來年]' 등이 '가래, 래년' 등으로 바뀌었다. 이처럼 'ㆍ'의 음가가 소멸되면서, 이중모음이었던 'ㅔ, ㅐ'가 단모음으로 변한 결과 18세기 말에 이르러 국어의 단모음은 'ㅣ, ㅔ, ㅐ, ㅡ, ㅓ, ㅏ, ㅜ, ㅗ'의 8모음 체계를 갖게 되었다. 그리고 이 외에 'ㅑ, ㅕ, ㅛ, ㅠ, ㅚ, ㅟ, ㅢ, ㅘ, ㅝ, ㅒ, ㅖ, ㅙ, ㅞ' 등의 이중모음이 있었다.

근대국어의 이중모음 'ㅚ, ㅟ'가 개화기를 전후하여 단모음으로 변하여 'ㅣ, ㅔ, ㅐ, ㅟ, ㅚ, ㅡ, ㅓ, ㅏ, ㅜ, ㅗ'의 10모음을 가지게 되었다. 최근에는 'ㅐ'와 'ㅔ'를 구별하여 말하지 못하는 언중들이 많아서 모음 체계의 변화를 예고하고 있다. 예컨대 '결재'와 '결제', '재적'과 '제적'의 'ㅐ'와 'ㅔ'를 잘 구별하지 못하거나 구별하여 말하는 경우가 드물다는 것이다.

지금까지 설명한 모음 체계를 시기별로 정리해 보면 다음과 같다.

(3) 시기별 모음 체계

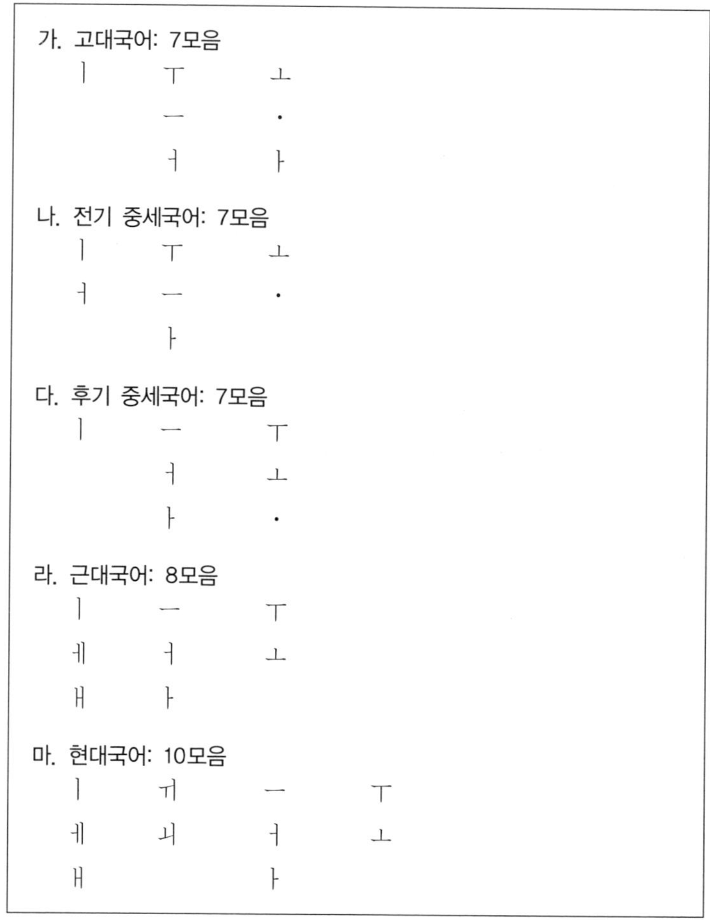

## 03 | 조사와 어미의 과거 모습

현대국어는 주어와 서술어를 근간으로 해서 여기에 목적어와 부사어를 첨가하는 방식을 취한다. 그리고 명사에는 조사를 첨가하고, 동사는 어미를 활용해서 자신의 생각을 표현한다. 이러한 구성 방식은 과거에도 존재했던 것일까. 그리고 문장을 이루는 구성 요소들은 현대와 동일할까.

우리 고유 문자가 존재하지 않았던 시대의 그것들을 파악하기는 쉽지 않다. 다만 앞서 살핀 자음과 모음의 체계처럼 향찰과 이두를 통해서 단편적으로 추정할 수 있을 뿐이다. 이런 특수 상황에서 그나마 조사와 어미는 향찰과 이두에 비교적 분명하게 그 모습을 갖추고 있는 것으로 확인된다. 국어가 교착어라는 사실을 감안한다면, 조사와 어미가 고대국어 시기부터 존재했다는 것은 새삼스러운 현상이 아닐 수 있다.

그러나 이러한 조사와 어미도 시대에 따라 소멸하기도 하고, 새로 생성되기도 했던 것으로 확인된다. 따라서 여기서는 고대국어 시기부터 현대국어 시기까지 변함없이 존재하는 조사와 어미에 대해서는 굳이 언급하지 않고, 근대국어를 기점으로 하여 소멸된 조사만을 다음 용례에 제시하는 것으로 그치기로 한다.

(4) 중세국어에 존재하다가 근대국어 시기에 소멸한 조사
　　가. 우리 始祖ㅣ 慶興에 사루샤 (용비어천가, 3장)
　　나. ヂ는 아모그에 ᄒᆞ논 겨체 쓰는 字ㅣ라 (훈민정음)
　　다. 譯은 ᄂᆞ미 나랏 그를 제 나랏 글로 고텨 쓸 씨라 (석보상절 서문)
　　라. 비구ᄃᆞ려 니ᄅᆞ시니 (월인천강지곡 권 상, 66장)
　　마. 和尙손ᄃᆡ 本文을 請ᄒᆞ야 (관음경 언해, 13장)

바. 호미 메여 아히롤 몬져 가 (두시언해 초간본 권 18, 9장)

사. 웃사룸두고 더은 양호야 (석보상절 권 9, 14장)

아. 님금하 아라쇼셔 (용비어천가, 125장)

자. 疑心곳 잇거든 (월인석보 권 10, 68장)

차. 王봇 너를 스랑티 아니ㅎ시린댄 (석보상절 권 11, 30장)

카. 이 ᄯᄅᆞ리 너희 죵가 (월인석보 권 8, 94장)

타. 부톄 누고 (월인석보 권 21, 195장)


먼저 (4가), (4나)에 소개한 ‘ㅣ, ㅣ라’는 각각 후기 중세국어 시기에 주로 한자 뒤에서 주어와 서술어를 나타내는 격조사로 사용되었던 것들이다. 주격조사 ‘가’는 16세기 후반에 그 모습을 처음 보이다가 근대국어 이후에 그 쓰임이 확대된 것으로 추정된다. 그리고 중세국어 시기에 속격으로 사용되었던 (4다)의 ‘ㅅ’은 근대국어에 들어서 문자 그대로의 의미인 ‘사이ㅅ’으로 변하여 합성명사 사이에만 나타나게 되었다.

한편 [~에게]를 뜻하는 (4라), (4마)의 ‘ᄃᆞ려’와 ‘손디’, [보다]라는 비교를 뜻하는 (4바)와 (4사)의 ‘두고’ 역시 근대국어 시기에 들어 자취를 감추었고, 존대할 대상을 호칭할 때 사용되었던 (4아)의 ‘하’, [만, 뿐]의 의미를 지닌 (4자), (4차)의 ‘곳’과 ‘봇’도 이 시기에 소멸하였다. 현대 경상도 방언에서 드물게 의문을 나타내는 보조사로 사용되는 것으로 알려진 (4카), (4타)의 ‘가/고’는 후기 중세국어 시기에 매우 활발하게 사용되다가 근대국어 시기에 들어서면서부터 소멸의 과정을 겪은 것으로 추정된다.

그러면 어미는 어떤 변화를 거쳐 오늘에 이르게 되었을까. 조사와 마찬가지로 국어의 동사 어미 활용도 고대국어부터 매우 활발했던 것으로 추정한다. 즉 문장의 종결을 나타내는 종결어미에는 평서형(-다/-라)과

의문형(-고/-가), 명령형(-셔/-라), 감탄형(-여/-야) 등이 있었고, 당시에도 연결어미(-며, -고)와 존대를 나타내는 선어말어미(-시-, -숩-, -이-), 시제를 나타내는 선어말어미(-ㄴ-, -다-) 등이 있었다. 여기서는 근대국어 시기에 변화를 입은 선어말어미들을 중심으로 정리해 보기로 한다. 이해의 편의를 위해 변화를 존대 표지 선어말어미의 변천 양상부터 살펴보기로 한다.

(5) 후기 중세국어 시기의 존대 표지 선어말어미
　가. 부톄 王舍城 耆闍堀山中에 겨<u>샤</u> … 사람과 훈디 잇더<u>시</u>니 (석보상절 권 13, 3장)
　나. 東山올 사아 如來 爲ᄒᆞ<u>슙</u>바 精舍롤 이르<u>슙</u>바지이다 (석보상절 권 6, 24장)
　다. 比丘ㅣ 닐오디 이 짜히 竹林國이라 혼 나라히<u>이</u>다 (월인석보 권 8, 94장)

(6) 근대국어 시기의 존대 표지 선어말어미
　가. 어와 아룸다이 오<u>옵시</u>도쇠 (첩해신어 권 1, 2장)
　나. 본디 먹디 못ᄒᆞ<u>옵</u>것마ᄂᆞᆫ 다 먹<u>습ᄂᆞ</u>이다 (첩해신어 권 3, 6장)

위의 예문 (5)는 후기 중세국어의 존대 표지 선어말어미를 나열한 것이고 (6)은 근대국어 존대 표지 선어말어미를 나열한 것이다. 먼저 (5가)를 보면, 후기 중세국어 시기에는 주체를 존대하는 선어말어미로 '-시-'와 '-샤-'를 사용하였음이 확인된다. 그런데 근대국어 시기로 넘어오면서 (6가)처럼 '-시-'만이 살아남고 '-샤-'는 소멸하게 되었다.

그리고 객체를 존대하는 선어말어미의 경우, 중세국어 시기에는 (5나)처럼 '-숩-'이 사용되다가 근대국어 시기에 들어서 (6나)처럼 '-옵-'으로 변하면서 청자를 존대하는 기능으로 변하였다. 그럼으로써 국어의 객체를 존대하는 방식은 점점 쇠락의 길을 걸어서 현대국어 시기에 이르러 '드리다, 뵙다'와 같은 어휘를 사용하는 방식만이 남게 되었다. 한편 (5다)에서 소개한 청자를 존대하는 선어말어미 '-이-'는 'ㆁ' 음가의 소실로 근대국어에 들어서 '-이-'의 형식을 취하게 되었다.

이제 시제를 표지하는 선어말어미의 변천 양상을 후기 중세국어와 근대국어 시기를 중심으로 살펴보기로 하자.

(7) 후기 중세국어 시기의 시제 표지 선어말어미
가. 諸釋돌히 … 닐오디 王ㅅ中엣 尊ᄒ신 王이 업스시니 나라히 威神을 <u>일허다</u> ᄒ며 (월인석보 권 10, 9장)

(8) 근대국어 시기의 시제 표지 선어말어미
가. 出船 吉日은 來月 二十三日의 뎡ᄒ<u>얏</u>다 니ᄅᆞᆸ니 (첩해신어 권 5, 12장)
나. 요란ᄒ니 못ᄒ<u>겟</u>다 ᄒ시고 (한중록, 400장)


후기 중세국어 시기에는 과거 시제를 표시하는 선어말어미가 따로 존재하지 않고 위에 소개한 (7가)처럼 어미 '-아-/-어-'를 사용하여(잃+어+다) 과거의 동작을 나타냈다. 그러다가 (8가)에서 보는 바처럼 근대국어 시기에 들어서 존대를 나타내는 '-잇-'과 결합하여 현대국어의 '-았-/-었-'의 전신인 '-앗-/-엇-'을 만들게 되고, 또 현대국어의 미래 시제를 나타내는 '-겠-'의 전신으로 파악되는 (8나)와 같은 '-겟-'을 만들기도 하였다.

이상의 내용을 알기 쉽게 정리하면 다음과 같다.

(9) 조사와 어미의 시대별 변천 양상

가. 근대국어 시기에 소멸한 조사
ㅣ, ㅣ라, ㅅ, 드려, 손디, 록, 두고, 하, 곳, 봇, 가

나. 후기 중세국어와 근대국어의 선어말어미 변천 양상
① 근대국어 시기에 주체 존대 선어말어미 '-샤-'의 소멸
② 객체 존대 선어말어미였던 '-숩-'이 근대국어 시기에
'-옵-'으로 변하여 청자 존대 선어말어미로 기능 전환
③ 청자 존대 선어말어미 '-이-'의 'ㅇ'이 근대국어 시기에
'ㅇ'으로 변함.
④ 근대국어 시기에 과거 시제 '-앗-/-엇-'과 미래시제
'-겟-'이 생성됨.

# 04 | 현대국어 이전의 단어 형성법

자신의 생각을 표현하는 주요 단위인 문장은 단어들의 규칙에 의한 연결체라고 해도 과언이 아니다. 그러므로 단어가 많을수록 우리의 생각을 보다 다양하고 풍부하게 표현할 수 있다. 그런데 우리 인간이 새로운 단어를 만들어 내는 데는 한계가 있어서, 이미 존재하는 단어를 결합하거나 중심 단어의 앞뒤에 다른 어형을 덧붙이는 방식으로 단어를 늘려 가는 방식은 고대국어 시기에도 존재했을 것이다.

고대국어 시기의 문헌을 추적할 때, 당시에는 '-(으)ㅁ'을 중심 단어 뒤에 연결하여(접미사) 명사를 만드는 방식이 있었던 것으로 추정된다(岳흡-오름). 이후 전기 중세국어 시기에 들어서 '-이, -개' 등을 중심 단어

뒤에 연결하여 '비두리(鴿曰弻陀里)'나 'ᄌᆞ개(剪刀曰割子蓋)' 등의 단어를 만들었다. 또 이미 존재하는 단어를 결합하여 새로운 단어를 만든 것도 확인되는데, '블나모(紫曰孛南木), 조ᄫᆞ술(粟曰田菩薩), 겨슬사리(麥門冬冬乙沙伊)' 등이 그 예이다.

기록 문자로써 가장 확실하게 검증할 수 있는 후기 중세국어 단어 생성법의 큰 줄기는 현대국어와 다르지 않아서, 당시에도 현대와 마찬가지로 기존의 단어를 결합하거나 중심 단어에 다른 어형을 덧붙여서 새로운 단어를 형성하였다. 그러나 중세국어 시기는 현대국어 시기와 달리 어간과 어간을 바로 결합하여 단어를 만들기도 하였다.

(10) 딕먹다[찍어 먹다]
    빌먹다[빌어 먹다]
    잡쥐다[잡아 쥐다]
    슬믜다[싫어 미워하다]
    석배다[썩어 없어지다]
    죽배다[죽고 패하다]
    섯들다[섞어서 떨어지다]
    죽살다[죽고 살다]
    맛보다[만나보다]
    닐뮈다[움직이다]
    이싯다[(쌀 등을) 일어서 씻다]
    ᄂᆞ솟다[날아솟다]

위에 소개한 단어들은 이미 존재하는 동사의 어간을 결합하여 새로운 단어를 만든 것으로 현대국어 시기라면 모두 어미 '-아-/-어-'를 삽입한 구로 인식될 것들이다. 그러나 후기 중세국어 시기에는 이와 같은 방식으로 새로운 단어를 활발하게 만들었다. 이런 방식은 16세기 이후에 비생산적이 되었으며 현대에는 '돌보다[顧]', '설익다[未熟]'와 같은 단어로만 남아 있을 뿐이다.

의미의 중심이 되는 단어의 앞이나 뒤에 다른 어형(접사)을 붙여 단어를 만드는 파생법 또한 후기 중세국어 시기에 활발하게 사용되었는데, 단어의 앞에 접사를 붙이는 접두파생 방식보다 단어의 뒤에 접사를 붙이는 접미파생 방식이 더 활발했던 것으로 간주된다. 현대국어 시기와 비교할 때 두드러지게 차이나는 파생법은 다음과 같이 형용사에 동사를 만드는 접미사 '-ᄒᆞ다'를 연결하여 동사를 만드는 방법(11)과 품사를 바꾸는 전성 접미사 없이 곧바로 다른 품사로 만드는 방법(12) 등이 있다.

(11) 가. 깃거ᄒᆞ다(喜悅), 뮈여ᄒᆞ다(憎惡), 슬허ᄒᆞ다(悲嘆), 바ᄅᆞ하다(正)

(12) 가. 명사~동사: ᄀᆞ물(旱)~ᄀᆞ물다, 깃(巢)~깃다, 되(升)~되다, 신
      (履)~신다, 품(懷)~품다, 비(腹)~비다
    나. 동사~부사: ᄂᆞ외다(復)~ᄂᆞ외, ᄉᆞ못다(洞)~ᄉᆞ못, 비릇다(비롯
      하다)~비릇
    다. 형용사~부사: ᄀᆞᇀ다(同)~ᄀᆞᇀ, 그르다(錯誤)~그르, 일다(早)~일

예를 들어 (11)의 '깃거ᄒᆞ다'는 '깄다(기쁘다)'라는 형용사에 동사를 만드는 접미사 '-ᄒᆞ다'를 연결하여 동사를 만들었고, '뮈여ᄒᆞ다'는 '뮈다(증오하다)'에 '-ᄒᆞ다'라는 접미사를 붙여서 동사를 만들었지만, 원래의 형용사와 의미 차이는 발견되지 않는다. 이와 같은 파생법은 근대국어 시기에도 사용되었지만 현대국어 시기에는 사용되지 않는다.

한편 (12가)의 'ᄀᆞ물'과 'ᄀᆞ물다'는 'ᄀᆞ물'이라는 명사에서 동사를 만

드는 접미사를 바로 연결하지 않고 [가물다]라는 뜻을 지닌 동사로 통용
되는 경우이다. '깃'과 '깃다'도 [둥지]를 뜻하는 명사 '깃'을 [깃들다]를
뜻하는 동사 '깃다'로 통용하는 경우이다. 이러한 파생 과정은 중세 이
후에 일반화된 것이라 할 수 없지만, 고대국어 시기로 올라갈수록 일반
적인 현상이었을 것으로 판단한다.

　지금까지 살폈던 대로 후기 중세국어 시기에는 현대국어 시기보다 단
어를 만드는 방식이 매우 생산적이었던 듯한데, 이런 방식은 근대국어 시
기에 접어들면서 간소화하는 경향을 보였다. 우선 형태가 간소화되어서
다음 (13가)에 제시한 중세국어의 '-롭-/-ㄹ빙-/-ㄹ외-'와 '-돕-/-ᄃ빙
-/-ᄃ외-'가 근대국어 시기에 들어서 (13나)에 제시한 대로 '-롭-'과
'-되-'로 통합되었다. 그리고 현대의 순서를 나타내는 접미사 '-째'가 중
세국어에서는 (13다)처럼 '-차히/-찻/-채/-자히/-재' 등으로 다양하게 쓰
였으나 근대국어 시기에서는 (13라)와 같이 '-재, -째'로 통합되었다.

　　　(13)　가. 受苦ㄹ빙요미/常例ㄹ빙/苦ㄹ외다, 法답디/疑心ᄃ빙
　　　　　　나. 지조롭다/해롭다/효도롭다, 곧답다/아름답다/아리답다
　　　　　　다. 닐웨자히ᄼᅡ/닐흔ᄒᆞ나자힌, 둘재논/닐굽잿, 세채논/둘챗쎠, 둘
　　　　　　　　차히/둘차힌, 세채논/둘챗쎠
　　　　　　라. 믗재, 둘재, 세 번째


　이처럼 근대국어 시기에는 접미사의 종류나 유형을 간소화하면서도
현대국어에서 중심 단어 어간에 붙어서 형용사를 만드는 접미사 '-스럽'
을 새로 만들기도 하였는데, 그 용례는 '어룬스럽다, 원슈스럽다' 등에서
찾아진다.

　고대에서 근대에 이르는 동안 접미사나 접두사의 형태가 간소화되기

도 하고, 새로운 형태가 만들어지기도 하였지만 새로운 단어를 형성하는
궁극적인 방법은 큰 변화를 보이지 않은 채로 현대국어 시기로 이어지
고 있다. 다만 현대에 이르러 차용어를 이용한 합성어를 만들거나 여러
단어를 축약하여 한 단어로 사용하는 경우가 많아지고 있다.

    (14) 가. 전기스탠드(電氣+stand), 랜선(lan+線), 풀장(pool+場)
        나. 출책(출석 체크), 대출(대리 출석), 자합(자연대 합동 강의실),
           국감(국정 감사)

지금까지 설명한 변천 양상을 표로 정리하면 다음과 같다.

(15) 시기별 조어 특징

<table>
<tr><td>

가. 고대국어
  ① '-(으)ㅁ'을 이용하여 파생 명사 형성

나. 중세국어
  ① 어간과 어간을 바로 결합하여 합성어 형성
  ② 형용사에 동사화 접미사 '-ᄒᆞ다'를 연결하여 같은 의미를
    지닌 동사 형성
  ③ 품사를 바꾸는 접미사를 결합하지 않고 그 형태 그대로
    다른 품사로 전용하여 사용

다. 근대국어
  ① 접미사 형태의 간소화
  ② '-스럽다' 출현

라. 현대국어
  ① 차용어를 이용한 합성어 생성
  ② 여러 단어를 축약하여 한 단어로 만듦.

</td></tr>
</table>

## 05 하위자에게 질문하는 과거의 다양한 방식

일반적으로 단어에 조사와 어미를 연결하여 문장을 만듦으로써 자신의 생각을 표현하기도 하고(평서문), 상대에게 어떤 사건이나 현상을 묻기도 하며(의문문), 어떤 행위를 요구하기(명령문)도 하는데, 이러한 화자의 정서는 문장의 종결부에서 종결어미로 실현된다. 이러한 양상은 중세국어 시기나 현대국어 시기가 다르지 않다.

그런데 유독 의문문, 그 가운데에서도 화자보다 아랫사람에게 질문하는 의문 방식만은 현대국어 시기와 후기 중세국어 시기에 많은 차이를 보인다. 이에 주목하여 여기서는 하위자에 대한 의문문의 시대적 변천 양상을 살펴보기로 한다.

다음 자료를 볼 때 현대국어와 마찬가지로 고대나 전기 중세국어 시기에도 문장을 종결하는 부분에 어미를 활용하여 의문문을 만들었던 것으로 보인다.

(16) 가. 奪叱良乙 何如爲理古 → 엇디 ᄒᆞ리고 (처용가)
나. 因緣刂丨 ソロろ亽ろ → ᄒᆞ고오리오 (구역인왕경 권 3, 22장)
다. 四十八大願 成遣賜去 → 일고시가 (원왕생가)
라. 世諦 有七丨ソし乎 → 잇다 ᄒᆞ고오리아 (구역인왕경 권 14, 18장)
마. 見恒河水ソ7底 → ᄒᆞᆫ뎌 (능엄경 언해 권 2, 2장)

위의 (16가), (16나)에서는 의문 종결어미 '-고/-오'의 사용을, (16다), (16라)에서는 '-가/-아'의 사용을 확인할 수 있다. 그리고 (16마)에서는 후기 중세국어에서 2인칭을 대상으로 활발히 사용하였던 '-ㄴ다'가 고

대와 전기 중세국어 시기에는 '-ㄴ뎌'의 형태로 존재했음을 확인할 수
있다.

먼저 '-가/-고'의 언어 형식을 종결어미로 하여 의문문을 만드는 방
식은 현대국어 시기까지 이어져 오고 있다. 다만 (16마)에서 전기 중세
국어 시기에도 사용된 것으로 확인된 종결어미 '-ㄴ다'는 후기 중세국어
시기까지 활발히 사용되다가 근대국어 시기에 들어 쇠퇴하면서 현대국
어 시기에는 전혀 사용하지 않는다는 점에서 차이를 보인다.

어쨌든 후기 중세국어 시기 이전까지의 의문문은 종결어미를 활용하
여 표현하였던 것은 확실하다. 그러나 다음 자료를 보면 당시에는 명
사에 곧바로 '고/가'의 형태가 연결되어 의문문을 생성한 것으로 간주
된다.

(17) 가. (정반왕이 백반왕 등에게) 이 엇던 光明고 (월인석보 권 10, 7장)
　　나. (조주가 스님에게) 이는 賞가 罪아 (몽산화상법어록, 53장)
　　다. (어머니가 딸에게) 찰방이 그뎌도록 귀코 빋손 일가 (순천김씨
　　　　묘 출토 간찰, 4장)
　　라. (어머니가 딸에게) 나도 잘 몯ᄒᆞ마 자내도 그리 되어 가니 오
　　　　로 맛디고 잇고쟈 너기니 엇딜 일고 (순천김씨 묘 출토 간찰 146장)


위의 화자들은 자신보다 하위자에게 어떤 사태나 상대방의 의향에 대
해 물어보면서 동사를 활용한 종결어미를 취하는 대신 '광명, 죄' 등과
같은 명사에 곧바로 '고/가'의 형식을 연결하고 있다. 이와 같은 방식은
근대국어 시기를 기점으로 비생산적으로 활용되다가 현대국어 시기에는
경상도 지역에서만 드물게 사용되는 것으로 확인된다.

이보다 후기 중세국어 시기에는 화자 자신보다 아랫사람에게 의문형

을 사용할 경우에 위에 제시한 (17)과 같은 방식 외에도 다음과 같이 다
양한 형식을 사용하였다는 점이 주목된다.


(18) 가. (왕이 태자에게) 지조롤 어루 홇다 (석보상절 권 3, 12장)

　　나. (육사가 대중에게) 너희 이 供養 밍ᄀ라 國王올 請ᄒᅀᆞᄫᅳ려 ᄒ
　　　　ᄂ다 王子를 請ᄒᅀᆞᄫᅳ려 ᄒᄂ다 大臣을 請홇다 아ᅀᆞ몰 모돑다
　　　　(월인석보 권 21, 194~195장)

　　다. (미륵보살이 문수보살에게) 부톄 道場애 안ᄌᆞ샤 得ᄒᆞ샨 妙法
　　　　을 닐오려 ᄒ시ᄂ가 授記롤 호려 ᄒ시ᄂ가 (석보상절 권 13,
　　　　25~26장)

　　라. (부처가 아난에게) 이 이론 엇던 因緣으로 이런 相이 現ᄒ고
　　　　(법화경 언해 권 3, 112장)

　　바. (선공이 마야에게) 부텨는 이 常住法身이어시니 엇뎨 國土롤
　　　　쓰시리오 (원각경 언해 권 2, 160장)

　　사. (태자가 수달에게) 앗가ᄫᆫ ᄠᅳ디 잇ᄂ니여 (석보상절 권 6, 25장)

　　아. (오조 연 화상이 유정 상좌에게) 이ᄂ 百丈ㅅ히ᄆᆯ 得ᄒᄂ니야 馬
　　　　祖ㅅ히ᄆᆯ 得ᄒᄂ니야 (몽산화상법어록, 31장)

　　자. (석가가 난타에게) 네 겨지븨 고ᄫᆞ미 天女와 엇더ᄒ더뇨 (월인
　　　　석보 권 7, 12장)

　　차. (불자가 대중에게 설법하기를) 이 道롤 便安히 行ᄒ시면 뉘
　　　　ᄃᅀᅡ 恭敬 아니ᄒᅀᆞ오료 (법화경 언해 권 5, 50장)

　　카. (석가가 문수에게) 一切 諸佛 菩薩와 … 忉利天에 모댓 ᄂ니롤
　　　　네 數롤 알리로소녀 (월인석보 권 21, 14장)


　앞서 살핀 (17)을 포함하여 위의 (18)에 소개된 각각의 어형들을 유형
화하면 '명사＋가/고, -ㄴ다, -려/-료' 형으로 정리할 수 있는데, 이들은
시기를 달리하여 소멸하거나 기능을 전환한 것으로 추정된다. 그 가운데

가장 먼저 소멸된 어형은 위에 제시한 (18가), (18나)의 형식으로 16세기에 소멸하기 시작하여 근대국어 시기에는 완전히 소멸하였다. 반면 (18다)~(18바)에서 소개한 '-ㄴ가/-ㄴ고' 형은 16세기 후반부터 화자보다 윗사람에게 사용하는 기능 전이를 꾀하였다.

그리하여 근대국어 시기에 들어서면 아랫사람에게 취한 의문문은 '-냐'의 형태로 변하여 현대국어 시기에 이르게 된다. 이상을 정리하면 다음과 같다.

(19) 하위자에 대한 의문법 변천 양상

가. 고대·전기 중세국어
   종결어미 '-고/-가, -ㄴ다' 사용

나. 후기 중세국어
   ① '명사+가/고'형 사용
   ② 종결어미 '-고/-가, -ㄴ다, -ㄴ가/-ㄴ고, -리오/-니야/-료/-녀' 사용
   ③ 16세기 후반에 들어서 '-ㄴ가/-ㄴ고'체가 'ᄒ라'체 이상으로 대해야 할 대상에 대한 말씨로 상승 이동함.

다. 근대국어
   ① '-료/-녀/-냐'로 간소화
   ② '-ㄴ가/-ㄴ고'체의 상승 이동과 '-ㄴ다'체 '명사+가/고'형 사용의 쇠퇴로 인한 결과

라. 현대국어
   '-냐, -니'형 사용

## 청자 존대법의 변천

화자가 청자인 상대를 어느 정도로 존대해야 할 것인가는 우리 국어 사용자들에게 매우 중요한 문제이다. 그런 만큼 상대에 대한 존대법은 고대국어 시기부터 존재했을 것으로 추정되는데, 향가에서는 주체를 존대하는 데 사용했던 선어말어미 '賜(-시-)'와 객체를 존대하는 데 사용했던 '白(-숣-)'만이 확인되고 청자를 존대하는 데 관여했던 선어말어미는 확인되지 않는다.

그러나 후기 중세국어의 '-쇼셔'에 대응하는 고대국어의 종결어미는 '立(-셔)'의 어형으로 존재한다. 화자보다 하위자인 청자에게 명령할 때에는 고대국어나 전기 중세국어 모두 '良(-라)'를 사용한 것으로 확인되는 만큼 고대국어 시기의 청자에 대한 대우는 '-셔'를 이용한 존대와 '-라'를 이용한 비존대만이 있었다고 할 수 있다.

이와 같은 2등급 체계는 전기 중세국어로 그대로 이어졌는데, 특히 다음과 같이 청자 존대를 나타내는 '-이-'가 새롭게 확인된다는 점이 주목된다(20가). 이와 함께 여전히 명령형으로는 '-셔'가 사용되었다(20나). 그리고 하위자인 청자에게는 여전히 ' ㆍ(-라)' 종결어미가 사용되었다(20다).

(20) 가. 勝功德ㄴ演暢ゝ口ハㆆ立 → 演暢ᄒ고기시셔 (화엄경 언해 권 8, 24장)

　　나. 今聞如來所說法音ゝ白口 尙紆疑悔ゝ所已丨 → ᄒ소이다(능엄경 언해 권 4, 1장)

　　다. 未見濁泥汗明月去ゝㆍ → -거이라 (남명집 언해, 15장)

　이 2등급 체계는 후기 중세국어 시기에 이르러 다음과 같은 3등급 체계로 바뀌는데, 'ᄒᆞ쇼셔체(21) − ᄒᆞ야쎠체(22)/ᄒᆞ니체(23) − ᄒᆞ라체(24)'의 등급이 바로 이것이다.

(21) 가. (사천왕이 석가에게) 세존하 우리를 어엿비 너기샤 이 바리로 바다 좌쇼셔 (월인석보 권 4, 56장)

　　 나. (대애도가 석가에게) 나는 드로니 겨집도 精進ᄒᆞ면 沙門ㅅ 四道를 得ᄒᆞᄂᆞ다 ᄒᆞᆯ씨 부텻 法律을 受ᄒᆞᅀᄫᅡ 出家ᄒᆞ야지이다 (월인석보 권 10, 16장)

　　 다. (수달이 舍利弗에게) 世尊이 ᄒᆞᄅᆞ 몃 里를 녀시ᄂᆞ니잇고 (석보상절 권 6, 23장)


(22) 가. (바라문이 호미의 딸에게) 내 보아져 ᄒᆞᄂᆞ다 ᄉᆞᆲᄫᅥ쎠 (석보상절 권 6, 14장)

　　 나. (태자가 바라문에게) 그듸 드려 가면 내 깃구링다 (월인석보 권 20, 85장)

　　 다. (이사발이 선우에게) 엇더닛가 그듸 나를 미드시ᄂᆞ니 몯 미드시ᄂᆞ니 (월인석보 권 22, 58장)


(23) 가. (남편이 아내에게) 바볼 예셔 지으려 ᄒᆞ니 양식과 자비나 보내소 (순천김씨 묘 출토 간찰, 2장)

　　 나. (남편이 아내에게) 우리 종은 아니 와시니 안심티 아니희 (순천김씨 묘 출토 간찰, 116장)

　　 다. (시어머니가 며느리에게) 싱워논 길희 엇디 간고 ᄌᆞ식들 왓다 갈 저기면 므슴 둘 디 업세라 ᄯᅩ 맏아기 별시 뎡시 잇다 ᄒᆞ니 올흔가 (순천김씨 묘 출토 간찰, 53장)

(24) 가. (석가가 미륵에게) 阿逸多아 그 쉰 차힛 善男子 善女人의 隨喜
功德을 내 닐오리니 네 이대 드르라 (석보상절 권 19, 2장)
나. (부처가 사리불에게) 舍利弗아 내 이런 利를 볼씨 이 마롤 ᄒ
노니 衆生이 이 말 드르 니는 뎌 나라해 나고져 發願홇 디니
라 (아미타경 언해, 18장)
다. (부처가 대중에게) 이 일후미 므스고 (능엄경 언해 권 5, 18장)


즉 고대국어와 전기 중세국어 시기에 존재했던 'ᄒ쇼셔'체와 'ᄒ라'체
의 가운데 등급으로 후기 중세국어 시기에 'ᄒ야쎠'체가 생성된 것으로,
'ᄒ쇼셔'체로 상대하기보다는 낮은 대상이지만, 그렇다고 해서 'ᄒ라'체
로 상대할 수도 없는 대상을 위한 등급으로 간주된다. 그런데 이 말씨는
16세기에 들어서 소멸되어 위의 (23)에 소개한 'ᄒ니'체로 대체되었는데,
현대의 '하게'체에 해당한다.

근대국어 시기에 들어서는 다음에 소개한 'ᄒ오'체(25)와 '히'체(26)가
새로 만들어져서 청자를 대우하는 등급이 더욱 세분되었다.


(25) 가. (김인겸이 사상에게) 문ᄉ돌과 명무 군관 죽을 죄 잇사오니
ᄉ획ᄒ여 쳐치ᄒ오 (일동장유가, 15장)
나. (혜경궁이 사도세자에게) 어이 뭇디 아니ᄒ시는 사롬 죽이오
신 말을 ᄒ야 겨오시오 (한중록, 196장)
다. (화완옹주가 정조에게) 그 일을 그디도록 홀일이오 져리 요란
이 ᄒ야 셰상의 모ᄅ리 업ᄉ니 마노라 무슨 사롬이 되게소
(한중록, 404장)


(26) 가. (어사가 농부에게) 셩엣장 다랏시면 응당 츠지 (남원고사 권 4, 28장)
나. (어사가 월매에게) 집으로 가지 (남원고사 권 5, 14장)

　　다. (강동지가 아내에게) 우리 길순이를 첩으로 둘라ᄒᆞ니 참 ᄂᆞᆼ쑴
　　　　쑤엇지 (귀의성 권 상, 4장)


　위의 (25)에서 소개한 'ᄒᆞ오'체는 18세기부터 화자보다 상위자에게 사용하는 말씨로 'ᄒᆞ쇼셔'체와 혼용하기도 하였고, (26)의 'ᄒᆡ'체는 19세기부터 화자보다 하위자에게 사용되기 시작하여 20세기 들어서 활발하게 사용되었던 말투이다.

　이로써 현대국어 시기의 '합쇼─하오─하게─해'체의 등급이 완성되었다고 할 수 있다. 단 하나 '해요'체가 아직 생성되지 않았는데, 이 말씨는 현대국어 시기인 20세기 초에 'ᄒᆡ요'체의 형식으로 다음과 같은 상황에서 사용되기 시작하였다.


　(27) 가. (하녀가 상전에게) 엇지 의가 더럭 쓰이ᄂᆞᆫ지 별싱각을 다 ᄒᆡ
　　　　보았셔요 (빈상설, 21장)
　　　나. (영창이 아내에게) 이ᄂᆞᆫ 우리 황식인종도 차차 진흥되는 조짐
　　　　이지오 (추월색, 96장)
　　　다. (김승지가 박참봉에게) 여보 어제 딕에 사름 ᄒᆞ나 보넛지오
　　　　(귀의성 권 상, 45장)


　현대의 '해요'체가 분명히 인식되는 용례는 (27가)뿐이고, 그 외는 '─지오'의 형식을 취하고 있는데 이는 이 말씨가 처음 생성되기 시작한 데서 오는 형태의 불안정성을 반영한 결과로 해석된다. 지금까지의 내용을 표로 정리하면 다음과 같다.

(28) 청자 존대 등급의 세분화 과정

가. 고대 · 전기 중세국어
　　① '-셔 : -라'체의 2등급 체계
　　② 청자존대 선어말어미 '-이-'가 발견되지 않음.

나. 후기 중세국어
　　① 'ᄒᆞ쇼셔 : ᄒᆞ야쎠/ᄒᆞ니 : ᄒᆞ라'체의 3등급 체계
　　② 16세기에 'ᄒᆞ야쎠'체가 소멸의 과정을 겪음.
　　③ 하위자를 상대로 'ᄒᆞ니'체가 사용되기 시작함.

다. 근대국어
　　① 'ᄒᆞ쇼셔 : ᄒᆞ오 : ᄒᆞ게 : ᄒᆡ : ᄒᆞ라'체의 5등급 체계
　　② 후기 중세국어의 'ᄒᆞ니'체가 'ᄒᆞ게'체로 계승됨.
　　③ 18세기에 상위자를 상대로 'ᄒᆞ오'체가 사용되기 시작함.
　　④ 19세기에 하위자를 상대로 'ᄒᆡ'체가 사용되기 시작함.

라. 현대국어
　　① '합쇼 : 하오 : 하게 : 하라'체와 '해요 : 해'체의 2분 4등급 체계
　　② 20세기에 상위자를 상대로 'ᄒᆡ요'체가 사용되기 시작함.

# 07 | 어휘의 기능과 의미의 변화

　태초에 자연이 있고, 동물과 사물이 존재했으므로 그것을 지칭하는 말이 있었음은 당연하다. 그러므로 고대국어 시기의 문헌에서도 동물이나 식물에 대한 명칭이 확인되고, 사람의 이름이나 지명도 확인된다. 그런데 이런 어휘들은 시간이 흐름에 따라 그 기능이 변하기도 하고, 뜻이

변하기도 한다. 사실 현재 우리가 사용하는 어휘들도 생성과 소멸, 그리고 기능 변화를 끊임없이 하고 있다고 해도 과언이 아니다.

이런 맥락에서 여기서는 고대국어부터 현대국어 시기까지 기능과 의미 변화를 두드러지게 경험한 어휘를 중점으로 살펴보기로 한다.


## 1) 기능 변화

고대국어 문헌에 발견되는 1인칭 단수는 '吾'이고 복수는 '吾里'이다. 그리고 2인칭은 '汝'이다. 이처럼 인칭 대명사는 고대부터 존재했었는데, 후기 중세국어 문헌에서는 1인칭과 2인칭 이외에도 3인칭 재귀대명사가 다음과 같이 다양한 어형으로 존재했었다. 그러나 이들은 16세기를 기점으로 해서 2인칭 대명사로 기능을 전환하기 시작하여 우리의 흥미를 끈다.

(29) 가. 그쁴에 혼 菩薩이 겨샤디 일후미 妙音이러시니 釋迦牟尼佛ㅅ
　　　　光明이 자내 모매 비취어시놀 즉자히 淨華宿王子佛끠 술᠊ᄫᅡ샤
　　　　디 (석보상절 권 20, 33장)
　　나. 靈利혼 사ᄅ미 바ᄅ 드위텨 自己롤 훤히 볼겨 趙州롤 자ᄇ며
　　　　부텨와 祖師왜 사ᄅ미게 믜이샨 고돌 굿 알면 네 大藏敎ㅣ 瘡
　　　　腫 스저 ᄇ룐 죠희라 닐오몰 올타 호리라 (몽산화상법어록, 47장)
　　다. 당신과 아돌 네회 녹이 각각 이쳔 셕식이모로 만셕군이라 ᄒ
　　　　니라 (소학언해 권 6, 77장)


먼저 (29가)의 '자내'는 석가모니라는 대상을 3인칭으로 재귀할 정도로 [+존대]의 자질을 지닌 인칭 대명사였고, (29나)의 '자기'는 일반 대중들을 3인칭으로 재귀할 수 있는 [−존대]의 자질을 지닌 인칭 대명사

였다. 위에서 확인하다시피 이들은 15세기부터 존재했었다. 이에 비하여 (29다)의 '당신'은 16세기 후반에 들어서 모습을 보이기 시작한 3인칭 재귀대명사로 '자기'와 마찬가지로 존대하지 않아도 되는 대상에게 사용하였다.

그런데 방금 언급했던 대로 이들은 2인칭 대명사로 그 기능을 전환하기 시작하였는데, 제일 먼저 그런 변화를 경험한 대명사는 '자내'로, 16세기 후반부터 2인칭을 지시하는 데 사용되기 시작하였다. 다음으로 '당신'이 근대국어 시기인 18세기부터 2인칭을 지시하게 되었으며, '자기'는 현대국어 시기인 20세기에 들어서 2인칭 대명사로 사용되기 시작하였다.

(30) 가. (남편이 아내에게) 비 지든 스믈서나홀 스이 내려니와 자내
　　　　부모는 일뎡 스므이툰날 나시는가 며흐리 나완는가 보기는
　　　　여테 아니 와시면 ᄀ장 슈샹ᄒ도쇠 (순천김씨 묘 출토 간찰, 20장)
　　나. 이런 일은 너모 누누히 술아셔 혹 當身이 未安이 너기옵시거
　　　　나 … 百姓들이 셜워 ᄒ옵니 (인어대방 권 6, 15장)
　　다. (아내가 남편에게) 자기가 그렇게 하고서는…….

(30가)에서는 남편이 부인을 '자내'로 지칭하고, (30나)에서는 직위가 낮은 관리가 자신보다 높은 관리를 '당신'으로 지칭하며, (30다)에서는 부인이 남편을 '자기'라고 지칭하는데, 그 상대는 모두 2인칭이다. 이로 볼 때, 처음에는 3인칭 재귀대명사로 출발했던 '자기, 당신, 자내'가 16세기를 시작으로 해서 2인칭 대명사로 전환하기 시작했다는 결론에 도달한다.

그런데 더욱 흥미로운 점은 '자기'와 '당신'이 이렇게 기능을 전환하면서 'ᄒ라'체로 상대하기 어려운 대상을 지칭하게 되었다는 것이다. '자

내'는 후기 중세국어 시기부터 존대할 대상을 지칭하면서 근대국어 시기에 '자네'로 변하여 현재까지 사용되고 있다. 그러나 '자기'와 '당신'은 후기 중세국어 시기에는 존대하지 않아도 되는 대상을 지칭하다가 2인칭 대명사로 전환하면서 '남편이 아내를' 혹은 '하위자가 상위자를' 지칭하는 데 사용되기 시작하였다. 곧 최소한 '한라'체 이상의 말씨를 사용해야 할 대상을 지칭하게 된 것이다.

사실 후기 중세국어의 3인칭 재귀대명사는 이들 외에도 '즈갸'가 더 있었지만 기능 변화 없이 사용되다가 현대국어 시기에 소멸되었다.

또 후기 중세국어에서는 방향을 지시하던 '이녁'이 다음과 같이 근대국어 시기에 들어서 처음에는 3인칭 대명사로 사용되다가 2인칭 대명사로 기능 전환을 하기도 하였다.


(31) 가. 쏘 어늬 브린동 어늬 지빈 동 어늬 왼동 몰라 이녁 뎌녁 둔녀
　　　노룻ᄒ고 (월인석보 권 12, 26장)
　　 나. 뉴가의 집의 안쳐 두고 제 ᄯᅳᆺ 일울 … 이녁 익운을 슬컷 황논
　　　ᄒ여 뭇고 (서궁일기 권 1, 12장)
　　 다. 니가 슐을 먹던지 마던지 이녁 엇던 스람이완더 먹어라 말아
　　　라 총집흠노 (남원고사 권 4, 30장)
　　 라. 이녁을 대할 낯이 없소. (표준국어대사전, 4906쪽)


중세국어 시기인 (31가)에서 '이녁'은 '이쪽'을 뜻하였지만, 근대국어 시기에 들어선 (31나)에서는 '뉴가'라는 3인칭을 지칭하는 대명사로 사용되는 한편 (31다)와 같이 2인칭을 지시하는 대명사로 사용되기도 하였던 것이다. 그러다가 현재에는 (31라)처럼 편한 상대를 지칭하는 2인칭 대명사로 굳어진 듯하다.

## 2) 의미 변화

앞서도 언급했듯이 어휘는 현재에도 생성하고 사멸하는 과정을 겪으며, 한편으로는 의미가 변하기도 한다. 그 과정에서 본래의 의미가 지닌 가치가 하락하는 경우도 있는데, 호칭어 뒤에 붙이는 접미사 '-내＞-네, -가'와 명사 '영감, 당신'들이 여기에 해당한다.

'-내'는 고대국어 시기에 '徒(내)'로 표기된 것으로 추정된다. 이 접미사는 후기 중세국어 시기까지 존대할 만한 대상에게 붙이는 복수 접미사였는데(32가), 근대국어 시기에 들어서면서 '네'의 형태로 존대 대상이 아닌 비존대 대상의 무리를 뜻하게 되었다((32나), (32다)).

> (32) 가. 아자바님내끠 다 안부ᄒᆞᅀᆞᆸ고 (석보상절 권 6, 1장)
>      나. 뎡유왜난의 두 녀편네 덕이 잇더니 (동국신속삼강행실도, 14장)
>      다. 늘그신네 뜻을 구침이 어려움으로 춤노라 (어제내훈, 54장)

이와 동일한 과정을 겪은 접미사가 바로 다음 (33)에서 소개한 '-가'이다. 이 '-가'는 후기 중세국어 시기에는 대등한 관계의 허물없는 사이의 성 뒤에 붙이는 접미사로 사용((33가), (33나))되다가 근대국어 시기에 들어서면서 '놈'이라는 비칭을 덧붙일 정도(33다)로 가치가 하락하였다.

> (33) 가. 藥哥는 善山 사ᄅᆞ미니 趙乙生의 겨지비라 (속삼강행실도, 9장)
>      나. 張哥야 混湯에 목욕 ᄀᆞᆷ으라 가쟈 (번역 박통사, 46장)
>      다. 오히려 저젓고 샹범이 김가놈으로 더브러 슈문통으로브터 뒤
>         흘 ᄯᅩᆯ와오다가 (속명의록 언해 권 1, 7장)

세월의 흐름에 따라 본래 지닌 존대 정도가 하락한 경우로는 '영감'과 '놈, 계집'을 들 수 있다. 영감은 후기 중세국어 시기까지만 해도 정삼품과 종이품에 해당하는 높은 직함을 지닌 사람에 대한 존대의 호칭이었는데, 근대국어 시기 이후에 늙은이를 통칭하는 것으로 바뀌었다. 놈 역시 후기 중세국어에서는 다음과 같이 '일반 사람'을 뜻하는 평칭이었는데((34가), (34나)), 16세기부터 비칭으로 사용(34다)하다가 근대국어 시기에는 비칭으로만 사용(34라)하기에 이르렀다.

 

   (34) 가. 펴디 몯흟 노미 하니라 (훈민정음, 서)

       나. 흔 노미 큰 象 트고 (월인석보 권 10, 28장)

       다. 千戶ㅣ … 구지조디 목 버힐 노마 내 남진과 盟誓호니 (삼강행
          실도, 22장)

       라. 오히려 저젓고 샹범이 김가놈으로 더브러 슈문통으로브터 뒤
          흘 쏠와오다가 (속명의록 언해 권 1, 7장)


한편 다음에 제시한 계집 역시 후기 중세국어에는 '여자'를 지칭하는 평칭((35가), (35나))이었는데, 현대국어 시기에 비칭으로 가치가 하락한 경우이다.

 

   (35) 가. 제 계집 아니어든 (송강가사 권 2, 2장)

       나. 계집 되옴이 (내훈 권 2, 13장)


이처럼 본래의 의미가 하락한 경우 외에도 본래의 의미와 다르게 변한 어휘도 있다. 즉 후기 중세국어에서 '어엿브다'가 '불쌍하다'를 뜻하였는데, 근대국어 시기에 이르러서 '아름답다'를 뜻하게 되었고, '어리

다’는 ‘어리석다’를 의미하다가 근대국어 이후 ‘나이가 적다’의 뜻을 가
지게 된 것 등이 그것이다. 그리고 ‘싁싁ᄒ다’는 후기 중세국어 시기에
‘엄하다’의 의미로 사용되었는데, 근대국어 이후 ‘씩씩하다’라는 뜻으로
사용되고 있기도 하다. 지금까지의 내용을 알기 쉽게 정리하면 다음과
같다.

(36) 3인칭 재귀대명사의 기능 변화와 접미사의 의미 변화

**3인칭 재귀대명사의 기능 변화**

가. 후기 중세국어
  ① ‘자내, 자기, 당신’이 3인칭 재귀대명사로 사용
  ② ‘자기, 당신’은 비존대 대상을 지칭
  ③ ‘자내’는 존대 대상을 지칭

나. 근대국어
  ① ‘자내, 자기, 당신’ 등이 2인칭 대명사로 전환
  ② ‘자내’는 그대로 존대의 대상을 지칭
  ③ ‘자기, 당신’ 역시 존대 대상을 지칭


**존대에서 비존대로의 의미 변화**

가. 후기 중세국어
  ① ‘-내’는 존대 대상의 복수 접미사로 사용
  ② ‘-가’는 동료의 성(姓) 뒤에 붙이는 호칭 접미사로 사용
  ③ ‘놈’과 ‘계집’은 남성과 여성의 평칭으로 사용

나. 근대국어
  ① ‘-내’가 ‘-네’로 비존대 대상의 복수 접미사로 전환
  ② ‘-가’가 비칭의 호칭 접미사로 전환
  ③ ‘놈’과 ‘겨집’이 비칭으로 전환

# 국어와 사회

흔히 인간은 사회적 동물이라고 한다. 그런데 인간을 이렇게 사회적 동물로 만들어 주는 도구는 '말'이다. 자신의 생각을 전달하고, 상대에게 어떤 요구를 하는 등의 사회적 소통과 관계는 일차적으로 말로써 성립하기 때문이다. 이처럼 말과 사회는 분리할 수 없는 관계여서, 그것의 의미 또한 사회적 맥락 안에서 이해해야 마땅하다. 다음 예문에서 확인되듯이, 아무리 문법적으로 옳은 문장일지라도 발화 상황에 따라 상대를 불편하게 할 수도 있으며, 역으로 문법적으로 맞지 않은 문장일지라도 오히려 상대를 기분 좋게 할 수도 있다. 이는 문법적으로 비문이냐 아니냐와 사회·문화적 맥락에서 용인할 수 있는 말이냐 아니냐가 반드시 일치하지 않음을 시사한다.

(1) 가. 조용히 하십시오.
　　나. *할아버지 밥 먹어라.

위에 소개한 (1가)는 문법적으로 적합한 문장이다. 그러나 만약 청중이 화자보다 나이가 더 많거나 상위자로 구성된 경우라면 상황은 달라질 수 있다. 비록 청중들이 화자의 말에 집중하지 않고 다소 소란했다 하더라도 이런 표현을 접하는 순간 불쾌하게 생각할 확률이 높다. 그렇다면 위의 화자는 문법적으로 결함이 없는 문장을 구사하였다는 점에서는 성공하였을지 모르나 청중들이 자신에게 호감을 갖도록 하지 못했다는 점에서는 실패하였다고 할 수 있다.

반면에 (1나)는 문법적으로 바르지 않은 문장이다. '할아버지'는 존대해야 할 대상이므로 문법적으로 바른 문장이 되기 위해서는 그에 호응하는 서술어 또한 존대형을 사용해야 한다. 비단 문법적인 측면에서뿐 아니라, 우리의 정서적인 면에서도 받아들이기 어려운 문장일 수 있다. 그러나 말을 갓 배우기 시작한 어린 손자의 말이라면, 청자인 할아버지는 이 말을 듣고 도리어 어린 손자를 귀엽게 생각할 뿐 아니라 그런 손자 덕분에 행복해 할 수도 있다. 그렇다면 이 경우는 문법적으로나 언어 예절 면에서는 잘못된 문장이지만, 상대에게 기쁨을 주고 소통했다는 면에서 용인할 수 있는 발화라 할 수 있다.

우리가 관심을 갖는 사회 언어학은 (1나)와 같이 비문법적인 문장조차도 어떤 맥락에서 용인될 수 있으며, 그 요인은 무엇인가를 밝혀내는 학문 분야이다. 즉 사회 언어학은, 언어가 사회에서 사용되는 의사소통의 도구이므로 사회적 맥락 안에서 이해되어야 한다는 관점으로 언어를 연구하는 학문이다. 그러므로 순수 문법적인 관점에서는 용인할 수 없는

문장일지라도 그것이 발화된 사회에서 이해되었다면, 사용 가능한 언어로
간주하여, 그 사회 맥락에서 용인될 수 있는 요인을 찾아내고자 한다. 이
런 맥락에서 사회 언어학에서는 의사소통 능력(communicative competence)을
언어능력으로 간주한다.

이와는 달리 지금까지 살펴본 순수 언어학에서는 정확한 문법 규칙을
알고 그에 따라 어법에 맞는 문장을 구사할 수 있는 능력을 언어능력으
로 이해한다. 곧 언어와 사회를 별개의 구조로 간주하고서 발화 상황을
고려하지 않고 언어 자체만의 독자적인 체계를 갖춘 것으로 언어를 이
해하고자 하는 태도를 지켜 왔다.

## 01 | 아무에게나 '너'라고 하지 않는다

순수 문법적 관점에서 보면, 국어 2인칭 대명사는 다음과 같다.

> (2) 가. 너, 너희
>     나. 당신, 자네, 자기

문법적으로 보면 (2가)는 '해라'체를 사용할 수 있는 하위자나 연하자
를 지칭할 때 사용하고, (2나)는 '해라'체보다 높은 반말 혹은 '하게',
'하오'체를 사용할 수 있는 상대를 지칭할 때 사용한다. 이와 같은 문법
적 사실만을 고려한다면 다음과 같은 상황에서도 상대를 '너'로 지칭해야
한다. 그러나 실제 상황에서는 그렇게 사용하지 않은 경우도 종종 있다.

(3) 가. (지도교수가 대학원생에게) 그 일은 이 선생이 직접 하지.
    나. (교수가 학생에게) 순영이가 작성한 리포트야?
    다. (교감이 교사에게) 그쪽에서 일을 처리하지.


(3가)는 교수와 대학원생의 관계여서, 전자는 후자에게 '해라'체로 말하면서 '너'로 지칭할 수 있다. 그러나 실제 상황에서는 위와 같이 상대를 '너'로 지칭하지 않고 '이 선생'과 같이 직함을 사용하는 경우가 많다. 그것은 상대방에게 예의를 갖추기 위한 것으로 해석되는데, 어찌 되었든지 순수 언어학적인 관점에서 보면 상대방을 2인칭으로 지칭하지 않고, 3인칭처럼 지칭하고 있기 때문에 논란의 여지가 있을 것이다. 그러나 사회 언어학적 관점에서는 그렇게 지칭한 맥락을 이해하므로 아무런 문제가 없다.

(3나)의 화자도 나이 차이를 보나 사회적 지위를 보아도 분명히 하위자로 인식되는 상대를 '너'라는 2인칭 대명사로 지칭하지 않고 '이름'으로 지칭하고 있다. 그러므로 대명사의 사용이라는 문법적 차원에서 보면 적합한 문장은 아니라 할 수 있다. 위에서 언급했듯이 순수 문법적인 관점에서 보면, 우리 국어의 2인칭은 (2)의 형식 가운데 하나를 사용해야 하기 때문이다. 그러나 실제의 담화 맥락에서는 이 같은 발화 형식이 더 자연스럽게 사용되고 있다. 그 이유는 무엇일까.

대부분 상대방을 존중해 주고자 하는 화자의 의도가 있을 때 그러한 표현을 사용한다. 다시 말하면 객관적인 상하 관계로 보면 하위자여서 '해라'체로 대할 상대이지만, 상대의 사회적 위상이나 주위와 청자와의 관계 등을 고려하여 청자를 존중하고자 할 때 이와 같이 직함을 이용하거나 이름을 이용하여 지칭한다. 그리고 상대와 그리 친밀하지 않을 경우에도 이런 형식을 사용한다. 심지어는 (3다)와 같이 '그쪽'이라는 3인칭 지시 대명사를 사용하기도 한다.

어떻든 상대를 지칭하는 2인칭 대명사가 우리 국어 문법 체계에 존재함에도 그것을 사용하지 않았다는 점에서 이들은 비문으로 처리할 만하다. 그러나 사회적으로 용인되고, 상황에 따라서는 상대방에게 자신이 존중받고 있다는 심리적 위안까지를 제공하였다면, 사회 언어학에서는 이를 자연스럽게 수용하고자 한다. 이 점이 바로 사회 언어학과 순수 언어학의 차이점이라 할 수 있다.


## 02 | 연령·계층·성별에 따라 사용하는 어휘가 다르다


어떤 사람이 사용하는 말씨나 어휘 등을 통해서 그 사람의 연령대나 직위 또는 사회 계층을 짐작할 수 있을까? 물론 순수 언어학적인 관점에서는 이러한 사실을 밝혀낼 수 없다. 하지만 사회 언어학적 관점에서는 언어 사용에 연령, 성별, 사회적 지위 등이 반영된 것으로 이해하고, 그 변이를 찾으려 노력한다. 우선 다음 예문을 보도록 하자.

    (4) 가. 자기야 어디가?
         나. 당신이 그렇게 말하지 않았소.
         다. 자네 지금 그것을 말이라고 하는가?

위 (4)의 문장을 접한 대부분의 모국어 화자는 그 문장을 사용한 화자의 연령대를 가늠할 수 있을 것이다. 즉 (4가)처럼 말할 수 있는 화자는 40대 이하이고, (4나)는 50~60대이며, (4다) 역시 40대 이상으로 추정할 것이다. 70대 부부가 서로를 (4가)처럼 '자기야'로 호칭하거나, 반대로 20대 부부가 상대를 '당신!'으로 호칭한다고 상상해 보라. 대부분은 전자의 부부에게 '주책없다'고 표현할 것이고, 후자의 부부에게는 '애늙은이'라고 말할 것이다. (4다)의 '자네'도 40대 정도는 되어야 비로소 자연스럽게 사용하는 대명사이다. 이런 점들을 고려하면 나이에 따라 사용하는 어휘나 표현이 다르다는 사실을 새삼 깨닫게 된다. 그만큼 언어는 사회적 맥락 안에서 이해해야 하는 것이다.

언어 사용이 비단 연령에 따라 달라지는 것은 아니다. 다음과 같이 남성이 주로 사용하는 언어와 여성이 주로 사용하는 언어가 있어서, 사회언어학에서는 이러한 차이에 대해서도 많은 관심을 갖는다.

(5) 가. 안녕하세요?/안녕하십니까?
    나. 네/예
    다. 이렇게 해./이렇게 해라.
    라. 어머나, 어쩌면, 있잖아(요)

위에 소개한 예문 가운데 '안녕하세요, 네, 이렇게 해.'는 주로 여성들이 많이 사용하고, '안녕하십니까, 예, 이렇게 해라.' 등은 남성들이 많이 사용하는 말씨이다. 일반적으로 여성들은 '-ㅂ니다'와 '-ㅂ니까'와 같은 말씨보다 어감이 부드러운 '해요'체를 선호하고, '해라' 대신 비단정적인 '해'체와 같은 말씨를 선호한다. 그리고 대답도 '예'보다 '네'로 많이 한다. 이에 비하여 남자들은 '-ㅂ니다, -ㅂ니까, 해라'와 같은 비교적 어감이 강하고 단정적인 말씨를 선호한다.

이런 차이는 남자와 여자의 역할에 대한 사회 요구를 반영한 현상에서 기인하는 것으로 볼 수 있다. 즉 남성에게는 강하고 주관이 뚜렷한 성격을 원하는 반면, 여성에게는 부드럽고 자신의 생각을 뚜렷하게 말하지 않는 온순한 성격을 원하는 사회적 인식이 언어 사용에도 그대로 반영되어 나타난다는 것이다. 그러다 보니 (5라)와 같은 어휘도 남성보다 여성들이 선호하는 여성어로서의 역할을 하고 있는 것이다.

한편 다음 예문을 보면 국어는 남성 우월주의적 관점이 내재해 있는 것으로도 볼 수 있다.

> (6) 가. 이 놈 좀 보게./이 년 좀 보게.
> 나. 아들딸, 소년 소녀, 장인 장모, 남녀/'딸아들, '소녀 소년, '장
>     모 장인, '여남
> 다. 연놈/'놈년

위와 같이 남자를 지칭하는 '놈'보다 여자를 지칭하는 '년'을 사용할 경우가 더 비칭으로 해석된다든지(6가) 남자와 여자의 어휘를 연결하여 한 단어를 만들면, 남자 어휘가 먼저 오지만, 욕설이나 비하의 뜻을 나타낼 때에는 여자 어휘가 먼저 오는 것((6나), (6다)) 등을 고려할 때 그러하다. 이러한 관점은 속담에도 존재한다.

> (7) 가. 여자 셋이 모이면 접시가 깨진다.
> 나. 여자와 접시는 돌리면 깨진다.
> 다. 암탉이 울면 집안이 망한다.

위에 소개한 속담들은 물론 과거 여자를 대하는 우리나라의 문화적 관습을 표현한 것이긴 하지만, 남자들을 위와 같이 비하하는 속담이 없다는 점과 비교해 볼 때, 확실히 여자를 비하하는 표현이라 할 수 있다.

사용하는 언어나 말씨 등에 남녀의 성별 차이가 존재하고 연령에 따라 어휘 선택이 달라진다는 사실 등은 순수 언어학적 관점에서는 설명하기 어려운 부분이 있다. 그러나 사회 언어학적 관점에서는 언어 사용의 이러한 변이 요소에 더 많은 관심을 갖는다.

이런 맥락에서 사회 언어학에서는 사회 계층에 따라 말을 달리 사용하는 것으로 해석하기도 한다. 즉 고위 사회 계층에 속할수록 지역어나 비속어보다 표준어를 더 많이 사용하는 것으로 간주한다.

## 03 | 지역에 따라 사용하는 어휘도 다르다

비단 언어 사용 양상이 연령, 성별, 계층 등에 따라서만 달리 나타나는 것은 아니다. 우리가 잘 알고 있는 지역적 차이에 따라서도 언어 사용 양상은 달리 나타나기도 한다. 이 분야를 독립적으로 '방언론(학)'이라 칭하여 여기에 지역적 차이와 사회 계층적 차이를 변이로 보기도 한다. 그러나 본장에서는 '지역적 차이'를 '사회 계층적 차이'와 같은 선상에서 사회 언어학의 변이로 상정하여 그 차이를 살펴보기로 한다.

'지역어' 혹은 '방언'은 일반적으로 '표준어'와 대립되는 '비표준어'의 개념으로 이해되지만, 한 언어를 형성하고 있는 지역적 하위 단위로서의 언어 체계로 방언을 한 언어의 하위 개념으로서 이해하기도 한다.

이런 관점에서 보면 현재 우리가 표준어로 삼고 있는 '서울말'도 지역어의 한 종류일 따름이다. 그러나 우리 사회에서는 표준어가 된 서울말을 사용하는 화자를 지역어를 사용하는 화자들보다 더 교양 있고 사회적 계급이 높은 사람으로 간주하는 것이 사실이다.

흔히 소설 같은 문학 작품이나 드라마, 영화에서 방언을 사용하는 인물을, 교육을 받지 못한 하층민이나 정상적인 생활을 하지 못하는 일탈자 등의 사회적인 약자로 그리는 것도 같은 맥락으로 이해할 수 있다. 심한 경우에는 지역적 편견을 드러내거나 고착시키는 경우까지도 드물지 않게 볼 수 있다.

그러나 지역어 사용이 이처럼 부정적인 측면만 있는 것은 아니어서, 같은 지역어를 사용하는 사람들 간에는 강한 동질감이나 정체성을 부여하게 되어서 유대 관계를 돈독하게 해 주는 역할을 하기도 한다. 이런 화자들 간에 방언을 통하여 형성되는 강한 동질감이나 유대감은 때로는 구성원 간의 관계를 원활하게 유지하고 공동 목표를 실현하기 위해 협력하는 순기능으로 작용할 수도 있다.


## 04 | 어떤 대상을 어떻게 조사할까


지금까지 살펴본 바에 의하면 사회 언어학은 성별, 연령별, 계층별 언어 사용 양상에 차이가 있는 것으로 보고, 그러한 요인에 관심을 가지는 것으로 이해된다. 따라서 사회 언어학에서는 그러한 요인들을 객관적으로 드러내 줄 수 있는 현장 조사가 무엇보다 중요하다. 만약 위에 제시

한 언어 현상이 국어를 사용하는 언중들의 언어 직관에 부합하지 않는
다면 학문으로서의 가치는 절하될 수 있기 때문이다.

이런 의미에서 사회 언어학의 연구 절차를 간략하게 보이면 다음과 같다.

   (8) 가. 피조사자 선정
       나. 조사 환경 선정
       다. 언어 변이의 선정
       라. 자료 수집
       마. 자료에서 언어 변이 발견
       바. 결과의 도출과 해석

먼저 연구 목적에 부합하는 피조사자를 선정해야 한다. 예를 들어 남
녀노소 간의 호칭어 사용이 다르다는 가설을 세우고 이를 입증하고자
한다면 '남자 : 여자, 성인 : 비성인'의 피조사자를 선정하여 그들의 호칭
사용 양상을 살펴야 할 것이다.

이와 같은 변별적 차이를 고려하였다면 그 다음으로 조사 환경을 선
정해야 한다. 즉 때와 장소에 따라서도 호칭어 사용이 달라지므로 남녀
노소 간의 호칭어 사용 양상을 조사하고자 한다면 최소한 한 지역으로
조사 지점을 한정해야 하고, 어느 연령대까지를 '노년층'으로 상정하고
어느 연령대까지를 '비노년층'으로 상정해야 할지를 결정해야 한다.

이와 같은 연구를 실시하고자 한다면 언어 변이는 '연령'과 '세대'에
초점을 두어야 한다. 이러한 전제 조건을 충분히 고려했으면, 실질적으
로 현장 조사를 나가서 자료를 수집하고 분석하여 언어 변이에 따른 결
과를 도출해야 한다. 그런 후에는 마지막으로 조사 결과의 의미와 가치
를 점검하는 한편 문제점이 없는지 등을 살펴야 한다.

# 05 | 개인의 언어 사용에서 남북의 언어 통일까지

이제 우리는 순수 언어학적 관점으로 설명할 수 없는 언어의 많은 국면을 사회 언어학적인 관점으로 설명할 수 있음을 알게 되었다. 그런데 사회 언어학은 비단 이러한 언어 사용만을 연구 대상으로 하지 않고 언어 정책이나 남북의 언어 통일까지를 연구 대상으로 한다. 일반적으로 한 사회 안에서의 연령별, 성별에 따른 언어 사용 양상을 연구 대상으로 하는 것을 미시 사회 언어학이라 하고, 언어 정책이나 언어 통일 문제 등을 연구 대상으로 하는 것을 거시 사회 언어학이라 한다.

미시 사회 언어학에서는 다음과 같은 분야에 관심을 갖고, 거기에 존재하는 연령별·성별·계층별·지역별 사용 양상을 규명하는 데 초점을 맞춘다.


(9) 가. 대화 분석
　　나. 문화 간 의사소통 문제
　　다. 사이버 언어 문제


지금까지 살핀 사회 언어 변이는 대부분 일상적인 대화를 분석하는 과정에서 밝혀진다. 즉 사람들이 말로써 어떻게 화해하고 협상하며 친교를 맺는지는 일상 대화를 모아서 분석하는 과정에서 밝혀진다는 것이다. 그럴 때 의사소통의 원리와 앞서 살핀 사용 변이를 체계적으로 분석할 수 있다.

또 사회 언어학은 문화 간의 의사소통의 문제에도 관심을 갖는다. 문화 차이는 비단 국가와 국가 간에만 존재하지 않고 집단 간, 개인 간에도 존재할 수 있다. 이와 같은 문화 차이는 언어 표현이나 사용에도 반영되기 마련이다. 그러므로 문화가 다른 화자가 서로 원만한 의사소통을 하기 위해서는 상대방의 문화를 알아야 하고, 그것을 언어로써 표현하는 방식 등을 이해해야 한다. 언어를 사회 체계 안에서 이해하고자 하는 사회 언어학에서는 이와 같은 문화 간 의사소통의 문제에 당연히 관심을 가질 수밖에 없다.

이 외에도 사회 언어학은 사이버상의 언어 사용 문제에도 관심을 보인다. 인터넷의 보급으로 사이버 세상에서의 의사소통이 보편화가 된 현재로서는 거기서는 어떤 언어가 사용되는지, 그리고 일상에서 사용되는 언어와는 어떤 차이가 있는지 등을 밝혀내는 것도 사회 언어학의 몫이다.

결국 이러한 모든 언어 자료에서 사회적 변이에 따른 언어 사용 양상을 체계적으로 정리하는 분야가 사회 언어학이다. 그리고 그 연구 대상이 다음에 살필 거시 사회 언어학보다 규모가 작다는 의미에서 미시 사회 언어학이라 명명한다.

거시 사회 언어학은 언어 현상을 국가적 차원에서 접근하여 언어 정책과 언어 교육, 언어 통일에 대한 문제에 관심을 갖는다. 그래서 국가적 차원에서 언어를 어떻게 보급하고 발전시킬 것인가 등과 같은 문제나 남북이 통일될 경우에 대비해서 언어 통일의 문제 등에 대해서도 관심을 갖고 통일안을 마련하고자 노력한다. 다음을 보면 북한말과 남한말이 상당히 다르다는 것을 알 수 있다.

(10) 가. 남한말 　　　　　　　　나. 북한말

　　① 명란젓　　　　　　　　① 알밥젓

　　② 목돈　　　　　　　　　② 주먹돈

　　③ 문맹자　　　　　　　　③ 글장님

　　④ 문장　　　　　　　　　④ 글토막

　　⑤ 미역국을 먹다　　　　　⑤ 락제국을 먹다

　　⑥ 배웅하다　　　　　　　⑥ 냄내다


위에서 보듯이 남한말과 북한말은 명사를 비롯해서 동사, 관용 표현 등에서 상당한 차이를 보이고 있다. 따라서 통일이 된다면 의사소통에 적지 않은 혼란이 예상된다. 이에 대비해서 언어 통일을 시도할 필요가 있는데, 이 역시 사회 언어학에서 해야 할 역할이다.

# 제 7 장

# 국어와 방언

일반적으로 '방언'이라 하면 전라도, 충청도, 경상도 등과 같은 지방에서 사용하는 말로 표준어와 대립되는 개념으로 생각하기 쉽다. 이러한 개념으로서의 방언은 '사투리'라는 말을 써서 '전라도 사투리, 경상도 사투리'처럼 일컫기도 한다. 그러나 다음과 같은 언급을 보면 '방언'은 표준어와 대등한 언어의 하위 범주이다.

(1) 또는 표준어보다 못한 언어이기 때문에 방언인 것이 아니라, 한국어라는 한 언어의 하위류이기 때문에 방언인 것이다. 이때의 '충청도 방언'은, 충청도에서만 쓰이는, 표준어에도 없고 다른 도의 말에도 없는 충청도 특유의 언어 요소만을 가리키는 것이 아니라 충청도의 토박이들이 전래적으로 써 온 한국어 전부를 가리킨다. 이 점에서는 한국어는 우리나라에서 쓰이는 각 방언의 집합이라고 할 수 있다. 그리고 각 지역의 방언은 상위 단위인 한국

어의 변종(variety)들이라고 정의할 수 있다. (이익섭, 2006 : 3)

요컨대 방언은 국어의 한 변종으로서, 표준어가 된 서울말도 방언의
일종인 것이다. 이 같은 방언은 큰 산맥과 바다, 강 등의 지리적 장애나
거리상의 문제로 언중들이 서로 접촉할 기회가 줄어들면서 각 지역에서
사용하는 언어가 결국 독자적으로 변천하여 형성된 것이다. 일례로 '새
우'는 다음과 같이 방언에 따라 다양한 어형이 존재한다.

> (2) 경기: 보리새우, 버리새우, 새갱이, 새뱅이, 새우, 새이
>     충북: 사붕개, 새뱅이, 새부렝이, 새우
>     충남: 뭍새우, 새뱅이, 새빙개, 새옹개, 새우, 새옹지
>     경남: 민물세비, 세우, 세비, 쎄우, 쎄에비, 씨에비, 징기미
>     전북: 남새오, 새붕개, 새비, 새오, 새옹개
>     전남: 논새비, 또랑새비, 물새비, 밥새비, 새비

그러나 방언이라는 개념에는 이와 같은 지리적 변종으로서의 방언뿐
만 아니라 사회 계층에 따라 달리 사용하는 언어 변종까지가 포함되어
있다. 즉 개개인은 일정한 사회 계층과 연령에 속해 있기 마련인데, 그
에 따라 사용하는 언어가 다를 수 있으므로, 이 역시 언어의 한 변종으
로 보아야 한다. 요컨대 방언은 지역 방언과 사회 방언으로 분류한다.
이런 점에서 보면, 우리 모두는 어느 지역의 방언(regional dialect)을 사용
하며, 동시에 그 지역에서의 사회적 계층에 따라 사회 방언(social dialect)
을 사용하고 있다고 보아야 한다.
　이와 같은 속성 때문에 방언은 사회 언어학의 주요 연구 대상이기도
하다. 하지만 국어학에서 지역 방언학은 이미 오래 전부터 독자적인 연

구 분야로 인정받고 있는 만큼 여기서는 방언학을 하나의 독립된 분야로 보고 그것의 유형과 조사 방법 등에 대해서 알아보기로 한다.


# 01 | 방언의 특징을 알아보자


　방언은 국어를 이루는 하위 언어이므로 국어를 온전하게 연구하기 위해서는 방언에 대한 연구가 있어야 한다. 여러 하위 방언의 특성이 규명되고, 그러한 방언들 간의 비교가 잘 이루어져야 국어의 모습도 비교적 뚜렷하게 파악되기 때문이다.

　전남 방언에서는 '가위'를 '가새'라 하고, '가을'을 '가실'이라 한다. 이는 전남 방언이 '가위'의 고어인 'ᄀᆞᄉᆡ'의 어형과 '가을'의 고어인 'ᄀᆞ술'의 어형을 보존하고 있음을 보여 준다. 그리고 경상 방언에서는 '더위'를 '더버'로 '고와'를 '고바'로 발음하는데, 이 역시 '더위'의 고어인 '더버'의 어형을, 그리고 '고와'의 고형인 '고바'의 어형을 보존하고 있음을 보여 준다. 그만큼 지역 방언이 보수적이라는 말로, 일반적으로 이러한 특성을 '방언의 보수성'이라 일컫는다.

　이와 반대로 방언은 새로운 언어 변화를 이끄는 '개신(innovation)적인 특성'도 지니고 있다. '굳이'를 [구지] 등으로 발음하는 구개음화는 남부 지방에서부터 시작된 음운 현상이었는데, 현대에 이르러서는 전국으로 확대되었다. 그리고 남부 지방에서 '너'의 주격형인 '네'를 '니'로 발음하였는데, 요즘 '니' 발음이 전국적으로 쓰이는 현상도 볼 수 있다.

　지역별로 구분되는 방언은 또 다시 세부적으로 분화하는 양상을 보이기도 한다. 같은 방언 권역에서도 '고구마'를 '감자, 감재'로 부르는 지역이 있는가 하면, '고구매'로 일컫는 지역도 있다. 그리고 '고드름'을 '고드롬'으로 발음하는 지역이 있는데, 다른 곳에서는 '고드룸'으로 발음한다. 이러한 차이는 큰 산이나 강, 혹은 교역권의 차이, 문화권의 차이에서 비롯한 것으로 이해된다.

그렇다고 해서 방언 간의 접촉이 전혀 없다고는 할 수 없다. 근접한 지역이나 잦은 접촉으로 인하여 방언 간에 통합 작용이 일어나기도 한다. [농부, 일꾼이 끼니 외에 참참이 먹는 음식]을 뜻하는 '곁두리'를 '새:'라 하는 지역과 '참:'이라 하는 지역의 전이 지역에서 '새참'이 나타난다면, 이는 전자의 두 방언형을 후자가 통합한 것이라 할 수 있다.

한편 계급에 따라 다른 언어를 사용하기도 한다. 그러므로 이 역시 방언의 한 특성으로 볼 수 있다. 예를 들어 경북 안동의 한 양반 마을에서는 남자들이 친인척 할머니를 '할매'로 호칭한다든지, 전라도 지역에서는 양반집에서 시집온 여성은 출신 지역에 '떡(댁)'을 붙여 '성매떡'이라하고 평민집에서 시집온 여성은 '~네'로 호칭한다.

이러한 계층에 따른 차이가 비단 반상의 차이만 있는 것은 아니어서, 연령별·성별에 따른 어휘 사용 양상도 달리 나타나는 경우가 많다.


## 02 | 표준어와 지역 방언, 문학과 지역 방언


우리나라의 표준어는 "교양 있는 사람들이 두루 사용하는 현대 서울말로 정함을 원칙(<표준어 규정> 제1항)"으로 하고 있다. 서두에서 언급한

대로 표준어 역시 서울 지역에서 사용하는 일종의 방언이 모태가 된 말
이다. 이렇게 본디 방언이던 것이라도 일단 표준어가 되면 언중들로부터
방언과 다른 위상으로 인식되어서, 그 지역 말이 상위의 언어 개념으로
서 다른 지역 말에 강력한 영향력을 행사하게 된다. 여기에 더하여 정부
가 규정으로 정한 언어라는 사실도 표준어를 상위 언어로서 생각하는
데 일조를 하고 있다. 표준어는 국가가 정한 규범어적인 성격이 강하기
때문이다.

이에 비하여 방언은 이러한 제도나 규제 없이 각 지역에서 일상적으
로 사용하는 생활 언어적인 성격을 지니고 있다. 그러면서 표준어에 끊
임없이 개신을 요구하기도 한다. 앞에서 예로 들었던 구개음화의 확대와
'니'가 '네'와 동일한 지위를 갖게 된 것 등이 그러한 예이다. 이런 측면
에서 보면 방언들은 표준어 개신의 강력한 공급원의 역할을 한다고 할
수 있다. 이를 표로 보이면 다음과 같다.

(3) 표준어와 지역 방언과의 관계

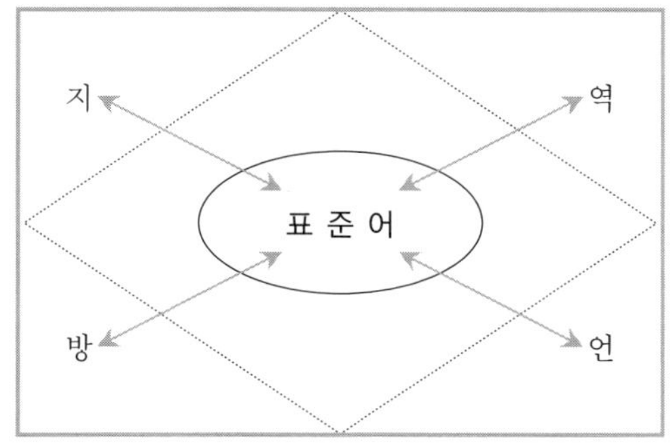


그러나 현대에는 대중교통의 발달, 방송 매체의 보급, 교육의 보편화
등으로 표준어가 각 지역에 광범하고 빠르게 투입됨으로써 표준어와 지

역 방언의 차이가 심하게 나타나지 않게 되었다. 그러다보니 지역 방언들이 보유하고 있던 고유한 특질들이 점점 사라져가고 있어, '방언의 평준화(dialect leveling)'가 이루어지고 있는 것으로 여겨진다. 이러한 현상은 표준어의 대중화라는 점에서는 긍정적인 측면이 없지 않으나 고유어를 보유한 방언들이 잊혀지고, 개별 방언들의 특질들이 상실된다는 점에서는 국어학의 입장에서 아쉬운 면이 없지 않다.

한편 시나 소설과 같은 문학 작품에서는 지역 방언의 어휘와 문법 형태소들뿐만 아니라 지역의 독특한 관용 표현을 풍부히 사용하여 표현하거나, 아예 방언으로 작품을 창작함으로써, 작품의 리얼리즘을 획득하거나 문학적인 어떤 의도를 구현하기 위한 수단으로 활용하고 있다. 그러나 이 경우, 해당 지역 방언권의 화자가 아니라면 그것을 해독하는 데 어려움이 있을 수 있다는 문제가 따르게 된다. 심지어는 해당 지역의 방언 화자조차도 문학 작품에 나오는 방언을 제대로 이해하지 못하는 일이 일어나기도 한다.

이러한 문제는 일차적으로는 문학의 영역에 속하는 일이지만, 한편으로는 여기에 국문학과 국어학의 연계점이 있는 것으로 볼 수 있다. 문학 작품의 가치를 이해하기 위해서는 작품에 쓰인 언어에 대한 정확한 해독이 선행되어야 하는데, 때로는 그 해독은 국어학에서 담당해야 할 몫이다. 현재 방언학은 국어 표준화 정책과 더불어 방언의 평준화 현상으로 많이 위축되어 있는 것이 사실이다. 그러나 주옥 같은 문학 작품을 제대로 이해하고, 또 우리 국어의 고유어를 보호한다는 측면을 고려할 때 방언에 대한 보다 많은 관심이 요구된다고 하겠다.

## 03 | 방언 조사를 어떻게 할까

　방언 연구를 위해서는 먼저 자료를 정확하게 수집해야 한다. 그러므로 구체적인 연구 목적을 가지고 현지에 나가서 생생한 자료를 수집하고 채록하는 과정은 방언 연구의 첫출발이라 할 수 있다. 방언 조사는 현장에 직접 나가서 제보자와의 면담을 통해 조사하는 '직접 방법(direct method)'과 현장에 직접 나가지 않고 통신 질문을 통해서 자료를 수집하는 등의 '간접 방법(indirect method)'이 있다. 이러한 조사는 일반적으로 다음과 같은 과정을 거치게 된다.

(4) 가. 질문지 작성
　　나. 조사 지점 선정
　　다. 제보자 선정 및 조사

### 1) 질문지 작성

　조사 목적이 결정되면 질문지를 만들어야 한다. 이때에는 먼저 음운, 형태, 어휘, 문법 등의 전반에 걸친 방언적 특질과 유형 등을 조사하려 하는가 아니면 일부의 언어 층위에 일어나는 방언적 특징을 조사하려 하는가 등을 고려해야 한다. 이에 따라 질문지의 성격과 조사 항목들이 달라지기 때문이다. 예를 들어 어떤 지역의 음운 현상을 조사한다면 질문지 목록은 먼저 자음과 모음 체계를 설정한 후, 그 음소 체계 안에서 일어나는 다양한 음운 현상을 유기적으로 파악할 수 있도록 작성해야 한다. 그러나 반촌과 민촌에서의 특정 어휘 사용 양상을 비교하고자 한다면, 대상 어휘에 대응하는 표준어 목록을 작성하여, 그것들이 두 지역에서 어떤 차이를 지니고 사용되는가를 밝힐 수 있도록 작성해야 한다.

질문지에는 '격식 질문지(formal questionnaire)'와 '비격식 질문지(informal questionnaire)'가 있다. 격식 질문지는 형식 질문지라고도 하는데, 다음과 같이 질문을 문장으로 미리 마련해 놓은 것이다.

(5) 가. (보리를 가리키며) 이것을 여기서는 무엇이라고 합니까?
　　나. 밭에 풀을 맬 때 사용하는 것을 무엇이라고 합니까?
　　다. (화장실을 가리키며) 여기서는 저와 같은 시설을 무엇이라고
　　　　합니까?

이와 같은 방법은 조사원들이 충분히 훈련되지 않았거나 여러 명의 조사원들이 여러 지역을 전체적으로 통일되게 조사해야 할 경우에나 시일을 두고 조사해야 할 경우에 효과적이다.

이에 비하여 비격식 질문지는 비형식 질문지라고도 하는데, 다음처럼 조사할 항목의 이름만을 표제어로 적어 놓은 질문지이다.

(6) ① 머리 ② 보리 ③ 호미 ④ 부추

이와 같은 질문지는 조사할 항목만 미리 설정해 두고 조사 상황이나 환경을 적절하게 이용하여 임의로 질문하는 방식으로 훈련이 잘된 조사원들이 주로 사용하는 설문지이다. 조사 형식이 간편하여 개인적인 연구에서 많이 사용하는 질문지이기도 하다.

## 2) 조사 지점 선정

방언 조사에서 충분히 고려해야 할 것이 바로 조사 지점을 선정하는
것이다. 이때에는 지리적 조건이나 역사적 조건 등을 살펴보아야 한다.
거리상으로는 가까울지라도 큰 산맥이나 강이 있으면 같은 언어를 사용
하는 동일한 방언권으로 상정하기 어려운 경우도 있고, 같은 지역에 속
할지라도 역사적으로 다른 지역에 속해 있었다면 이 역시 같은 언어를
사용하는 것으로 인정하기 어렵기 때문이다.

일반적으로 방언권은 음운, 어휘, 문법의 관점에서 다음과 같이 여섯
권역으로 분류한다.


    (7) 가. 서북방언: 평안남북도
        나. 동북방언: 함경남북도
        다. 중부방언: 경기도, 충청남북도, 강원도, 황해도
        라. 서남방언: 전라남북도
        마. 동남방언: 경상남북도
        바. 제주방언: 제주도


위의 여섯 방언권을 대 방언권이라 하는데, 위처럼 '서북방언', '동북
방언' 등으로 일컫는 것은 방언권의 구획을 도 중심의 행정 구역을 벗어
나기 위한 것이다. 그러나 한국정신문화원에서는 1978년부터 1995년까
지 대규모의 국학 사업의 하나로 전국 방언 조사를 실시하였는데, 이때
는 강원도와 제주도를 제외하고는 도 단위로 방언권을 나누었다.

이와 같은 대 방언권은 다시 군, 면 단위를 중심으로 하는 소 방언권
으로 나눌 수 있다. 즉 서남방언이라 하더라도 전라남도의 담양군과 구

레군 지역에서 사용하는 언어가 다를 수 있고, 같은 보성군 지역이라도 과거 반촌과 민촌에서 사용하는 언어가 다를 수 있다. 일반적으로 방언 조사는 먼저 이러한 소 방언권을 중심으로 이루어지고, 그 이후에 이들의 언어적 특성을 종합하여 대 방언권의 특징들을 종합·정리한다. 이렇게 하여 만들어진 한국 언어 지도의 한 예가 바로 다음이다.

(8) '새우'의 방언 지도

## 3) 제보자 선정 및 조사

조사 목적의 성과를 거두기 위해서는 제보자 선정에 신중해야 한다. 연구자가 해당 방언의 토박이가 아닌 경우에는 조사 지역에 3~4대 정도 정착하여 살아온 토박이 가운데 연령대는 60세 이상의 노년층을 제보자로 선정하는 것이 이상적이다. 여기에 더하여 제보자의 성격이 사교적이고 솔직하며, 치아가 건강한 사람이면 더욱 이상적이다. 제보자의 교육 정도나 사회 활동 경험도 제보자 선정에 고려해야 할 요소로 작용한다.

이렇게 제보자가 선정되었으면, 질문지를 이용하여 본격적으로 방언 조사를 하게 된다. 이때 조사원은 제보자에게 친밀감과 신뢰감을 주는 것이 중요하다. 조사자가 가능한 한 제보자가 사용하는 말씨와 같은 말씨를 사용하는 것도 중요하다. 조사된 자료가 일상적인 말투(casual style)에서 사용하는 것이어야 그 지역 방언의 순수한 모습을 알 수 있기 때문이다.

조사원이 제보자에게 질문하는 방식은 직접 질문법과 간접 질문법이 있다. 직접 질문법은 다음과 같이 조사원이 제보자에게 표준어의 형태를 주고 그에 해당하는 방언형을 말하게 하는 방식이다.

(9) 가. 호미를 이 지역에서는 무엇이라 하나요?
　　 나. 부추를 여기서는 무엇이라 하나요?
　　 다. 부엌을 여기서는 어떻게 부르나요?

그런데 이 방식은 제보자가 표준어와 해당 방언형을 모두 알고 있어야 하는 제약이 있다. 게다가 제보자가 표준어의 영향을 받게 되면 해당 방언형을 잘 말하지 않으려 할 뿐만 아니라, 표준어의 영향으로 고유 방언형이 도출되지 않을 수 있다는 위험이 있다. 하지만 돌려 물음으로써 발생할 수 있는 오해의 소지를 줄인다는 점과 짧은 시간 안에 조사 목적을 달성할 수 있다는 장점이 있다.

간접 질문법은 조사하고자 하는 어형을 제보자에게 직접 알려 주지 않고 다음과 같이 그 어형을 유도하여 말하게 하는 질문 방식이다.

(10) 가. 밥을 지을 때 어떤 곡식들을 넣습니까?
나. 밭에 심는 식물은 무엇입니까?

이런 간접 질문법을 '이야기식 질문(talking question)'이라 한다. 이 방법은 대화 상황이 주어지면 자연스럽게 조사할 수 있으며, 하나의 질문으로 다양한 방언형을 확인할 수 있다는 장점이 있다. 즉 (10가)의 질문에서 '쌀, 보리, 쑤시, 메주콩'과 같은 어형들을 채록할 수 있고, (10나)의 질문에서는 '배차, 무시, 상추'와 같은 어형들을 함께 채록할 수 있다.

간접 질문법에는 그림이나 사진 또는 실물을 보여 주면서 "이것을 이 지역에서는 무엇이라고 합니까?"와 같은 '명명식 질문법(naming question)'도 있다. 일반적으로 이 명명식 질문법이 방언 조사에서는 (10)과 같은 이야기식(나열식) 질문법보다 더 많이 활용된다.

## 01 | 꽃병인가, 마주 보는 사람의 얼굴인가?

‘인지 언어학’은 인지 과학의 원리로 언어의 문제를 규명하려는 분야
이다. 인지 과학은 인간 인지의 조직과 기능 방식을 기술하고 설명하는
데 목적으로 둔 것으로, 심리학의 측면에서는 인지주의를 지향하며, 철
학의 측면에서는 체험주의를 표방한다. 인지 언어학은 바로 이 인지주의
와 체험주의를 바탕으로 한 언어 연구의 방법론으로서 구조주의 언어학
과 구별한다. 인지 국어학은 이러한 인지 언어학의 하위 개념이다.

‘인지(cognition)’란 인간이 정보를 처리하는 과정을 말하는 인지 심리학
(cognitive psychology)의 용어이다. 인간이 머릿속에 정보를 저장하고 사용
하는 일체의 과정이 곧 인지이다. 인간이 정보를 저장하고 사용하는 능
력의 발달은 감각의 단계, 지각의 단계, 인지의 단계를 거친다. 언어의

습득을 예로 들면, 감각의 단계에서는 음성 연속체가 귀에 들리지만 낱말로 분절하지 못하고 그 뜻도 이해하지도 못한다. 지각의 단계에서는 낱말의 덩어리로 분절하지만 의미 파악은 부분적으로 이루어진다. 이에 비해 인지의 단계에서는 발화의 형식과 내용적인 측면을 모두 이해한다. 인지의 단계는 지각한 내용에 주제적 해석을 부여하는 것이다.

(1) 착시 현상과 사람의 생각

가. 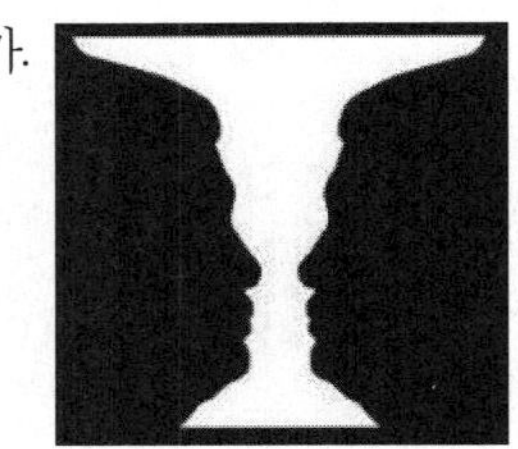
나. 

(1가)는 덴마크의 심리학자 루빈(Edgar Rubin)이 고안한 그림으로 보통 '루빈의 꽃병(Rubin's vase)'으로 불린다. (1나)는 루빈의 꽃병을 응용한 건축물 도안이다. 루빈이 이 그림을 통해서 보여 주려고 한 것은 우리가 '무엇을 본다.'는 사실이 매우 특이하다는 것이다. 곧 객관적인 형태라도 보는 사람에 따라서 전혀 다른 모습으로 인지될 수 있다는 것이다. (1가) 루빈의 꽃병에서, 가운데 흰 부분을 형태로 인지하는 사람은 검은 부분은 바탕으로 보고 이 그림을 '꽃병'을 그린 것이라고 볼 것이다. 그러나 반대로 이것이 두 사람이 마주 보는 얼굴을 그린 것이라고 보는 사람도 있다. (1나)에서도 '건축물의 기둥'과 '서 있는 사람'이 동시에 지각된다. 이것들은 착시 현상의 일종으로 사람이 인지의 단계에서 지각한 사실에 특별한 주제적 해석을 부여하기 때문에 생기는 것이라고 할 수 있다. 이는 물리적 실체에 대한 사람의 인지 특성을 잘 보여 주는 것이다.

인지 언어학은 언어능력을 인지 능력과 무관한 자율적 체계로 보는 관점들에 대한 반성에서 출발한다. 곧 인지 언어학은 언어의 이해와 사용은 지각, 개념 체계, 세상사의 경험, 지식, 문화적 배경 등의 일반적 인지 능력과 밀접한 관계에 있다고 본다. 따라서 인지 언어학은 언어 현상을 분석하기 위하여 심리학이나 인류학과 같은 관련 분야의 견해를 수용할 뿐만 아니라, 인간의 개념적 지식에 대한 실질적 내용에 관해서도 탐구한다. 또한 인지 언어학은 언어의 사용과 이해에 영향을 미치는 개념적 사고에 초점을 맞춤으로써 언어학 연구에 독특한 방법론을 제공한다. 이러한 인지적 접근 방식은 인간의 마음과 몸과 언어가 어떻게 상호 작용을 하는가에 대한 새로운 이해를 가져오게 하였다.

## 02 ｜ '마음'을 연구하라

'마음'이란 무엇인가? 일반적으로 정신이라는 말과 같은 뜻으로 쓰이기는 하지만, 엄밀하게 말해서 마음은 정신에 비해 훨씬 개인적이고 주관적인 뜻으로 쓰이는 일이 많고, 그 의미 내용도 애매하다. 심리학에서 말하는 의식의 뜻으로 쓰이는가 하면, 육체나 물질의 상대적인 말로서 철학상의 정신 또는 이념의 뜻으로도 쓰이는 막연한 개념이기도 하다. 동양 의학에서는 마음을 주관하는 장기를 심장(heart)으로 본다. 서양 의학이 정신을 뇌(brain)의 작용으로 보는 것과 다르다. 이때 심장은 해부학적인 의미와는 다소 다른 심(心)을 말하는 것인데 이 심장의 작용에 의해 신(神)이라고 하는 각 장부의 정신 작용이 조절된다는 것이다.

　인지 과학은 심리학, 언어학, 인류학, 철학, 컴퓨터 과학과 같은 여러 분야에 마음(mind) 혹은 정신에 관한 지식을 결합시키는 학문 분야이다. 인지 과학에서 다루는 마음은 앞에 언급한 전통적 개념들보다는, ‘몸’을 지니는 유기체로서의 인간이 몸을 통하여 환경과 상호 작용하는 과정상에서 출현하는 인간의 ‘행위’라는 관점을 정립하고 있다. 따라서 인간의 마음 또는 인지는 개인의 뇌 속에 표상된 내용이기보다는, 인간이 환경과 상호 작용하는 순간순간의 행위 속에 존재한다고 본다. 이런 점에서 마음은 문화, 역사 등과 같은 사회적 맥락이나 환경 요인들과 지속적인 관련을 맺는다.

　고전적 인지주의는 마음의 작동 원리를 논리적 형태의 규칙 도출과 같은 형식적 접근에 의하여 기술할 수 있다고 보았다. 곧 모든 심적 현상은 상징(기호적) 표상을 마음의 내용으로 형성하며 이를 활용하는 과정인 계산(computation)적 정보 처리에 의해 이해될 수 있다는 기본 입장이 고전적 인지주의의 핵심이었다. 그러나 이것은 마음의 정보 처리적 시스템의 소프트웨어적 원리를 강조한 나머지, 뇌의 중요성을 간과했다는 지적을 받았다.

　이러한 고전적 인지주의의 한계점을 극복하기 위하여 1980년대 중반에 대두한 것이 연결주의(connectionism)와 신경 과학적 접근이다. 연결주의는 마음의 작동이 그 신경적 기반 구조인 뇌의 특성에 의하여 결정된다고 보고, 이론적 뇌 모델의 기본 단위인 세포들 간의 연결 강도의 조정을 중심으로 마음의 작동 특성을 개념화하였다. 반면 신경 과학적 접근은 연결주의가 실제의 뇌보다는 이상화된 이론적 뇌를 상정하여 놓고 이를 모델링한다는 등의 문제점을 수정하여, 실제 뇌의 구조와 기능에 대한 탐구에 뇌영상 기법 등을 활용하였다. 현재 이러한 신경 과학적 접근이 인간의 마음에 대한 심리학과 인지 과학 탐구의 핵심적인 접근 방법으로 자리 잡고 있다.

## 03 | 가장 새다운 새

우리는 아무런 의심 없이 '새'라는 말을 쓴다. 그러나 새라고 말할 때 우리가 가리키는 새는 무슨 새인가? 차라리 '제비'라고 하면 고민이 더 적지만, 새라고 한 이상 '가장 새다운 새'를 생각해 내야 한다. 인지 언어학에서는 어떤 범주를 대표할 만한 '가장 전형적이고 이상적이며 좋은 본보기'를 '원형(prototype)'이라고 한다. 그리고 사람들은 낱말을 사용할 때 이 원형적인 보기를 발견하고 이를 통해서 의미를 이해한다고 본다.

새의 경우, 한국인에게 '가장 전형적이고 이상적이며 좋은 본보기', 곧 원형은 '참새'이다. 이런 판단을 내리게 하는 근거는 새의 속성들에 대한 한국인들의 선험적인 지식이다. 새가 되려면 '깃털, 날개, 부리, 둥지 만들기, 나는 능력' 등의 속성이 필요하고, 원형적인 새일수록 이러한 속성에 잘 부합한다고 본다. 사람들은 잠재의식 속에서 세상의 모든 것을 다루기 위하여 스스로 만드는 인지 모형들이 있다. 이 모형들은 관찰, 문화적 세뇌, 기억, 상상력 등이 얽힌 선험적 지식의 혼합체로서 세상사에 대한 사람들의 생각을 구체화한다.

원형 이론은 1975년 로쉬(Rosch)의 범주 내부 구조에 대한 심리 언어학의 연구에서 비롯하였다. 로쉬(1975 : 198)는 캘리포니아 대학의 심리학과 학생 200명에게 10개의 범주를 제시하고, 그 안에 들어 있는 항목들 각각에 대해서 등급을 매기는 실험을 하였다. 로쉬는 그 결과 각 범주에 대하여 원형이라고 이름 붙인 가장 좋은 보기를 지적하고 다른 구성원에 대해서는 상대적 등급화를 했다. 미국인은 '로빈'을 원형적 새로, '카나리아'는 약간 덜 새다운 새로, '앵무새'는 한층 덜 새다운 새로, '펭귄'은 가장 새답지 않은 새로 생각하는 것으로 등급을 매겼다.

임지룡(1997 : 62~86)은 원형 이론에 대한 자세한 기술과 함께 1993년에 실시한 자연 범주에 대한 한국인의 원형 탐색 실험 결과를 수록하고 있는데, 한국인이 생각하는 새의 원형적인 보기에서 주변적인 보기까지의 정도성을 아래 그림으로 정리하고 있다.

(2) 가장 새다운 새

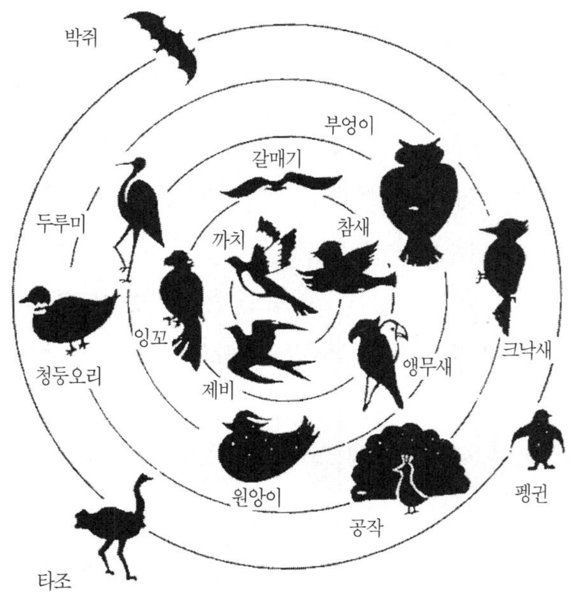

원형 이론은 사람들이 대상물을 범주화할 때, 가장 전형적인 보기인 원형을 설정하며, 어떤 낱말의 의미를 파악하기 위하여 이 원형과 관련 지어 낱말들의 잠재적인 등급 체계를 활성화시킨다는 것을 보여 주려고 한다. 이러한 원형 이론은 언어학적인 측면에서 범주의 다의성, 비유 표현, 의미 변화 등 많은 의미론적 문제를 효과적으로 설명해 준다.

그러나 원형 이론에는 문제점도 있다. 원형 이론은 더 자주 만나게 되는 원소나, 먼저 학습된 원소가 원형이 될 가능성이 높다든지 하여 원형의 유래를 명확히 밝히기 어렵다는 문제점을 지니고 있다. 또한 문화권 및 문맥에 따라 원형의 추상적인 개념 영역의 분석에도 부적절한 점이 있다. 따라서 자질 이론 등의 장점을 수용해야 좀 더 완전한 이론적 근거를 마련할 수 있을 것이라는 견해도 있다.


# 04 │ '세상의 모든 컵'을 모아라


삼라만상의 수는 무한하다. 그러나 이 삼라만상을 표현하는 명칭의 수는 유한하다. 무한한 수의 사물을 무한한 수의 명칭으로 표현한다면 인간의 기억력은 지금보다 훨씬 뛰어나야 하고, 말을 하는 데 들여야 할 노력도 지금보다 훨씬 클 것이다. 예를 들면 '컵'이라는 하나의 명칭으로 우리는 세상에 존재하는 '모든 종류의 컵'을 표현할 수 있다. 세상에 존재하는 컵은 아래의 그림에서처럼 그 모양도 조금씩 다르고 그 수도 무한하다. 그러나 우리는 컵이라는 하나의 명칭으로 이것들을 매우 효율적으로 표현하는 것이다. 이렇게 조금씩 다른 무한한 수의 사물들을 어떤 특성들로 묶음지어서 유한한 명칭으로 나타내는 것을 '범주화 (categorization)'라고 한다.

(3) 세상의 컵들

　범주화는 고등 인지 활동의 근본이 되는 것으로 다양성 속에서 유사성을 파악하는 능력이다. 곧 범주화란 경험하는 사물, 개념, 현상 등을 낱말이라는 단위로 분류하거나 무리지어 이해하는 방식이다. 생물체의 감각 기관은 사물이 가진 모든 생물체의 미세한 차이들을 완벽하게 분류하여 수용하지 못한다. 따라서 사물의 성질을 '같음'으로 지각하는 것들에 대해서는 동일한 범주로, '다름'으로 지각하는 것들에 대해서는 별개의 범주로 확정한다.

　비트겐슈타인은 게임과 같은 현상들은 범주화되는 구성원들 모두에게 공유하는 속성들이 없다는 것을 관찰하였다. 이것은 구성원 모두가 공유하는 공통 속성이 있다고 보는 고전 범주화의 한계에 대한 인식이다. 비트겐슈타인은 이러한 게임과 같은 범주는 구성원 사이의 '가족 유사성 (family resemblance)'으로 정의해야 한다고 보았다. 가족 유사성이란 가족 내에서 형제인 A와 C는 닮은 것 같지 않더라도 A는 B와 닮고, B는 C와 닮고 하는 식으로 닮음 관계가 중첩되는 현상을 가리킨다.

　라보브(Labov, 1973)의 '모호한 가장자리 현상' 실험 역시 세계의 불투명성에 대한 설명이다. 라보브는 한 낱말이 끝나고 다른 낱말이 시작되는 과정에 어떤 분명한 경계가 있는지를 실험했다. 라보브는 실험을 통해 많은 낱말의 의미에서 모호한 가장자리 현상이 있음을 밝혔다. 예컨대 밤과 낮은 어디에서 밤이 끝나고 낮이 시작되는지 모호하며, 신체 부위의 머리와 이마 따위도 명확하게 경계 지을 수 없다. 이것은 본질적으로 경계가 없는 대상 세계를 낱말의 단위로 분절하기 때문에 생기는 현상이다. 이것은 사람이 연속적이고 불명확한 세계를 언어적으로 범주화하는 것으로 이해하는 인지 언어학적 설명과 상통한다.


## 05 | '언어가 자의적'이라고?


　언어의 특성으로 가장 뚜렷한 것이 자의성이다. 곧 언어는 형태와 의미 사이에 필연적 관계가 없다는 것이다. 그래서 같은 '사람'을 두고 한국어에서는 '사람', 일본어에서는 '히토(ひと)', 중국어에서는 '런(人)', 영어에서는 '맨(man)'이라고 한다. 이러한 생각은 소쉬르(Saussure, 1916)가 언어 기호의 기표(시니피앙, signifiant)와 기의(시니피에, signifié)의 관계가 자의적이라고 한 이래 가장 뚜렷한 언어의 특성으로 여겨져 왔다. 특히 언어를 구조적으로 다루는 언어학 연구에서 이러한 개념은 의심 없이 수용되어 왔다. 그러나 최근 인지 언어학에서는 언어를 자의적이라고만 단정하는 이러한 시각을 반성하고, 언어의 형태와 의미 사이의 유연적 관계, 곧 도상성(圖像性, iconicity)에 대한 연구들을 시도하고 있다.

　기호를 대상과의 유연성에 근거를 두고 도상 기호, 상징 기호, 지표 기호로 구분하기도 한다. 세 가지 중 도상 기호가 대상과의 유연성 정도가 가장 높고, 상징 기호는 유연성이 없으며, 지표 기호는 중간 정도로 볼 수 있다. 상징 기호는 일반적 관념에 의하여 그 대상을 나타내는 기호로서 특별한 개념적 사물을 지시하는 것이 아니라, 사물의 부류를 지시하는 것이다. 예컨대 '새'는 특정한 개체를 나타내는 것이 아니라, 새의 일반적 관념 곧 부류 전체를 규정하는 것이다. 그리고 지표 기호는 대상과 물리적인 인접성을 띄는 기호이다. 예를 들어 연기는 불, 풍향계는 바람의 방향, 수은주의 높이는 기온의 지표이다. 또 문을 두드리는 소리는 방문객이 왔다는 지표이다.

도상 기호는 형태와 내용의 유사성이 높은 기호이다. 오늘날 GUI(Graphic User Interface) 운영 체계(operating system)에서 사용하는 '아이콘'들은 바로 도상 기호의 성격을 그대로 이용하는 것이다. 곧 아이콘이 프로그램의 내용을 쉽게 알 수 있도록 유연성을 갖춘 기호로 되어 있다. 이 외에도 대표적인 도상 기호로는 초상화와 사진, 기상도, 목소리 등도 들 수 있다. 이것들은 보거나 들으면 대상의 모습이 떠오른다. 도상 기호는 이 외에도 이미지, 설계도, 지도와 같이 기호와 대상과의 구조상의 유사성에 바탕을 둔 것, 은유에 의한 것 등이 있다.

언어의 도상 기호로서의 성질을 밝히려는 시도는 언어가 전적으로 자의적이라는 시각에 반론을 제기하는 것이다. 예를 들어 단일어는 형태와 의미가 자의적이라고 하더라도, 파생어나 합성어는 단일어의 형태와 의미에 필연적으로 관련되는 경우가 많다. 합성어인 '달맞이꽃'이라는 말을 보면, 우선 단일어인 '달'과 '맞-', '꽃'은 자의성이 뚜렷하다. 그러나 이들 단일어를 결합한 '달맞이꽃'은 더 이상 자의적이지 않다. 왜냐하면 '달맞이꽃'의 의미는 구성 성분이 되는 단일어와 필연적 관계를 가지기 때문이다. 곧 '달맞이꽃'은 '달'이 떠오르는 밤에 이를 '맞이하듯' 피는

'꽃'임을, 꼭 그런 꽃임을 말하고 있는 것이다. 그리고 '길목, 해바라기, 거북손, 노루귀, 책상다리' 등처럼 도상적인 특성을 보이는 말들은 수 없이 발견할 수 있다. 인지 언어학은 언어가 자의적이기만 하다는 기존의 생각을 반성하고 도상적인 특성들을 탐구하여 언어의 새로운 이해에 접근하려는 것이다.


## 06 │ 몸과 그릇


　인지 언어학은 의미에 대하여 경험적으로 접근한다. 객관주의에서는 의미란 사람의 본질과 경험으로부터 분리된 것으로 본다. 그러나 인지 언어학이 기반으로 하는 체험주의에서는 의미란 사람의 생물학적 능력 및 사람을 둘러싼 환경 속에 기능을 발휘하는 신체적, 사회적 경험에 의해서 결정된다고 생각한다.

　체험주의에 따르면 의미는 선개념적(先槪念的, preconceptual) 경험에 의하여 구체화한다. 선개념적 경험이란 신체적 경험에서 비롯되는 개념 형성 이전의 경험을 가리키는데, 이 경험은 그 자체로 구조화되어 있으며, 새로운 개념 구조를 형성한다. 곧 선개념적 경험은 한편으로는 직접적으로 경험한 물리적 개념을 형성하고, 다른 한편으로는 은유적 확장을 통하여 간접적인 추상적 개념을 형성한다.

　영상(image)과 영상 도식(image schema)은 비슷한 이름을 가졌지만 구별해야 한다. 영상이 객관적 상황에 대한 교체적 해석이라면 영상 도식은 우리가 신체적 활동들에서 추출한 공통성, 곧 반복이라고 할 수 있다.

영상 도식은 우리가 주변 세계를 탐색함으로써 얻어진 경험을 통해서 발견한 규칙성이라 할 수 있다. 말하자면 영상 도식은 영상이 힘을 발휘하도록 도와주는 틀이다. 요컨대 영상은 영상 도식의 틀 안에서 이루어지는 현상이다. 그러므로 영상과 영상 도식 사이에는 분리할 수 없는 통합적인 부분-전체의 관계가 성립한다.

영상 도식의 하나인 '그릇 도식'을 이해해 보자. 그릇 도식(container schema)은 '안, 경계, 밖'의 구조로 이루어진 영상 도식으로서, 안과 밖은 그릇 도식의 성격에 따라 가치의 규정이 달라진다. 그릇 도식의 일차적인 경험은 우리의 몸이다. 곧 우리는 몸을 하나의 그릇이나 그릇 속에 들어 있는 사물로서 경험한다. 사람의 그릇 도식과 관련한 일차적 경험은 모체의 자궁 속에 있던 경험이다. 어머니의 몸은 사람이 위치했던 최초의 그릇이다. 이 경우 그릇 안은 안전한 보호소라는 점에서 긍정적 가치를, 그릇 밖은 외부의 위험에 노출된다는 점에서 부정적 가치를 가진다.

(4) 가. 혼이 나다./넋이 나갔다./마음에 들지 않았다./정신이 나갔다.
　　 나. 제 정신이 돌아왔다./마음에 들었다./정신이 들었다.

(4)의 두 표현은 그릇의 안팎에 대한 긍정, 부정의 두 가치가 반영된 것이다. 곧 (4가)의 표현들은 그릇으로부터 '나가는 것'이 부정적인 의미를 지닌다는 사실을 보여 주며, (4나)는 그릇 속으로 돌아오는 일이 긍정적인 의미를 지니고 있음을 나타낸다. (4가), (4나)는 우리가 몸을 하나의 그릇으로 인지하고 있음을 표현으로 보여 주는 셈이다.

## 07 인간은 누구나 시인

시인이 아닌 사람들도 평상시에 비유적 표현을 즐겨 쓴다. 어떤 점에서 우리가 사용한 말은 다 비유적인 것처럼 보이기도 한다. 인간은 누구나 시인의 기질을 타고 나기 때문일지도 모른다. 아니면 언어가 처음부터 비유적이기 때문인지도 모른다.

    (5) 가. 강아지풀, 노루귀, 매발톱
         다. 강아지처럼 귀여운 아이, 호랑이 선생님
         라. 내 누님같이 생긴 꽃, 내 마음은 호수

(5가)는 식물 이름들이고, (5나)는 일상 언어 표현들이다. 그리고 (5다)는 시의 한 부분이다. 겉으로 보아서 이들은 큰 차이가 없다. 모두 비유법을 쓰고 있다. 보통 사람이든 시인이든 똑같이 비유로 말하는 것이다.

언어 표현은 '글자 그대로의 의미(literary meaning)'와 '비유적 의미(figurative meaning)'로 대별할 수 있다. 은유에 관한 전통 이론은 이 둘을 전혀 별개로 취급하였는데, 글자 그대로의 의미는 일상 언어에 해당하고, 비유적 의미는 예술 언어에 관한 것으로 생각하였다. 그러나 이러한 구분은 불명확할 뿐만 아니라 잘못된 것이다.

하나의 언어 표현은 경우에 따라서 글자 그대로의 용법뿐만 아니라, 비유적 용법을 나타내기도 한다.

    (6) 가. 나는 손 씻었다.
         나. 토끼가 사자 수염을 건드렸다.

(6가), (6나)는 모두 두 가지 해석이 가능한 중의문이다. 곧 두 문장 모두 글자 그대로 해석할 수도 있고, 비유적으로 해석할 수도 있다. 이것은 표현 그 자체보다는 맥락 의존적인 문제이다.

일상 언어나 예술 언어 모두 글자 그대로의 뜻을 가진 표현과 비유적 표현을 뒤섞어 쓴다. 일상 언어에서 비유적 표현이 없다면, 언어생활이 매우 단조롭거나, 계속 새로운 글자 그대로의 표현을 만들어 사용해야 하는 문제가 발생할 것이다.

비유는 시인들에게만 나타나는 특수한 현상이 아니라 의미를 부여하는 인간의 기본적인 책략이다. 우리는 일상에서 새로운 것을 만나게 될 때 그것을 이해하고 처리하는 '인지 책략'을 백지 상태에서 시작하는 것이 아니다. 이미 경험한 유사한 상황들을 토대로 관찰하고 분석하며, 그러한 경험에 견주어 표현하는 것이다.


## 08 │ '삐삐'는 지고 '스마트폰'이 뜬다


요즘은 삐삐를 모르는 어린이들이 많다. 1990년대에 최첨단 문명의 이기였던 삐삐는 휴대전화 혹은 핸드폰이라는 이기에게 자리를 내어 주고, 지금은 그 자취만 조금 남아 있다고 한다. 삐삐라는 말을 모른다는 것은 기계의 운명과 함께 삐삐라는 말의 운명도 다했다는 것을 의미한다. 그러나 요즘 스마트폰을 모르는 사람은 거의 없다. 불과 1~2년 전만 해도 듣기 어려웠던 용어가 스마트폰이다. 없던 말이 생긴 것이다. 휴대전화보다 진화한 통신기기가 새로 생겼기 때문에 그에 합당한 이름을 붙인 것이다. 스마트폰은 마땅한 고유어로 만들지 않고 외래어 합성어의 발음을 이용하여 만든 말이지만, 하여튼 '새말'이다.

스마트폰처럼 새말의 창조는 대상이나 개념에 대한 명명의 필요성에서 비롯한다. 물론 기존의 대상이나 개념에 대하여 제대로 된 낱말이 없을 때도 새말을 만들어야 한다. 오늘날 통신상의 편리성을 위해서도 새말이 만들어진다. 이렇게 새말의 창조가 필요할 때 두 가지 방식이 선택된다. 하나는 새로운 형태를 만드는 방식이다. 그러나 이런 방식은 매우 드물며, 기존의 형태를 이용하거나 기존 형태의 의미를 확장하는 방식이 일반적으로 선택된다. 말이라는 것은 언중의 사회적 용인을 얻어야 하는 것이기 때문에 새로운 형태를 만드는 것은 부담이 크다고 할 수 있다.

개인이나 집단이 새말을 만드는 일은 흔하지만 이들이 언중에게 널리 보급되거나 사전의 올림말이 되는 것은 쉽지 않다. 새말의 생존에 대하여 에이치슨(Aitchion, 1994 : 157)은 더 넓은 언중에게 알려져서 언어 속으로 수용되는 소수의 새말들은 비유적으로 물통 속의 빗방울 같다고 한다. 소수의 새말들은 하늘에서 떨어진 수많은 빗방울들 중에서 지극히 일부에 지나지 않다는 말이다. 요즘 인터넷 등의 통신상에서 많은 새말들이 개인이나 집단에 의해서 가히 빗방울처럼 쏟아지는 현상을 볼 수 있다.

> (7) 가. 설(← 서울), 셤(← 시험), 겜(← 게임), 드뎌(← 드디어), 멜(←
>      메일), 걍(← 그냥), 글구(← 그리고), 첨(← 처음), 안냐세여(←
>      안녕하세요.), 방가(← 반가워요.), 넘(← 너무), 어솨요(← 어
>      서 오세요), 우녕자(← 운영자), 머시때(← 멋있다.), 커메서 ←
>      (컴('컴퓨터'의 줄인 말)에서), 아라써/아라쩌(← 알았어.), 짜
>      식(← 자식), 꽁짜(← 공짜), 바람끼(← 바람기), 추카(← 축하),
>      조타(← 좋다.), 칭구(← 친구), 부지러니(← 부지런히), 마니(←

많이), 시러( ← 싫어.), 조아( ← 좋아.), 미어( ← 미워.)

  나. 2뻥Yo( ← 이뻐요.), 羅孝( ← 나 알지요.), !25＝I-you( ← 느낌이
     오는 아이는 너), 어릌 탸콰긐 뎌응 쳥九들乙 두긐 셜릌 家흑( ←
     우리 착하고 좋은 친구들은 놔두고 서울로 가요.), 안습( ← 슬
     프다.), OTL( ← 굴욕)

  다. 얼짱( ← 잘생김.), 열공( ← 열심히 공부함.), 훨( ← 훨씬)

   (7)은 기존에 사용하는 말이 있는데도, 통신상 편리성 등의 이유로 만들어지는 많은 새말들의 예이다. (7)의 예들은 대부분 언어 파괴라는 부정적인 인식을 갖게 만드는 말들로서, 사회적인 용인을 얻기 어려운 것들이다. 따라서 이것들 대부분은 매우 한시적으로 제한된 사람들에 의해서 사용되다가 곧 소멸할 것이다. 다만 (7다)와 같은 예들은 성격이 좀 다르다. (7다)의 예들도 (7가), (7나)의 예들과 태생적으로 같다. 그러나 이 말들은 요즘 사용하는 사람들의 수가 매우 많아졌다. 이런 추세라면 궁극적으로 이 말들은 사전에 좋은 국어로 등재될 가능성이 높다. 많은 빗방울들 중에서 물통 속에 떨어지는 빗방울이 되는 셈이다.

   새말의 창조는 새말의 이해와 맞물려 있다. 인간은 새말을 만들고 이해하는 데 매우 유연하다. 대부분의 새말이 기존 형태를 이용하거나 기존 형태에다가 의미 확장의 방식을 취하는 까닭은 새말의 생성과 수용이 불가분의 관계에 있기 때문이다. 이런 이유에서 오늘날 통신이 발달하면서 기존 형태를 파괴하여 만드는 새말들의 경우는 언중이 수용하는 데 많은 어려움이 있는 것이다. 통신 등 특정한 목적의 언어생활의 편리성을 추구하거나, 특정한 집단만의 의사소통을 위해 만들어지는 통신언어와 같은 새말들이 극소수를 제외하고는 생명력을 갖지 못하는 이유를 바로 이런 점에서 찾을 수 있다.

## 09 | "아, 미안해요. 그 말 취소할게요."

'한 번 뱉은 말은 돌이킬 수 없다.'는 말이 있다. 말을 조심하라는 뜻이다. 듣는 사람에게 상처가 되는 말을 한 뒤에 곧바로 "아, 미안해요. 그 말 취소할게요." 한다고 해도 이미 말은 청자에게 전해진 뒤여서 하지 않았을 때로 돌이킬 수는 없는 것이다. 그러나 상대를 기분 상하게 하는 상당히 긴 내용의 말실수는 말하는 이의 의지에 따라서 줄일 수도 있다.

그런데 우리의 언어생활에서는 의도적이건 아니건 간에 말실수가 빈번하게 일어난다. 한 사람이 5분 이야기를 하는 데 1회 정도의 말실수가 일어난다고 한다(Asher, 1994). 보통 사람들은 1,000개의 단어를 발화할 때 1~2개 정도의 말실수를 하는데, 어떤 경우는 화자나 청자가 모두 말실수가 일어났다는 사실조차 모르고 지나치기도 하지만, 어떤 경우는 사회적인 큰 문제를 일으키기도 한다.

말실수는 자신이 의도한 생각이나 표현하고자 하는 언어 표현과 일치하지 않는 언어적 표현이 무의식적으로 생성되는 현상이다. 예컨대, '나는 커피를 마시고 싶다.'고 생각하지만, 발화된 표현은 "나는 주스를 마시고 싶다."와 같이 되는 경우이다. 사람들의 말실수에는 일정한 규칙이 있으며, 한 개인 내에서 반복적으로 나타날 뿐만 아니라 개인 간에도 공통적으로 나타나는 경향이 있다.

말실수는 인지적 말실수와 화용적 말실수로 구분한다. 인지적 말실수는 화자가 생각한 말과 발화한 말이 무의식적으로 일치하지 않는 경우이다. 반면 화용적 말실수는 화자가 의도하지 않았는데도 발화 장면이나 맥락적 요인으로 청자의 오해를 사는 경우이다. 지금까지의 말실수 유형에 대한 연구는 인지적 말실수에 대한 것이 많다. 인지적 말실수는 인간의 인지 과정상의 문제로서, 모든 정상인들이 말실수를 한다는 점에서 정상적인 두뇌 작용이라고 본다. 이런 점에서 말실수는 인지 언어학의 관심사가 되고 있으며, 그 양상이 무분별한 것이 아니라 규칙 지배적이고 유형화할 수 있다고 본다. 아래에서는 말의 선택상의 오류, 상황의 영향에 의해 생기는 오류, 말의 조립상의 오류 등 인지적 말실수의 양상을 살펴보기로 한다.

(8) 가. 어, 해가 동쪽에서 뜨겠네.
　　나. 아저씨 여기 간장 게장 한 마리만 갖다 주세요.
　　다. 아줌마, 어묵 천원 어치 얼마예요?
　　라. 아드님이 야채 인간이 되어서 어떻게 합니까?

(8가)~(8라)는 모두 말의 선택상의 문제에 의해서 생겨난 말실수이다. (8가)는 '서쪽'을 '동쪽'으로 말한 것으로 두 대립어의 선택에 문제가 생긴 것이다. (8나)는 '간장 치킨'을 주문한다는 것이 그만 습관적으로 자주는 쓰는 말인 '간장 게장'으로 바뀌었다. (8다)는 흔한 실수로 이미 값을 정해 놓고 말했으면서도 주문이기 때문에 다시 "얼마예요?"라고 묻는 식의 말실수이다. (8라)는 문병 중에 '식물 인간'이라는 말이 떠오르지 않아서 '야채 인간'으로 말실수를 한 경우이다. (8가)~(8라)는 모두 말실수가 말의 선택과 관련된 문제로 발생하고 있다.

(9) 가. 점원: 고객님 뭐 찾으시는 책 있으세요?
　　　　손님: 돼지고기 삼형제요.
　　나. 안녕하세요? 상담원 통닭입니다. 무엇을 도와드릴까요?

다. 점원: 네 손님 어떤 걸로 드릴까요?
　　나: 뭐 먹을래?
　　여자 친구: 엄마는 외계인 먹자.

　(9가)~(9다)는 화자와 관련한 여러 가지 상황이 영향을 미쳐 생겨나는 말실수들이다. (9가)는 책을 사러 온 주부가 젊은 점원의 질문에 '돼지 삼형제'를 '돼지고기 삼형제'로 실수하여 말한 사례이다. 평소 주부로서의 생활이 말실수에 영향을 미친 것으로 보인다. (9나)는 상담원이 직업인 여자가 통닭 주문하는 이야기를 하다가 걸려 온 전화에서 말실수를 하는 장면이다. 그리고 (9다)는 평소 영화를 좋아하는 여자 친구가 음식 주문 시에도 영화 제목을 말하는 장면을 예로 보인 것이다. 이러한 말실수는 언어 외적인 상황이 순간적으로 간섭하여 말실수를 야기한 것이다.

　(10) 가. 안녕하세요? 맥도리아입니다.
　　　나. 우리 대학은 스튜디어스학과가 유명합니다.

　(10가)는 '롯데리아'에서 아르바이트를 하다가 '맥도날드'로 옮긴 점원이 하는 말실수로서 두 일터 이름을 혼합하여 '맥도리아'로 잘못 조립하여 만들어진 말실수이다. 점원의 근무 상황이 영향을 미쳐서 그렇게 된 것이기도 하지만, 외래어인 두 일터 이름이 조립상에 간섭을 일으켜서 생긴 것으로 보인다. (10나)에서는 '스튜어디스'를 '스튜디어스'로 실수하는 경우를 보여 준다. 어려운 외래어 발음이 원인이 되어 단어 조립에 오류가 생긴 것이다. '에베레스트'를 '에레베스트'라고 하는 경우도 같은 예인데, 발음이 비슷한 낱말이 연쇄적으로 나오는 구에서 흔히 일어난다.

# 제 9 장

# 국어의 텍스트성

텍스트학은 주제를 표현하고 있는 말과 문장을 연구 대상으로 한다. 따라서 한 문장일지라도 주제가 있으면 텍스트학의 연구 대상으로 보고, 역으로 많은 문장으로 연결되어 있을지라도 주제가 분명하지 않으면 텍스트학의 연구 대상으로 간주하지 않는다.

(1) 가. 행동주의 심리학은 유기체의 자극에 대하여 백지설에 의지한다. 이러한 활동이 일어날 수 있게 이해 과정에 대한 탐구 정보는 독자의 인지 작용에 대한 파블로프의 연구를 채워갈 수 있다는 것이다. 기호에 대한 라캉의 관점은 소쉬르와 다르다.

    나. 오매 단풍들겠네.

위의 (1가)는 3개의 문장으로 이어졌지만, 무슨 말을 하는지 도대체 알 수 없다. 곧 주제가 없는 문장들로 이해된다. 그러나 (1나)는 비록 한 문장으로 이루어졌지만, 무슨 말을 하는지 분명하게 알 수 있다. 텍스트학은 (1가)가 아닌 (1나)에 관심을 갖는다. 문장의 길이나 내용의 많고 적음에 상관없이 주제 구현 여부에 따라 그 연구 대상을 책정하는 학문이 텍스트학인 것이다. 그리고 텍스트학에서는 이처럼 주제를 구현하고 있는 문장 또는 한 문장 이상의 단위를 텍스트(text) 혹은 담화(discourse)라고 부른다. 텍스트학은 이 텍스트가 되기 위한 조건을 탐색하기도 하고, 역으로 완결된 텍스트를 분석하여 그것의 구성 방식을 밝히기도 한다.

'텍스트학(textwissenschaft)'은 '텍스트 이론(text theory)', '텍스트 언어학(text linguistics)'으로도 불리는데, 텍스트학과 텍스트 언어학에는 약간의 관점 차이가 있다. 곧 텍스트학은 문장과 문장 이상의 단위, 담화와 같은 언어적 단위뿐 아니라, 도로 표지, 신호 체계, 포스터 등과 같이 인간의 의사소통에 활용되는 모든 단위를 연구 대상으로 한다. 그러나 텍스트 언어학은 언어적 단위만을 연구 대상으로 한다.


## 01 │ 텍스트 단위

위에서 우리는 텍스트 단위에 대해 간략히 살폈는데, 이를 좀 더 자세히 설명하면 다음과 같이 정리할 수 있다.

> (2) 하나의 단어나 구 혹은 문장이 될 수도 있으며, 시나리오 대본이나 장편 소설, 담화, 도로 표지판, 신호등, 그림, 영화 등과 같은 모든 표현물이 텍스트이다.

이러한 논리에 입각하면, 문장과 같은 언어 단위는 물론이고, 도로 표지판, 그림과 같은 시각적인 매체, 영화와 같은 시청각 매체 등도 국어학의 연구 대상이 될 수 있다. 다음에서는 이것들이 어떻게 텍스트성을 인정 받을 수 있는가에 대해 자세히 살펴보기로 하자.

(3) 도로표지

위의 기호 어디에서도 문자를 찾아보기 어렵다. 그러나 우리는 이 표지판을 보는 순간, U턴을 해서는 안 된다는 사실을 알게 된다. 어쩌면 이러한 금지를 나타내는 어떤 문구를 대할 때보다 더 신속하고 강력하게 알 수도 있다. 표현하고자 하는 주제가 확실히 구현되었다는 점에서 이것을 완결된 텍스트로 볼 수 있다.

이런 점에서 본다면 다음과 같은 광고 문구나 현수막의 내용도 하나의 완전한 텍스트 단위라 할 수 있다.

(4) 광고문과 현수막

위 (4)의 광고 문구나 현수막의 내용 역시 전달하고자 하는 뚜렷한 주제를 지닌 텍스트이다.

그런데 텔레비전의 광고 문구들은 위 (3), (4)의 도로 표지판이나 현수막처럼 주제가 정확하게 전달되지 않는 경우가 많은데, 우선 다음을 보도록 하자.

> (5) 가. 사람들 사이에는 섬이 있다. 그 섬에 가고 싶다.
> 나. 나는 예다음으로 간다.
> 다. 경기는 계속되어야 한다.
> 라. 그녀가 아름다운 건 내게서 조금 떨어져 있기 때문이다.

(5가)~(5라)는 한때 텔레비전에서 자주 접할 수 있었던 CF에 삽입되었던 문구들이다. 그런데 정작 예문 (5)처럼 문구만을 따로 떼어 놓고 보니 무엇을 선전하고자 하는지, 전달하고자 하는 바가 무엇인지를 분명하게 알 수 없다.

이런 현상은, 이 문구가 삽입되는 장면들이 우리 눈앞에 당장 펼쳐져 있지 않기 때문이어서, 만약 그 배경 장면을 떠올린다면 상황은 달라질 것이다. 그래서 '아~' 하는 감탄사와 함께 위에서 표현하고자 하는 의미를 새삼스레 깨닫게 될 것이다. 그렇다면 위와 같은 광고 문구 역시 완결된 주제를 가지고 있는 하나의 텍스트로 인정할 수 있다. 물론 신호 체계나 현수막처럼 주제를 즉각적으로 전달 받을 수 없지만, 같은 시대에 살고 있다면 그 배경 장면을 충분히 떠올릴 수 있어서 그 의미를 전달 받는 데에는 그리 큰 무리가 따르지 않기 때문이다.

요컨대 광고나 현수막 혹은 신호 체계를 나타내는 기호 등은 우리의 의사소통에 관여하는 다양한 양식 가운데 하나로, 평면적인 언어 표현의 구성체가 아니라는 점에서는 언어적 단위라 할 수 없지만, 의사소통의 참여자가 주체적으로 활용하는 인지적 구성체이며, 스스로 하나의 완전한 주제를 표현하고 있다는 점에서 언어 기호의 완결된 단위라 할 수 있다.

## 02 | 완전한 텍스트가 되기 위한 조건

완전한 텍스트가 되기 위해서는 '응결성, 응집성, 의도성, 수용성, 정보성, 상황성, 상호텍스트성' 등을 고려해야 한다. 아래에서는 이러한 특성들에 대해 이해해 보기로 한다. 먼저 '응결성과 응집성'에 대해 살펴보자.

### 1) 응결성과 응집성

응결성은 각각의 문장을 하나의 주제가 있는 텍스트로 연결시켜 주기 위한 문법 장치이다. 일련의 문장이 모여서 텍스트가 되기 위해서는 일차적으로 문법에 맞는 문장을 구성해야 한다. 그리고 각 문장이 하나의 주제를 지닌 연속체로 인정받기 위해서는 대용어(지시어)나 접속어 등을 잘 사용해야 한다. 이 같은 응결성 실현을 위한 가장 대표적인 방법은 이야기를 전개하면서 어떤 대상을 명명하고 그 대상을 반복적으로 표현하거나 대명사와 의존명사를 사용하여 그것을 대신하여 표현하는 것이다. 그럴 때 그 문장들은 응결성을 획득하고 나아가서는 나타내고자 하는 주제를 구현할 수 있다.

> (6) 머릿수건을 두르는 맵시는 쪽진 뒷머리 위에 매듭을 짓는 솜씨에
> 따라 좌우되었다. 수건의 두 귀가 한데 모아져 느슨한 듯 낙낙한
> 듯 매듭을 지어야 수건이 바람결에 날아와 머리에 가볍게 얹힌
> 듯 살포시 내려앉은 듯 자연스러운 태가 나는 것이다. 수건이 그
> 처럼 얹힌 듯 내려앉은 듯해야만 머리 사이에 공간이 생기고, 그
> 공간이 더위나 추위를 막아내는 효용성을 발휘하게 된다. 그러므
> 로 수건의 네 귀는 무작정 묶는 것이 아니라 … (조정래, 〈태백산맥
> 3〉, 140~141쪽)

위의 예문은 첫머리에 나오는 '머릿수건'을 '수건'으로 대치하여 단순하게 반복하면서 각 문장들을 한 텍스트 단위로 통합하고 있는 응결성을 실현한 예이다. 이러한 의도된 장치를 통해서 각 문장들은 낱낱이 흩어져 개별적으로 존재하지 않게 되고 하나의 주제를 실현하는 텍스트 단위가 되는 것이다.

이에 비하여 응집성은 각각의 문장들을 단일한 주제를 구현하도록 하는 장치이다. 즉 개별 문장들 간에 의미적 일관성을 지닐 때 그들의 총합은 하나의 주제를 지닌 완결된 텍스트로 이해된다는 것이다. 다음에 제시한 두 예문을 비교하면 쉽게 이해가 갈 것이다.

> (7) 가. 버석, 버스럭
> 창호지 구겨지는 소리가 음습한 주홍의 등잔 불빛이 번진 방
> 안에 오싹할 만큼 커다랗게 울린다. … 그 불빛을 받으며 등
> 잔 아래 숨을 죽이고 앉아, 무엇인가를 창호지로 싸고 있는
> 당골네 백단이의 손이 자기도 모르게 후드르르 떨린다. 어두

운 불 그림자가 흰 창호지에 검은 손가락 무늬를 드리운다.
(최명희, 〈혼불 3-5〉, 275쪽)
나. 가을이 오면 비가 내린다. 저 창문이 열려 있다. 그리고 누군
가가 창문으로 걸어 나가고 있고, 밖에서는 아이들이 걸어 들
어오고 있다. 여름이다. 무더운 여름 내내 비가 내린다.

위의 두 예문을 비교해 볼 때 (7가)는 한밤중에 등잔불 아래서 당골네 백단이라는 여인이 심상치 않은 행위를 하는 의미가 전달되고 있음에 비하여 (7나)는 앞서 살핀 예문 (1가)와 같이 그 의미가 전혀 파악되지 않는다. 이것은 여기 (7가)의 문장들은 쇠사슬처럼 일관된 내용을 전개하여 그것이 전달하고자 하는 주제를 분명하게 제시하고 있지만, (7나)의 문장들은 전혀 별개의 의미를 전달하는 개별적인 문장들을 평면적으로 나열만 하고 있기 때문이다. (7가)와 같은 문장 이상의 단위를 텍스트라 한다.

## 2) 의도성과 수용성

의도성은 텍스트 생산자인 화자나 작가가 주제를 분명히 드러내고자 하는 의도적인 목적을 가지고 텍스트를 생산할 때 완전한 텍스트가 구성됨을 뜻한다. 화자나 작가가 텍스트를 구성할 때 미리부터 주제를 정확히 정하여 텍스트를 생산할 경우와 그렇지 않을 경우에 나타나는 결과는 전혀 다르다. 전자의 경우는 응결성과 응집성을 실현하고 있는 (7가)와 같은 텍스트가 되기 쉬운 반면 후자의 경우는 (7나)와 같은 글이 되기 쉽다.

이에 비하여 수용성이란 텍스트 생산자가 텍스트를 생산할 때 수용자인 청자나 독자의 수준을 고려하여 그들이 이해할 수 있는 텍스트를 구성해야 한다는 의미이다. 예컨대 <삼국유사>에 실려 있는 월명사의 '제망매가'를 소개하고자 할 경우에도 독자의 수준에 따라 다음과 같이 3가지 방식으로 달리 표현할 수 있다.

(8) 가. 生死路隱/此矣有阿米次肹伊遣/吾慇去內如辭叱都/毛如云遣去尼叱
　　　　古 (〈三國遺事〉, 「月明師 祭亡妹歌」)
　　나. 生死(생사) 길은/예 있으매 머뭇거리고,/나는 간다는 말도/못
　　　　다 이르고 어찌 갑니까 (중학교 〈국어 2-2〉, 김완진 옮김)
　　다. 生死 길/이에 이샤매 머뭇거리고,/나는 가ᄂ다 말ㅅ도/몯다 니
　　　　르고 가ᄂ닛고 (고등학교 〈문학〉, 김완진 해독)

(8가)는 <삼국유사>의 원문을 그대로 제시한 경우로 이때는 텍스트 수용자가 한문을 아주 잘 알고 있어야 그 의미를 제대로 파악할 수 있다. 이에 비하여 (8다)를 제대로 이해하기 위해서는 중세국어 문자를 해독할 수 있어야 하며, (8나)의 경우는 원문의 시를 현대어로 번역하여 이해할 수 있어야 한다. 따라서 독자에게 '제망매가'를 제대로 이해시키기 위해서는 텍스트 생산자가 우선 자신의 텍스트를 읽어 줄 독자의 수준을 가늠하여 위의 세 형식 가운데 어떤 형식을 취할 것인지를 먼저 고려하여 그에 맞는 형식을 선택해야 한다. 이와 같은 장치를 텍스트의 수용성이라 한다.

요컨대 수용성이란 텍스트 생산자가 수용자의 눈높이에 맞춰서 그들이 이해할 수 있는 내용과 표현으로써 텍스트를 제시함을 의미한다. 그럴 때 주제가 제대로 전달되는 완결된 텍스트로서의 자격을 획득하게

된다는 것이다.

### 3) 정보성과 상황성

텍스트 수용자가 어떤 텍스트를 제대로 이해하기 위해서는 그것에 대한 적절한 정보가 있어야 한다. 즉 앞서 살핀 광고 문구 (5)와 같은 경우가 이에 해당한다. 텍스트 수용자가 그러한 문구들이 사용된 TV 선전 광고를 직접 보았을 경우와 그렇지 않을 경우의 이해도에는 상당한 차이가 있다.

그런데 이러한 정보성이 지나치게 높으면 그 텍스트는 지루하게 인식되고, 정보성이 지나치게 낮으면 내용을 이해하기가 쉽지 않다. 그러므로 텍스트 생산자는 이러한 점들을 고려하여 텍스트를 생산해야 한다는 것이다.

예를 들어 앞서 살핀 광고 문구 (5가)와 (5라)는 정보성이 알맞게 책정된 것이라 할 수 있다. 즉 (5가)의 '그 섬에 가고 싶다.'는 대부분의 국어 화자는 '섬'의 이미지를 고립되고 외로움을 상징하는 것으로 받아들이는 만큼, 연정을 품고 있는 상대와 가까워지고 싶다는 의미로 해석하게 된다. 그리고 (5라)의 '그녀가 아름다운 것은 내게서 조금 떨어져 있기 때문이다.'는 '사람 간에 서로 적당한 거리를 유지할 때' 서로에게 더 많은 호기심을 갖게 된다는 일반적인 상식을 바탕으로 작성된 문구이므로 그 의미를 쉽게 이해할 수 있다. 이처럼 독자가 이해할 수 있는 상식이나 개념을 바탕으로 하여, 그들의 지적 호기심을 적당히 자극할 정도의 텍스트를 생산할 때 텍스트로서의 가치가 높다는 것이다.

이에 비하여 '세월이 유수와 같다, 너 자신을 알라'와 같은 너무나 진부한 내용을 광고 문구로 사용했을 경우에는 독자에게 큰 흥미를 주지 못한다. 이러한 오류를 범하지 않기 위해서는 텍스트를 생산할 때부터 정보성의 수위를 적절하게 조절해야 할 것이다.

한편 상황성은 발화 상황에 맞는 텍스트를 생산해야 한다는 것으로, 만약 장례식장에 다음에 소개된 (9가)와 같은 그림과 함께 '활짝 웃어요.'라는 문구를 걸어 놓는다거나 공사 중인 도로에 (9나)와 같은 설명서를 붙여 놓는다면 텍스트로서의 역할을 상실한 것이라 할 수 있다.

(9) 상황에 맞지 않은 텍스트

가.

나.
여러분 죄송합니다. 이 지역에서 어린이 안전사고가 많이 발생한다는 주민들의 항의가 있어서, 이를 해소하기 위해 3개월 동안 도로 정비를 다시 하고자 합니다. 다소 불편하시더라도 조금만 참아 주시면 매우 감사하겠습니다.

곧 텍스트는 상황에 맞게 사용될 때 텍스트다울 수 있는 것이다.

## 4) 상호텍스트성

창조는 모방에서 비롯한다는 말도 있듯이 텍스트는 상호 간에 서로 영향을 주고받기 마련이다. 상호텍스트성이란 기존의 어떤 텍스트에 의지하여 새로운 텍스트를 구성하는 속성을 뜻하는 것으로 일종의 패러디라 할 수 있다.

(10) 텍스트에 나타난 상호텍스트성
　　　　가. 원 텍스트　　　　　　　　나. 응용 텍스트

(10)은 맨인블랙이라는 코미디 포스터 (10가)가 영향을 주어 새로운 텍스트 (10나)를 생산한 것이다. 이와 같이 어떤 텍스트가 기존의 텍스트의 영향을 받아서 생산되는 것을 상호텍스트성이라 한다. 다음은 전남 선관위에서 드라마 '추노'의 포스터를 패러디하여 만든 새로운 텍스트 예이다.

(11) 상호텍스트성

　　가. 원 텍스트　　　나. 응용 텍스트

# 03 | 텍스트의 기능은 무엇일까

　일정한 목적을 가지고 텍스트를 생산한 생산자의 입장에서는 어떤 식으로든지 수용자에게 자신이 전달하고자 하는 것을 전달하려 한다. 이런 의미에서 텍스트를 생산하고 전달하는 행위는 의도적인 언어 행위라 할 수 있다. 이렇게 텍스트 생산자에 의해서 의도된 언어 행위를 텍스트 기능이라 하는데(김봉순, 2002), 여기에는 다음과 같은 유형이 있다.

(12) 가. 제보 기능: 텍스트 생산자가 수용자에게 새로운 정보를 제보
　　　　하고 싶다는 것을 이해시키는 기능
　　　　―라디오·TV 뉴스, 강의, 보고
　　나. 호소 기능: 텍스트 생산자가 수용자에게 어떤 사실에 대해
　　　　일정한 관점을 받아들이거나 행위를 수용하도록 이해시키는
　　　　기능

－선전, 연설, 설교
다. 의무 기능: 생산자가 수용자로 하여금 일정한 행위를 수행할
    의무가 있음을 이해시키는 기능
    －계약서, 보증서, 서약서, 합의서
라. 접촉 기능: 생산자가 문제 삼고 있는 것이 수용자의 친교 관
    계임을 이해시키는 기능
    －인사, 감사, 축하, 환영, 조의
마. 선언 기능: 생산자가 수용자에게 텍스트의 발화가 새로운 사
    실을 선언하고 있음을 이해시키는 기능
    －임명장, 선전 포고문, 유언장


위는 브링커(Brinker, 1992)의 분류로 보다시피 우리가 일상에서 하는
모든 언어적 행위가 망라되어 있다. 요컨대 국어의 텍스트성은 국어를
매체로 하여 생산자가 의도하는 주제를 수용자가 잘 받아들일 수 있게
하기 위해서는 어떻게 구조화하고 표현해 내야 할 것인가를 앞서 살폈
던 텍스트성과 관련하여 연구하는 분야인 것이다.

# 제 10 장

# 우리 문자 알기

　문자는 사람들이 서로 의사소통을 하기 위한 한 방편으로 만든 시각적인 기호 체계로, 우리의 한글이나 한자, 로마자 등이 여기에 해당한다. 사람들은 문자보다 먼저 말로써 의사소통을 하기 시작했다. 그런데 이 말은 시간과 공간의 제약이 많고 보존할 수가 없다. 이런 한계를 극복하기 위해 인간이 만든 위대한 장치가 바로 문자이다. 그리고 이러한 문자에 대한 기원이나 체계, 변천 등을 연구하는 분야가 문자학이다.

　우리 민족의 고유 문자는 익히 잘 알다시피 세종대왕이 창제한 훈민정음이다. 그러면 훈민정음이 창제되기 이전 시기에 살았던 우리 민족들에게 문자는 없었던 것일까. 본 장의 문자학은 이런 의문으로부터 시작한다. 물론 우리의 말과 소리를 정확히 표현할 만한 기호는 없었을 것이다. 그러므로 이를 안타깝게 여긴 세종대왕이 우리 고유 문자를 창안하려 노력했을 것이다. 그렇다고 해서 우리 민족들에게 자신의 생각이나 어떤 현상들을 기록·전달하고자 하는 욕구가 없었을 리 없다. 현존하는 문헌들을 볼 때, 우리 민족들은 한자를 이용하여 불완전하나마 그러한 욕구를 충족시켰던 것으로 확인된다.


## 01 | 훈민정음 창제 전까지의 문자 생활


훈민정음이 창제되기 전인 고대국어와 전기 중세국어(고려시대 언어) 시기에 우리는 한자로써 자신의 생각이나 감정 혹은 어떤 사건이나 현상을 기록하여 보존하였다. 그런데 한자라는 글자만을 빌렸을 뿐 단어 배열의 순서나 문법 요소들은 우리의 것들을 그대로 취하였다. 예를 들어 '나는 너를 사랑해.'를 한문으로 표현하면 '我愛汝', 즉 '주어＋서술어＋목적어' 순으로 나열하는데, 당시의 우리는 '주어＋목적어＋서술어' 순으로 '我汝愛'로 적었던 것이다. 그리고 문장에 중국어에는 존재하지 않은 '는, 를, －다'와 같은 조사나 어미 등을 연결하기 위하여 새로운 자형을 창출하기도 하였다.

다른 민족의 문자를 빌려서 자국의 언어를 표기한 것을 차자 표기라 한다. 우리나라는 훈민정음이 창제되기 전까지는 중국 문자인 한자를 빌려서 당시의 생각을 표현하였으므로, 그 시기를 차자 표기 시대라 해도 좋을 것이다. 빌려온 문자를 누가 어디에 주로 사용하였느냐에 따라 향찰, 이두, 구결로 구분하여 일컫고 있다.

'향찰'은 신라시대의 시가인 향가를 기록할 때 사용했다는 의미에서, '이두'는 관리들이 행정 문서를 작성할 때 사용했다는 의미에서 붙여진 명칭이다. '구결'은 조사나 어미를 나타내는 고유어인 입겿의 차자 표기이다. 즉 한문을 쉽게 이해하고 해석하기 위해 원래 한문에는 존재하지 않은 구결을 덧붙여 놓았는데, 이렇게 덧붙여 놓은 글을 편의상 구결로 명명한 것이다.


## 1) 향가를 기록한 향찰

그러면 먼저 향찰 표기부터 살펴보기로 한다.

(1) 가. 東京明期月良　　　　夜入伊遊行如可
　　　　入良沙寢矣見昆　　　脚烏伊四是良羅
　　　　二肹隱吾下於叱古　　李肹隱誰支下焉古
　　　　本矣吾下是如叱馬於隱　奪叱良乙何如爲理古
　　나. ① 시볼 볼긔 드래　　　밤드리 노니다가
　　　　　드러사 자리보곤　　가르리 네히어라
　　　　　둘흔 내해엇고　　　둘흔 뉘해언고
　　　　　본더 내해다마른　　아사놀 엇디 ᄒᆞ릿고 (양주동)
　　　② 동경 불기 드라라　　밤드리 노니다가
　　　　　드러사 자리 보곤　　가로리 네히러라
　　　　　두보른 내해엇고　　두보른 누기핸고
　　　　　본더 내해다마르는　아사놀 엇디ᄒᆞ릿고 (김완진)
　　다. 동경 밝은 달에　　　밤들이 노니다가
　　　　들어 자리를 보니　　다리가 넷이러라
　　　　둘은 내해였고　　　둘은 누구핸고
　　　　본디 내해다마는　　빼앗은 것을 어찌 하리오.

주지하는 대로 위의 (1가)에 소개한 자료는 <삼국유사>에 실린 처용 가이다. 그런데 보다시피 한자로 표기되어 있다. 이를 후대 학자들이 (1나)처럼 해석하였는데, ①과 ②의 해석이 부분적으로 다르다. 그것은 (1가)의 한자를 어떻게 해석했느냐에 대한 견해 차이에서 비롯한 것으로, 예를 들어 '良'을 ①에서는 '애'로 읽고, ②에서는 '아'로 읽은 것이다.

그러나 전체 뜻을 이해하는 데에는 이러한 차이가 별달리 문제되지 않는다. 그럴 수 있는 까닭은, (1가)의 형식이, 문장에서 실제 의미를 담당하고 있는 명사나 동사 어간은 한자의 뜻을 빌리고 문법적 기능을 담당한 조사나 어미는 한자의 음을 빌려 우리말 어순으로 나열하는 일관된 법칙을 가지고 있다는 사실을 후대 학자들이 공히 인식하고 있었기 때문이다.

즉 '東京明期月良'을 그대로 한자의 음으로 읽으면 '동경명기월량'인데, 한문식으로 해석하면 그것이 뜻하는 바가 무엇인지 알지 못한다. 하지만 먼저 '明'이 뜻하는 '밝(다)'를 고대 자모 체계에 맞춰 '붉-'으로 읽고, '月' 역시 그것이 뜻하는 '달'을 고대 자모 체계에 맞춰 '둘(ᄃᆞ랄)'로 읽으면 '붉 달'이라는 구를 재구할 수 있다. 그런 후에 '期'를 당시의 문법 형태소로 간주하여 '의'로 읽고, '良' 역시 문법 형태소로 간주하여 '애(아)'로 읽어 이들을 연결하면 '불기 둘애'가 된다. 그리고 '동경'을 지명으로 파악하여 음 그대로 읽어 조합하면 '동경 붉기 달애'가 되는 것이다.

향가는 이처럼 한자의 음과 뜻을 빌려서 작자 자신의 감정을 표현한 것으로, 여기서 사용된 한자 차자 표기를 '향찰'이라 한다. 이 표기는 전기 중세국어 시기인 고려 초기까지 사용되었으나 그 후에는 점차 소멸의 길을 걸었다.

## 2) 관리들의 문서 작성 표기인 이두

과거 행정 실무를 담당한 이서(吏胥)들이 주로 쓰던 한자 표기라는 의
미에서 붙여진 '이두' 역시 한자의 음과 뜻을 빌려서 공문서를 우리말
어순으로 표기한 방식이다. 그러나 이두는 다음과 같이 향찰에서 한자의
뜻을 음으로 읽었던 실사를 한자 어휘 그대로 적고 문법적 기능을 담당
하는 어미와 조사만 한자의 뜻과 음을 빌려서 표기하고 있다는 점에서
차이를 보인다.

(2) 임신서기석

(3) <대명률직해> 이두문

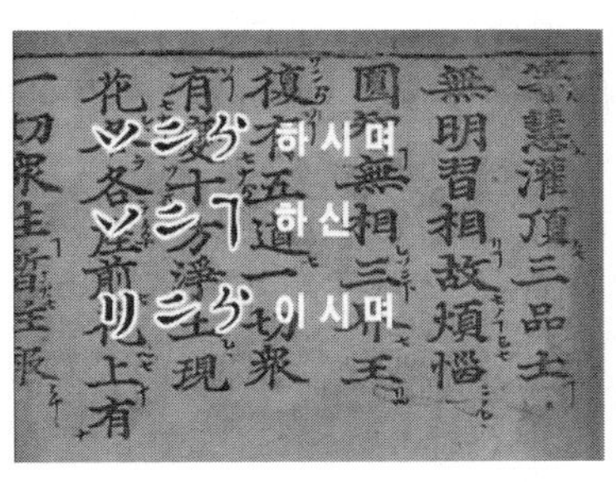

(4) 가. 壬申年六月十六日　二人幷誓記　天前誓　今自三年以後　忠道執持
　　　過失无誓　若此事失　天大罪得誓　若國不安大亂世　可容行誓之　又
　　　別先辛未年七月卄二日大誓　詩尙書禮傳倫得誓三年
　　나. 임신년 유월 십육일 두 사람이 함께 맹세하여 기록한다. 하늘
　　　앞에 맹세한다. 지금부터 3년 이후 忠道를 執持하여 過失이
　　　없기를 맹세한다. 만약 이 일을 어기면 하늘에 큰 죄를 얻을
　　　것을 맹세한다. 만약 나라가 불안하고 크게 어지러운 세상이
　　　면 가히 용납하여 행할 것을 맹세한다. 또 따로 먼저 신미년

7월 22일에 크게 맹세하였다. 詩, 尙書, 禮記, 傳을 차례로 습
득하기를 맹세하되 3년으로 한다. (김무림, 2004 : 41)

위에 소개한 (4가)가 바로 이두 표기로, 우리의 고유 문자가 없었던
시기에 한자로 쓰였다는 점에서 앞서 살핀 향찰과 다르지 않다. 그러나
조금 자세히 들여다보면, 표기 방식이 향찰과 같지 않다는 것을 알게 된
다. 즉 향찰은 명사나 동사의 어간은 한자의 뜻을 음으로 사용하였지만,
이두인 (4가)에서는 한자 어휘를 그대로 사용하여 '임신년 유월 십육일'
로 표기하고 여기에 목적격 조사 '을'을 '乙'로, 주격 조사 '이'를 '是'로
표기하여 삽입하는 형식을 취하고 있다.

요컨대 이두는 한자의 어휘를 우리말 어순에 따라 배열하고, 조사나
어미만 한자의 음과 뜻을 빌려 표기하였다는 점에서 향찰과는 다르다.
이러한 이두 표기는 조선 후기까지 행정 실무를 담당하는 관리들 사이
에서 통용되었다.


## 3) 한문에 조사와 어미를 덧붙인 구결

구결은 한문의 독해를 쉽게 하기 위해 조사나 어미만을 한자로써 표
기한 것으로, 앞서 살핀 두 표기와 사뭇 다른 방식이다. 이두와 향찰은
우리말의 어순대로 한자를 배열하였지만, 구결은 다음과 같이 중국어의
어순에 조사와 어미만을 첨가하였기 때문이다.

(5) 가. 天地之間萬物之中厓 唯人伊 最貴爲尼 所貴乎人者隱 以其有五倫
也羅 (동몽선습)

나. 像季已還阝 道術旣裂ソ阝 明心之士丶 妄認緣鹿ソ阝 爲物ラ所轉ソ尒 (능엄경 언해 권 1, 1장)

다. 像季已還애 道術旣裂ᄒᆞ야 明心之士이 妄認緣鹿ᄒᆞ야 爲物의 所轉ᄒᆞ며 (능엄경 언해 권 1, 1장)

보다시피 위의 (5)에 소개한 문장은 우리말 어순이 아니고 중국어의 어순으로 구성되어 있다. 즉 한문인 것이다. 그런데 여기에 조사(에: 厓)나 어미(ᄒᆞ니: 爲尼)를 연결하여 한문 해석을 쉽게 하도록 도운 것이다. 이때 조사나 어미를 표기하는 방식은 향찰과 이두에서 표기하는 방식과 동일하다. 다만 (5가)는 그러한 구결을 나타내는 한자를 온전하게 표기한 것이고, (5나)는 간략하게 표기한 것이다. 그리고 (5다)는 훈민정음이 창제된 후에 한글로써 구결을 표기한 예이다.

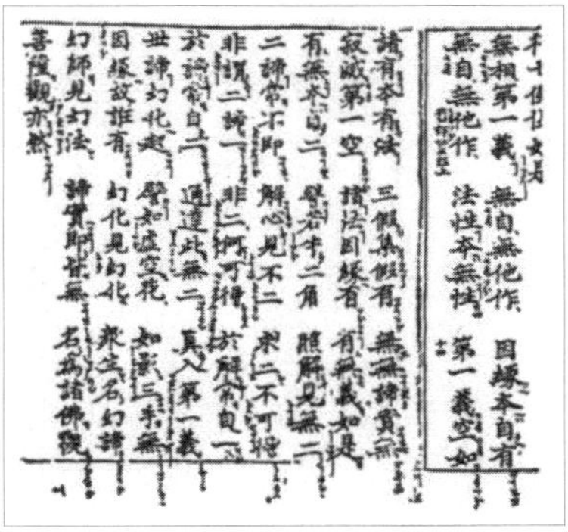
〈구역인왕경〉 구결

## 02 위대한 문자, 한글의 탄생

### 1) '훈민정음'에는 두 가지 의미가 있다

현재 사용하는 '한글'의 원래 명칭은 '훈민정음'이었다. 이 훈민정음은 세종대왕이 자신의 생각을 글로 표현하지 못하는 백성들을 안타깝게 여겨 세종 25년에 만든 우리의 고유 문자이다. 이후 정음, 언문, 암클 등으로 불리다가 20세기인 1913년경에 이르러 처음 한글이란 명칭으로 일컬어져서 오늘에 이르고 있다. 그런데 이 훈민정음은 한글의 제자 원리, 운용 방법 등을 설명해 놓은 <훈민정음>이라는 책의 이름이기도 하다.

요컨대 훈민정음이라는 명칭은 두 가지를 뜻하는바, 그 하나는 우리 문자를 일컫는 최초의 명칭이고, 다른 하나는 현재 국보 70호로 지정되어 있는 <훈민정음>이라는 제목을 가지고 있는 책의 이름이다.

(6) <훈민정음> 국역본　　　　　<훈민정음> 한문본

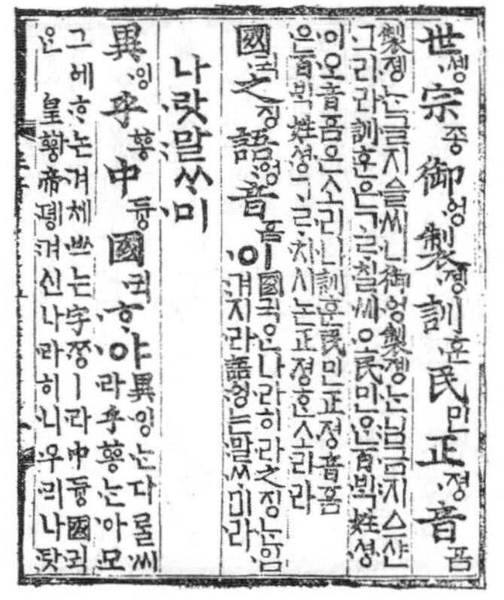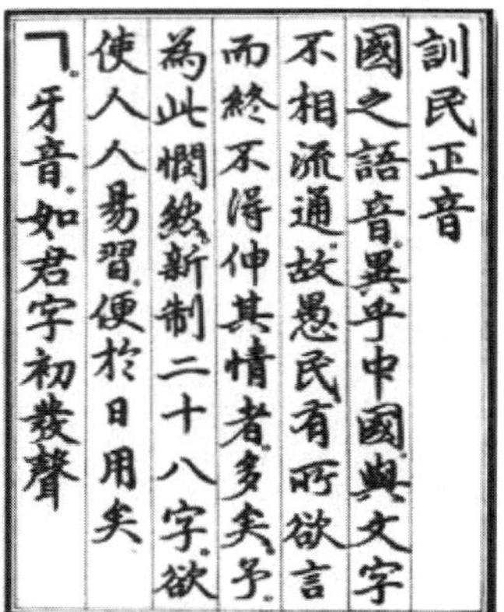

## 2) 한글은 어떻게 만들어졌을까

<훈민정음>에 의하면 우리 한글 자음은 발음 기관의 모양이나 발음하는 모양을 본떠서 만들었다고 한다. 이해를 돕기 위해 자음을 발음할 때 혀의 위치나 발음 기관의 모습을 그림으로 보이면 다음과 같다.

(7) 자음의 발음 모습

[ㄱ]                    [ㄴ]                    [ㅁ]

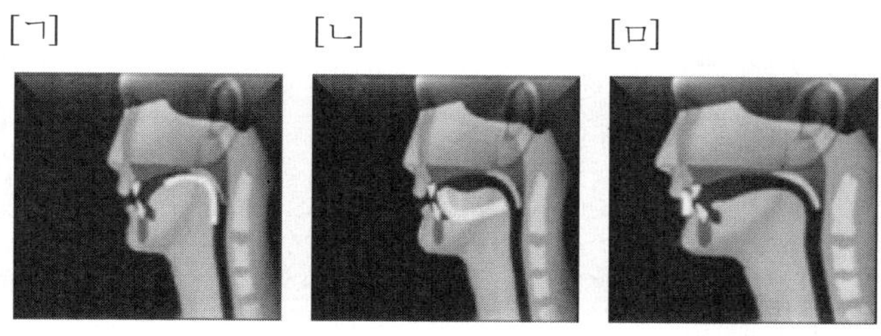

　우리가 'ㄱ'을 발음하려면 혀뿌리로 목구멍 쪽의 입천장을 막았다가 터트려서 공기가 나오게 해야 하는데, 그 모양을 그림으로 형상화하면 위 그림의 [ㄱ]과 같다. 그리고 'ㄴ'을 발음하기 위해서는 혀끝을 윗잇몸 뒤에 대고 공기가 코로 빠져 나오게 해야 하는데, 그 모양을 그림으로 보이면 [ㄴ]과 같다. 자음 글자는 이렇게 발음할 때의 혀나 입술 등의 발음 기관이 작용하는 모양을 본떠서 문자로 형상화한 것이다.

　문자와 음성은 자신의 생각을 표현하는 도구로서, 이들의 관계는 동전의 양면으로 비유될 수 있다. 자신의 생각을 기호인 문자로 표현할 수도 있고, 그것을 음성으로 표현할 수도 있기 때문이다. 전자의 대표적인 예로 영어의 알파벳, 중국의 한자를 들 수 있다. 그런데 이들은 사물이나 자연을 본떠서 만들었지만, 훈민정음은 발음 기관이나 발음하는 모양을 본떠서 만들었다. 즉 문자라는 표기 수단을 고안하면서 음성 기관을 본뜨거나 발음하는 구체적인 모양을 본떠서 문자로 형상화한 것이다. 여기서 훈민정음이라는 문자가 얼마나 과학적으로 만들어졌는가를 알 수 있다.

　이에 비하여 모음은 하늘과 땅, 사람의 모습을 본떠서 만들었는데, 'ㆍ'는 하늘이 둥그런 모양을 본떴으며, 'ㅡ'는 땅이 편편한 모양을, 그

리고 ‘ㅣ’는 사람이 곧게 선 것을 본떴다. 이런 원리로 만든 글자를 표로
보이면 다음과 같다.

(8) 자음과 모음의 기본자

| 자음 | ㄱ, ㄴ, ㅁ, ㅅ, ㅇ |
|---|---|
| 모음 | ·, ㅡ, ㅣ |

자음은 위와 같은 기본자에 소리의 성질에 따라서 획을 하나씩 더하
여 글자를 늘려간다. 다음의 (9)는 창제 당시의 자음 글자 17자를 기본
자와 가획자와 이체자로 나누어 보인 것이다.

(9) 창제 당시의 자음 글자 17자

| 기본자 | 가획자 | 이체자 |
|---|---|---|
| ㄱ | ㅋ | ㆁ |
| ㄴ | ㄷ→ㅌ | ㄹ |
| ㅁ | ㅂ→ㅍ | |
| ㅅ | ㅈ→ㅊ | △ |
| ㅇ | ㆆ→ㅎ | |

기본자에 획을 더하여 ‘가획자’를 만든 이유는 소리가 점점 거세어짐
을 나타내기 위함이다. 예를 들어 기본자 ‘ㄱ’에 획을 하나 더하여 ‘ㅋ’
을 만드는데, 이는 ‘ㅋ’이 ‘ㄱ’보다 소리가 더 거셈을 나타내기 위해서이
고, ‘ㄴ’에 획을 더하여서 ‘ㄷ’을 만들고 ‘ㄷ’에 획을 더하여서 ‘ㅌ’을 만
든 이유도 기본자인 ‘ㄴ’보다 ‘ㄷ’의 소리가 더 거세고, ‘ㄷ’보다 ‘ㅌ’의
소리가 더 거세다는 것을 문자로 보여 주기 위함이다. ‘ㄹ, △, ㆁ’은 따

로 만든 글자이다.

반면 모음은 3개의 기본자를 결합하여 4개의 초출자를 만들고, 여기에 다시 'ㅣ'를 결합한 4글자를 만들어 모두 다음과 같이 11개 모음 글자를 만들었다.

(10) 창제 당시의 모음 글자 11자

| 기본자 | 초출자 | 재출자 |
|---|---|---|
| ·, ㅡ, ㅣ | ㅗ(·+ㅡ), ㅜ(ㅡ+·), ㅓ(·+ㅣ), ㅏ(ㅣ+·) | ㅛ(ㅣ+ㅗ), ㅠ(ㅣ+ㅜ), ㅕ(ㅣ+ㅓ), ㅑ(ㅣ+ㅏ) |

그래서 맨 처음 창제할 때의 훈민정음의 자모는 총 28자가 되는 것이다. 이를 알기 쉽게 정리하면 다음과 같다.

(11) 훈민정음의 28자모

| 자음 | ㄱ·ㅋ·ㆁ, ㄴ·ㄷ·ㅌ·ㄹ, ㅁ·ㅂ·ㅍ, ㅅ·ㅈ·ㅊ·ㅿ, ㅇ·ㆆ·ㅎ |
|---|---|
| 모음 | ·, ㅡ, ㅣ, ㅗ, ㅜ, ㅓ, ㅏ, ㅛ, ㅠ, ㅕ, ㅑ |

## 3) 기본자에 'ㄲ, ㄸ, ㅃ' 등과 'ㅖ, ㅐ, ㅟ, ㅚ' 등이 왜 없을까

'ㄲ, ㄸ, ㅃ, ㅆ, ㅉ'과 'ㅖ, ㅐ, ㅔ, ㅚ, ㅟ' 등은 현대국어에서 문자로 사용되는 것은 물론이거니와 후기 중세국어 시기의 문헌에도 다음과 같이 사용되었다.

(12) 가. ᄇᆞᆯᄅᆞᆯ ᄭᅵ름 (법화경 언해 권 2, 242장)

나. 須達이 올 ᄠᆞᆯ 아ᄅᆞ시고 (석보상절 권 9, 20장)

다. ᄒᆞᆫ 두 時刻을 ᄢᅬ면 (구급방 권 상, 52장)

그런데 앞서 살핀 (11)의 28자에 이들은 포함되어 있지 않다. 왜 그럴까? 그것은 이들이 기본자를 나란히 나열(병서) 혹은 결합(합용)하거나 위아래로 써서(연서), 기본자를 운용하는 방식으로 만들어진 글자이기 때문이다. 이렇게 만들어진 글자와 그 운용 방법을 소개하면 다음과 같다.

(13) 기본자를 운용한 글자

<table>
<tr><td rowspan="3">자음자</td><td rowspan="2">병서</td><td>각자</td><td>ㄲ, ㄸ, ㅃ, ㅆ, ㅉ, ㆅ, (ㅥ, ㆀ)</td></tr>
<tr><td>합용</td><td>ㅺ, ㅻ, ㅼ, ㅽ, ㅳ, ㅄ, ㅶ, ㅷ, ㅴ, ㅵ</td></tr>
<tr><td colspan="2">연서</td><td>ㅸ, ㆄ, ㅹ, ㅱ</td></tr>
<tr><td rowspan="2">모음자</td><td colspan="2">2자 합용</td><td>ㅘ, ㅝ, ㆇ, ㆊ</td></tr>
<tr><td colspan="2">ㅣ 상합</td><td>ㆎ, ㅢ, ㅚ, ㅐ, ㅟ, ㅔ, ㆉ, ㅒ, ㆌ, ㅖ, ㅙ, ㅞ, ㆈ, ㆋ</td></tr>
</table>

이러한 글자 운용에 대해서는 앞에서 소개한 <훈민정음> '해례' 부분에 설명되어 있다. 이 책에 의하면 기본자 'ㄱ'을 나란히 써서 'ㄲ'을 만들고, 'ㅇ'을 'ㅂ' 아래에 이어 써서 'ㅸ'을 만들었으며, 'ㅅ'과 'ㄱ'을 합쳐서 'ㅺ'이라는 글자를 만든 것으로 이해할 수 있다.

모음의 경우도 기본자 'ㆍ'를 'ㅡ' 위에 결합하여 'ㅗ'를 만들었고, 'ㆍ'를 'ㅡ' 아래 결합하여 'ㅜ'를 만들었으며, 이렇게 만들어진 초출자 'ㅗ'와 'ㅏ'를 합쳐서 다시 'ㅘ'를 만들고 'ㅜ'와 'ㅓ'를 합쳐서 'ㅝ'를 만들었다. 그렇게 해서 소리를 나타내는 기호인 글자 수를 늘려간 것이다.

자음의 연서 글자 가운데에서는 'ㅸ'만이 우리 국어 단어를 표기하는

데 사용되었고, 나머지는 중국음 표기에 사용되었다. 그리고 'ㄴㄴ, ㅇㅇ'은 병서의 규정에는 없지만 당시 문헌에서 실질적으로 사용되었던 것으로 확인된다(히여/미ᄫᅠ, 다ᇇ니라/슬ᄂ니). 모음 가운데 'ㆇ, ㆉ, ㆌ, ㅙ, ㆋ' 등은 그 당시에 중국음 표기에서도 사용된 적이 없는 글자들이다. 그럼에도 불구하고 위와 같은 글자를 만들었던 이유는 <훈민정음>에서 글자를 만드는 원칙을 가능한 한 철저하게 지키기 위한 노력으로 해석된다.

위에서 소개한 글자들을 종합하여 후기 중세국어에 우리말과 중국음 표기에 실제 사용되었던 자음과 모음을 총 정리해 보면 다음과 같다.

(14) 후기 중세국어 문헌에 쓰인 총 자모

| | | |
|---|---|---|
| 자음<br>(39) | 기본(17) | ㄱ·ㅋ·ㆁ, ㄴ·ㄷ·ㅌ·ㄹ, ㅁ·ㅂ·ㅍ, ㅅ·ㅈ·ㅊ·ㅿ, ㅇ·ㆆ·ㅎ |
| | 복합(22) | ㄲ·ㄸ·ㅃ·ㅆ·ㅉ, ㆅ·ㄴㄴ·ㅇㅇ, ㅺ·ㅻ·ㅼ·ㅽ·ㅲ·ㅄ·ㅴ·ㅵ·ㅶ·ㅷ, ㅸ·ㆄ·ㅃㅇ·ㅱ |
| 모음<br>(29) | 기본(11) | ·, ㅡ, ㅣ, ㅗ, ㅜ, ㅓ, ㅏ, ㅛ, ㅠ, ㅕ, ㅑ |
| | 복합(18) | ㅘ, ㅝ, ㆇ, ㆊ, ·ㅣ, ㅢ, ㅚ, ㅐ, ㅟ, ㅔ, ㆌ, ㅒ, ㆌ, ㅖ, ㅙ, ㅞ, ㅙ, ㆋ |

곧 39자음 29모음으로, 총 68개의 글자이다. 앞서도 설명했듯이 위와 같은 문자는 먼저 기본자를 만들고, 그리고 그것에 획을 더하거나 그것들을 합쳐서 만든 것으로 이와 같은 방식은 세계 어느 문자에서도 찾아볼 수 없는 독창적인 것이다. 세상에서 가장 널리 쓰이는 로마자의 경우도 'a, b, c' 가운데 기본자를 미리 정하고 이를 연이어 쓰거나 합쳐서 새로운 글자를 만들지 않았음은 물론이다.

## 4) 음소문자인 한글

문자는 단어의 소리와 뜻 가운데에서 어느 것을 표현하느냐에 따라 표의문자(ideogram)와 표음문자(phonogram)로 나뉜다. 표의문자는 중국 한자의 '木, 人' 등과 같은 경우로, 처음에는 '나무, 사람' 등의 대상을 그림으로 표현하다가 점점 단순하게 하고 추상적으로 형상화하여 문자가 된 것이다. 이렇게 만들어진 문자는, 그것이 지시하는 대상이 무엇인지를 쉽게 알 수 있고, 그것이 뜻하는 바가 무엇인지를 쉽게 이해할 수 있다는 장점이 있다. 그러나 개별 대상에 대응하는 문자가 모두 있어야 하므로 자연히 문자의 수도 많아질 수밖에 없다. 더욱이 문자를 습득하는 입장에서는 그것들을 일일이 습득해야 하는 어려움이 따를 수밖에 없다.

이에 비하여 표음문자는 음소나 음절을 적는 문자로, 어떤 언어에서 사용하는 한정된 자음과 모음만을 익히면 되므로 배우기가 쉽다는 장점이 있다. 이 표음문자는 자음과 모음이 결합한 음절을 하나의 문자로 기호화한 경우와 자음과 모음을 각각 따로 문자로 기호화한 경우로 다시 나뉘는데, 전자를 음절문자라 하고 후자를 음소문자라 한다.

일본의 가나문자는 음절문자에 해당한다. 즉 'か(가)'는 자음인 'ㄱ'과 모음인 'ㅏ'가 결합하여 이루어진 글자이고, 'こ(고)' 역시 자음인 'ㄱ'과 모음인 'ㅗ'가 결합하여 이루어진 글자이다. 이처럼 '자음+모음'이 결합한 음절이 단독 문자가 되는 경우를 음절문자라 한다.

반면에 우리 한글은 음소문자이다. 자음과 모음을 나타내는 문자가 따로 있어, 이 둘을 합쳐서 음절을 만든다. 예를 들어 'ㄱ'이라는 자음에 모음 'ㅗ'를 결합하여 음절 '고'를 만들기도 하고, 'ㅜ'를 결합하여 음절 '구'를 만들기도 한다. 그러므로 일정한 자음과 모음을 습득하기만 하면 어떤 소리이든지 모두 글자로 표현할 수 있다. 이 점이 바로 음소문자의 최대 장점이라 할 수 있다. 이런 장점을 지닌 글자가 바로 우리 한글이다.

로마자도 음소문자이다. 그렇지만 위에서 살펴본 대로 한글처럼 기본자를 결합하여 글자 수를 늘리지도 않고, 발음 기관이나 발음하는 모양 등을 문자로 표상하지도 않았다. 또 로마자를 사용하여 표기하는 영어는 'f-a-t-h-e-r'와 같이 알파벳을 옆으로 나열하여 하나의 단어를 만들지만 우리 한글은 'ㅎㅏㄴㄱㅡㄹ'처럼 옆으로 나열하지 않고 자음과 모음을 모아 쓰는 방식을 취한다는 점에서도 차이를 보인다.


# 03 | 국어 자모의 변천


현대국어의 기본 자모는 자음이 14개, 모음이 10개로 총 24개이다. 이는 <훈민정음>의 기본자 체제를 따른 관습으로, 실제 사용하는 표기 문자의 수는 자음 19개와 단모음이 10개, 이중모음이 11개이므로 다음과 같이 총 40자모가 필요하다.

(15) 현대국어 총 자모

| 자음<br>(19) | 기본(14) | ㄱ, ㄴ, ㄷ, ㄹ, ㅁ, ㅂ, ㅅ, ㅇ, ㅈ, ㅊ, ㅋ, ㅌ, ㅍ, ㅎ |
| | 복합(5) | ㄲ, ㄸ, ㅃ, ㅆ, ㅉ |
| 모음<br>(21) | 기본(10) | ㅏ, ㅑ, ㅓ, ㅕ, ㅗ, ㅛ, ㅜ, ㅠ, ㅡ, ㅣ |
| | 복합(11) | ㅐ, ㅒ, ㅔ, ㅖ, ㅘ, ㅙ, ㅚ, ㅝ, ㅞ, ㅟ, ㅢ |

이를 (14)의 후기 중세국어 문헌의 자모와 비교해 보면, 39자음에서 19자음으로, 29모음에서 21모음으로 바뀌어, 후기 중세국어에서 현대국어로 넘어오는 동안 10개의 자음 글자와 8개의 모음 글자가 소멸했다는 결론에 도달한다. 그러면 그 소멸 과정은 어떠한가.

먼저 '붕'은 이미 15세기 중반부터 음가가 '오/우[w]'로 변하여 근대국어 시기에 이르기 전에 소멸한 문자로 보아야 한다. 한편 한자어 표기에만 사용되었던 'ㅱ, ㅹ, ㆄ'과 'ㆆ' 등은 한자음을 위한 문자로서만 존재한 것으로 후기 중세국어 당시부터 우리말을 표기하기 위한 문자로 보기는 어려움이 있다. 따라서 이들 역시 근대국어 시기 이전부터 사용하지 않은 것으로 보아야 옳다.

그리고 각자병서 'ㅥ, ㆀ'은 후기 중세국어 당시부터 독립된 음가를 지니는 문자 표기였다기보다 '괴이다~괴에다'의 형태론적 분간을 나타내거나 '닿ᄂ니라 → 닫ᄂ니라 → 단ᄂ니라 → 다ᇇ니라'의 변이형을 나타내는 데 국한되어 수의적으로 사용되었을 뿐이다. 그러므로 근대국어 시기 이전에 이미 소멸된 것으로 보아야 한다. 'ㅿ'은 16세기 말까지 간간이 사용하다가 17세기에 이르러 완전히 소멸하였고, 'ㆁ'은 이 시기에 이르러 'ㅇ'에 합류되었다. 그리고 'ㆅ'의 소리 역시 18세기에 'ㅎ'에 합류됨에 따라 'ㆅ'이라는 문자도 소멸되었다.

단어의 처음에 사용되던 어두 자음군(ㅳ, ㅺ, ㅴ 등)은 근대국어 시기로 오면서 'ㅅ'으로 시작하는 자음군으로 통일되는 경향을 보이다가 현대국어 시기인 1933년 '한글 마춤법 통일안'이 제정되면서 모두 'ㄲ, ㄸ, ㅃ, ㅆ, ㅉ'으로 고치게 되어 문자로서의 운명도 종결하게 되었다. 이와 같은 과정을 거쳐 후기 중세국어의 자음은 현대국어의 19자음으로 정리되었다.

모음의 경우, 먼저 (14)에 복합모음으로 소개된 'ㆇ, ㆊ, ㆉ, ㆌ, ㅙ, ㆋ' 등은 후기 중세국어 시기부터 전혀 사용된 적이 없는 글자들이다. 다만 'ㆍ'는 16세기에 비어두 음절에서 'ㅡ'로 변하였는데(나ᄃᆞ내 > 나그내, 다ᄅᆞ다 > 다르다), 근대국어 시기인 18세기에는 어두 음절에서도 'ㅏ'로 변하여(ᄀᆞᄂᆞ다 > 가늘다, ᄉᆞ랑 > 사랑) 문자로서는 완전히 소멸하는 운명을 맞이했다. 이에 따라 이중모음 'ㆎ' 역시 'ㅐ'로 변하여 현대국어의 21모음으로 정리되었다.

## 04 〈한글 마춤법 통일안〉에서 〈한글 맞춤법〉까지

〈훈민정음〉 '해례'에는 지금까지 살핀 훈민정음의 제자 원리와 글자 운용법, 그리고 그 글자를 가지고 당시 우리말을 어떻게 표기해야 하는지에 대한 규정이 자세히 제시되어 있다. 그러나 이후 현대국어 시기에 이르는 동안 우리 국어는 소리와 문자, 의미의 측면에서 많은 변화가 있었다. 그럼에도 불구하고 이러한 변화를 반영한, 통일된 규정이 없었다고 할 수 있다. 그러다가 최현배, 이희승, 정인섭, 이극로 등이 주축이 된 조선어학회에서 3년 동안 125회의 회의를 거쳐 1933년 10월 29일(한글 반포 제487회 기념일) 〈한글 마춤법 통일안〉을 내놓았다.

(16) 1933년 고시 <한글 마춤법 통일안>



<한글 마춤법 통일안>은 1988년 문교부 고시에 의한 <한글 맞춤법>에서 현재와 같은 체제로 개정되었는데, 형태주의적 표기법이라는 맞춤법의 기본 방향은 그대로 유지되었다. 형태주의적 표기법은 음운 변동에 따른 변이형을 표기하지 않고 단어의 형태를 고정시키는 표기법이므로 1933년 이후 한글 표기에는 다음과 같은 받침 글자가 필요하게 되었다.

(17) 가. 홑받침: ㄱ, ㄴ, ㄷ, ㄹ, ㅁ, ㅂ, ㅅ, ㅇ, ㅈ, ㅊ, ㅋ, ㅌ, ㅍ, ㅎ
      나. 겹받침: ㄲ, ㄳ, ㄵ, ㄶ, ㄺ, ㄻ, ㄼ, ㄳ, ㄾ, ㄿ, ㅀ, ㅄ, ㅆ

후기 중세국어의 표기는 '소리 나는 대로 적는' 표음주의어서 받침으로는 7개 혹은 8개의 자음으로만 표기했다. 하지만 1933년 이후 형태주의적 표기법에 따라 받침을 (17가), (17나)처럼 쓰게 된 것이다. 참고로 한글 자모 24자의 명칭을 보이면 다음과 같다.

(18) 가. 한글 24 자모와 명칭

① 자음: ㄱ(기역), ㄴ(니은), ㄷ(디귿), ㄹ(리을), ㅁ(미음), ㅂ(비읍), ㅅ(시옷), ㅇ(이응), ㅈ(지읒), ㅊ(치읓), ㅋ(키읔), ㅌ(티읕), ㅍ(피읖), ㅎ(히읗)

② 모음: ㅏ(아), ㅑ(야), ㅓ(어), ㅕ(여), ㅗ(오), ㅛ(요), ㅜ(우), ㅠ(유), ㅡ(으), ㅣ(이)

나. 복합 자모와 명칭

① 자음: ㄲ(쌍기역), ㄸ(쌍디귿), ㅃ(쌍비읍), ㅆ(쌍시옷), ㅉ(쌍지읒)

② 모음: ㅐ(애), ㅒ(얘), ㅔ(에), ㅘ(와), ㅙ(왜), ㅚ(외), ㅝ(워), ㅞ(웨), ㅟ(위), ㅢ(의)

다. 사전에 올릴 적의 자모의 순서

① 자음: ㄱ, ㄲ, ㄴ, ㄷ, ㄸ, ㄹ, ㅁ, ㅂ, ㅃ, ㅅ, ㅆ, ㅇ, ㅈ, ㅉ, ㅊ, ㅋ, ㅌ, ㅍ, ㅎ

② 모음: ㅏ, ㅐ, ㅑ, ㅒ, ㅓ, ㅔ, ㅕ, ㅖ, ㅗ, ㅘ, ㅙ, ㅚ, ㅛ, ㅜ, ㅝ, ㅞ, ㅟ, ㅠ, ㅡ, ㅢ

## 01 사전과 사전학

　‘사전’은 일반적으로 낱말을 일정한 순서에 따라 배열하고 각 낱말의 발음, 의미, 어원, 용법 등을 해석한 책을 말한다. 사전이라는 뜻의 영어 dictionary는 라틴어 dictionarium으로부터 유래하였다. ‘diction’은 ‘낱말(a word)’을, 접미어 ‘-orium’은 ‘창고, 장소’를 뜻하므로, 사전은 하나의 단어집(repository of dictiones 또는 repertory of dictiones＝word book)을 의미한다.

　한자어에는 ‘事典’과 ‘辭典’이 있다. 보통 事典은 어떤 표제어나 표제항이 지시하는 대상에 대한 역사와 종류 및 특성 등 전반적인 내용을 기술한다. 반면 辭典은 해당 표제항의 의미와 용례 등 언어적인 내용에 대해서 중점적으로 기술한다. 이런 점에서 事典은 ‘사항 사전(事項辭典)’이고,

辭典은 '어휘사전(語彙辭典)'이라고 부를 수 있다.

사전을 나타내는 순수한 우리말 어휘도 있다. 근대 국어 연구의 개척자인 주시경 선생은 조선광문회에서 우리말사전 편찬을 시도하면서 그 이름을 '말모이'(1911)라 했다. 우리말을 모은 것(책)이라는 뜻이다. 또한 최현배 선생은 '말광'이라는 말을 썼는데, 말을 보호하는 것이란 뜻이다. '씨알이'(자전), '말거울'이란 말도 한때 쓰였다.

일반적으로 사전은 어휘에 대한 정의와 해석을 내리는 데 목적을 두고 있다. 그러나 오늘날 대부분의 사전들은 어휘의 발음, 기원, 용법, 의미와 음절에 대해서도 기술하고 있다. 그리고 부차적으로 동의어, 반의어, 인용문과 지도 및 도판도 곁들이고 있고, 전문 용어, 전기, 지리, 역사적인 정보까지 수록하고 있다. 이렇게 다양한 요소를 하나의 사전에서 손쉽게 참고할 수 있도록 만들어진 종류의 사전을 '백과사전(encyclopedic dictionary)'이라고 부른다.

오늘날 사전은 언어학, 전산학, 정보학 등 단어와 용어를 다루는 대부분의 분야에서 매우 유용하다. 또 사전은 일반인들이 일상생활에서 어휘의 정보를 참조하는 데 활용할 뿐만 아니라 외국어 교육, 기계 번역, 자연 언어 처리 등에서 기초 자료로 활용하고 있다.

한편, 사전에 대한 연구라고 할 수 있는 사전학은 크게 사전 편찬학과 사전 이론학으로 나뉜다. 사전 편찬학은 말뭉치 등 언어 자료의 구축 및 활용, 표제어 선정과 기술, 제작 지원 도구 마련 및 활용 등의 실제 사전 제작 과정에 대하여 다루는 분야이다. 반면 사전 이론학은 사전 비평, 사용자 조사, 구조 분석 등 사전 자체에 대한 분석과 비평을 위주로 하는 학문 분야이다.

또한 사전학에는 전자 사전의 편찬, 제작 과정, 어휘론, 이중 언어 사전, 특수 언어, 어원학, 사전 사용, 구 구성과 연어 등에 대한 하위 연구 분야들이 있다. 이는 사전학의 연구 분야가 매우 광범위함을 보여 준다. 따라서 사전학은 언어학, 문학은 물론이고 출판학, IT 관련학을 비롯하여 사전의 내용과 쓰임, 제작 등에 관련한 제반 학문 분야를 포괄하는 학제적 연구를 필요로 한다.


## 02 사전을 만드는 과정

사전 편찬은 여러 가지의 복잡한 과정을 거쳐 이루어진다. 사전 편찬에는 보통 자료 수집, 항목 선정과 구성, 항목 배열, 인쇄 등의 단계가 포함된다. 사전 편찬 작업은 개별 표제어에 대한 설명이나 해설이 핵심 내용이지만, 이를 위한 언어 자료의 수집과 활용, 언어 처리를 위한 검색기 및 지원 도구 개발 등의 작업 또한 중요하다. 요약하면, 사전 편찬 작업은 표제어 선정 및 원고 작성, 편찬에 필요한 각종 데이터베이스의 구축 및 이용, 제작 지원 도구의 개발과 활용이라는 과정을 상호 연계 속에서 순차적 또는 동시적으로 수행한다.

에이킨스와 런델(Akins & Rundel, 2008)에서는 사전 제작 과정을 아래와 같이 도식하고 있다.

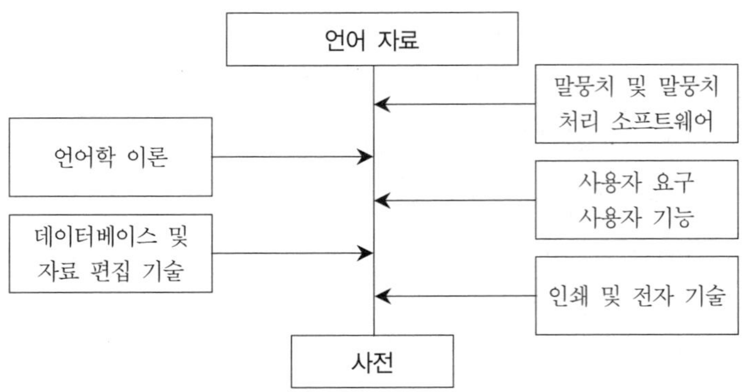


위의 그림은 언어 자료가 어떤 단계를 거치고, 어떤 기술의 지원을 받아 사전이 되는가를 보여 준다. 사전이 완성되기 위해서는 언어학 이론의 뒷받침과 사용자에 대한 요구 분석이 필요하며, 기술적으로는 말뭉치 제작 기술, 자료 입력 및 편집 기술, 인쇄 기술 등이 필요하다.

사전 편찬의 일반적인 단계와 단계별로 중점적으로 이루어지는 내용을 제시하면 아래와 같다.

**(1) 계획 단계**
- 사전의 용도, 편찬 목적, 크기, 사용자 요구 분석 및 시장 조사 등이 이루어지는 단계
- 각종 데이터베이스 구축 및 활용 방안을 마련하고 편찬 지원 도구를 개발하는 단계

**(2) 원고 작성 단계**
- 표제어를 선정하고 원고 작성 지침을 마련하며, 사전 모형을 개발하여 원고를 작성하는 단계

**(3) 출판 단계**
- 원고의 교정 및 교열을 거쳐 출판이 이루어지는 단계

일반적으로 사전 편찬은 많은 노력과 시간이 필요한 일이다. 따라서 최초에 선정한 표제어가 진행 과정에서 수정되는 경우도 많다. 또 필요할 때마다 기초 자료들을 보강하기도 한다. 말하자면 사전 편찬의 전 과정은 단계별로 분명한 수행 내용이 있지만, 사전 편찬 과정의 광범위함에 따라서 단계별 수정과 보완 등이 빈번히 이루어진다.

## 03 | 사전의 종류

사전은 일차적으로 어휘 사전과 사항 사전으로 나눌 수 있는데, 이 중 어휘 사전은 기술되는 언어의 수에 따라 구분한다. 곧 표제항과 정의항이 하나의 언어로 기술되는 단일 언어 사전, 표제항과 정의항이 두 개의 언어로 기술되는 이중 언어 사전, 그리고 다중 언어 사전 등으로 나뉜다. 이에 비해 사항 사전은 부문 사전인 전문어 사전과 백과사전을 포함하는데, 대체로 전문어 사전은 표제항의 범위를 특정 분야의 용어로 한정하지만, 백과사전은 표제항의 범위를 특정 분야 용어로 한정하지 않는다.

사전은 이용하는 매체에 따라 종이 사전과 전자 사전으로 구분할 수도 있다. 종이 사전은 인간 가독형 사전이라고 하는 데 반해, 전자 사전은 기계 가독형 사전이라고 부른다.

사전은 규모에 따라 작은 사전과 큰 사전으로도 나눈다. 큰 사전과 작은 사전의 기준은 표제어의 수이다. 큰 사전은 어휘를 집대성하려는 목적이 있어서 편찬자들은 해당 언어의 모든 어휘를 실으려고 한다. 반면 작은 사전은 어휘의 집대성보다는 대부분 특정 학습자를 염두에 두고 만든다. 따라서 편찬자들은 학습 단계에 따라 적절한 어휘를 선택하고 학습자의 수준을 고려하여 어휘를 설명하는 데 힘쓴다. 작은 사전과 큰 사전은 서로 다른 점이 많지만, 작은 사전은 큰 사전의 내용을 기반으로 만드는 경우가 많다.

사전은 독해용 사전과 작문용 사전으로 구분하기도 한다. 이 둘의 구분은 표제어의 배열 방식에 따라 이루어진다. 곧 표제어가 자모순으로 배열된 사전은 독해용 사전이다. 독해용 사전은 읽고 이해하는 데 도움을 주기 위한 것이기 때문이다. 그러나 작문용 사전은 표제어를 자모순으로 배열하지 않는다. 작문용 사전은 개념에 따라 혹은 상황에 따라 어휘를 모아서 제시한다. '분류 사전'과 같은 것이 대표적인 작문용 사전이다.

기타 여러 종류의 특수 목적 사전들도 있는데, 어원 사전, 발음 사전, 방언 사전, 신어 사전, 속담 사전 등이 그것이다. 이들 사전은 일반 사전에서 수용하기 어려운 표제어나 일부 정보를 보강하는 역할을 하는 내용 체계를 갖추고 있다. 언어에 대한 종합적인 기술이 일반 사전의 목적이라면 언어의 특정 현상을 따로 떼어 내 이를 집중적으로 기술하는 것이 특수 사전의 목적이다. 대개 사전을 통해서 우리는 단어의 의미를 파악하고 유의어나 반의어와 같은 관련어를 파악하는 한편 맞춤법 등의 어문 규정을 알게 된다. 그리고 단어의 품사나 문형 정보 등도 알게 된다. 그러나 일반 사전에서 이런 모든 정보를 자세히 보여 주기는 어렵다. 이런 이유로 특수 목적 사전이 필요한 것이다.

'국어사전'은 단지 국어를 표제어로 하는 사전만을 가리키지 않는다. 국어사전은 분류의 목적에 따라 어휘집, 전문어 사전이나 특수 사전, 백과사전에 이르기까지 다양한 사전들을 포함할 수 있다.

그러나 오늘날 일반적인 의미의 국어사전은 '현대국어를 표제어로 하면서 표제어에 대한 설명을 국어로 풀이한 언어 사전'을 가리킨다. 이러한 국어사전은 표제어나 풀이를 주로 언어 사용의 관점에서 작성한다. 이런 점에서 국어사전은 포괄적인 지식 정보를 제공하는 백과사전이나 특수 사전들과는 구별해야 한다.

국어사전의 전통적인 형태로 어휘집들을 들 수 있다. 어휘집은 대체로 어휘들을 분류한 유서(類書)의 성격을 띠는데, 1103년 송나라 손목이 당시 중국어의 어휘에 대응하는 고려의 말 350여 개를 한자로 적은 <계림유사(鷄林遺事)>가 최초의 것이다. 예를 들면 '天曰漢捺, 白米曰漢菩薩'과 같이 기록되어 있는데, '天'이 고려어로 '하늘'이고, '白米'가 '흰ᄇᆞ술'이라는 것이다. <계림유사> 같은 어휘집을 전사 어휘집이라고 부른다.

1408년 명나라 회동관에서 편찬한 <화이역어> 가운데 <조선관역어>는 중국어와 우리말의 대역 어휘집이다. 이 안에 조선 초기 국어 어휘 596개가 들어있다. 예를 들어 '天 合嫩二 忝'처럼 되어 있는데, 중국어 '天'에 대하여 우리말 대응어 '하늘'과 발음 '忝'을 보인 것이다.

운서(韻書)는 한자의 음을 표기한 발음 사전의 성격을 지닌다. 조선시대에 훈민정음을 창제함으로써 한자의 발음이나 뜻을 우리 글자로 쉽게 적을 수 있게 되었다. 훈민정음을 이용하여 한자의 음을 사전적으로 정리한 운서류는 훈민정음 창제 직후 출현하기 시작하여 조선말까지 이어졌다. 여기에는 <동국정운>(1448), <사성통해>(1517), <화동정음통석운고>(1747), <삼운성휘>(1751) 등이 있다.

근대 개화기에 들어서면 서양인들이 만든 서구식 사전이 등장한다. 서양인들은 선교나 외교의 목적으로 한국어를 배워야 했으므로, 한국어 대역 사전들을 편찬하였다. 푸칠로(M. P. Pucillo)의 <로한사전>(1874), 리델(Ridel)의 <한불ㅈ뎐>(1880), 알레베크(C. Alévêque)의 <법한ㅈ뎐>(1901), 언더우드(H. G. Underwood)의 <한영영한자전>(1890) 등이 그것이다. 우리나라 사람이 만든 대역 사전도 있는데, 최초의 것은 1895년 이준영이 편찬한 <국한회어>이다.

대역 사전이 아닌 순수한 의미에서 최초의 국어사전은 1911년부터 조선광문회에서 주시경을 중심으로 편찬한 <말모이>이다. 그러나 <말모이>는 일제의 방해로 간행하지 못했다.

단일어 사전으로 최초의 국어사전은 심의린 편찬 <보통학교 조선어사전>인데 초판이 1925년에 간행된 것으로 알려져 있다. 총 241쪽 분량에 6,106개의 단어를 싣고 있는 이 사전은 초등학교 교과서에 해당하는 <보통학교 조선어독본>을 공부하기 위한 한글 사전이었다.

사전으로서의 규모나 체제 면을 고려할 때, 본격적인 국어사전은 문세영 저 <조선어사전>(1938)이다. 이는 한글학회의 <큰사전>이 나오기까지 국어사전을 대표하는 사전이었다. 이어 1947년에 이윤재의 <표준조선말 사전>, 1950년 유열의 <현대 학생 국어사전>이 출판되었고, 한글학회의 <큰사전>(1947~1957) 전 6권이 출판되면서 국어사전은 대사전의 면모를 갖추었다. <큰사전>은 164,125개의 표제어를 수록하여 양적으로도 충실하고, 형식이나 내용 면에서도 양질의 사전이 되었다.

1988년 어문 규범이 개정되면서 국어사전들의 개정 보완도 이루어졌다. 1991년에는 운평어문연구소 편 <국어대사전>이 출간되었고, 1992년에는 한글학회의 <우리말 큰사전>이 연이어 나왔다. 그간의 국어학 연구와 1980년대부터 활성화하기 시작한 사전 편찬 연구의 성과가 이 사전들에 반영되었고, 명실상부한 대사전의 면모를 갖추게 되었다. 이러한 대사전은 1999년 국립국어원에서 <표준국어대사전>을 출간하면서 대단원을 이룬다. 이 사전은 정부 기관이 주도하여 한국어의 규범성을 내세운 관제 사전이지만, 다수의 학자들이 참여하여 제작한 국어사전 편찬사의 한 획을 그은 결과물이다.

〈우리말 큰사전〉(1992, 한글학회 편)과 〈표준국어대사전〉(1999, 국립국어원 편)

<표준국어대사전>은 약 51만 개의 표제어를 수록하고 있으며, 제작 초기에는 시디롬을 함께 제작하였다가, 21세기에 IT 기술이 발달하면서 검색 기능을 강화한 전자 사전, 인터넷 사전의 형태로도 보급하였다.

# 05 | 사전이 독자에게 주는 정보

오늘날 휴대 전화 등에 넣어서 가지고 다니는 전자 사전은 가히 사전의 혁명이라 할 수 있다. 전자 사전은 디지털 정보로 저장되기 때문에 기술의 발달에 따라 사전의 크기나 종류에 구애받지 않고 휴대가 가능하다. 작은 사전에서부터 큰 사전, 백과사전을 막론하고 요즘 전자 사전의 형태를 갖추지 못하는 사전은 사전의 축에도 들지 못할 정도이다. 전자 사전은 종이 사전과는 비교할 수 없이 신속한 검색 기능을 갖추고 있을 뿐만 아니라, 저장, 복사 등의 기능이 자유롭다. 또 표제어 간의 비교를 위한 검색, 유의어, 반의어 등을 찾기 위한 조건 검색 등 특수한 목적으로도 얼마든지 사용할 수 있다.

그러나 종이 사전, 전자 사전을 불문하고 사전이 이용자에 제공하는 정보는 동일하다. 일반적인 어휘 사전의 경우 독자에게 제공하는 정보는 표제어에 대한 발음, 품사, 형태, 통사, 의미 등에 관한 것이다. 또한 해당 표제어의 사용 맥락에 대한 정보, 관련된 어휘에 대한 정보, 그리고 용례 정보도 포함한다. 백과사전과 같은 사항 사전들은 표제어에 대한 더 많은 정보들을 포함하지만, 여기서는 어휘 사전에 실리는 정보들을 중심으로 좀 더 자세히 설명하기로 한다.

사전에서 발음 정보는 표제어를 올바로 읽게 하기 위해 필요한 정보이다. 사전의 표제어는 문자 언어로 제시되는데 표제어의 표기와 실제 발음이 다를 수 있기 때문이다. 사전에서 발음 정보는 표제어가 실현되는 음성 형식에 대한 정보로서 표제어가 단독으로 실현될 때의 발음과 다른 성분과 결합하여 실현될 때의 발음에 대한 정보로 나눌 수 있다.

국어사전의 경우 대부분 발음을 한글로 표기한다. 그러나 외국인 학습자를 대상으로 하는 사전은 국제음성기호로 표시하기도 한다.

(1) 가. 계획(計劃/計畫)[계획/계훽] [계획만[계횡/계훵]] 〈〈표준국어대
　　　사전〉〉
　　나. 두부[두부 tubu]

(1가)는 한글 발음 정보 표시의 예로서 표제어 단독형의 발음과 음운 변동 시의 발음을 모두 보여 주고 있다. (1나)는 학습사전들에 나타나는 발음 정보로서 외국인 학습자 등을 위한 국제음성기호 발음 표기가 들어 있다.

품사 정보는 표제어에 대하여 문법적 기능, 형태, 의미에 따르는 갈래를 보여 주는 것이다. 그러나 사전에서의 품사 정보는 문법론에서의 단어에 대한 분류와 같은 것이기보다 표제어의 문법적 특성을 명시함으로써 사용자에게 해당 표제어의 실제 사용 정보를 제시하는 것이다. 따라서 품사 정보가 언어학 이론에서의 내용과 동일한 것을 의미하지는 않는다. 물론 엄격한 언어학 이론을 준수하는 품사 체계를 제시할 것인가 아니면 사용자를 위한 사용 정보 위주의 융통성 있는 분류 체계를 보일 것인가는 사전마다 다를 수 있다.

사전에서의 품사 정보 제공 의의는 사전 사용자에게 표제어의 정확한 갈래를 알게 하는 것이라고 할 수 있다. 따라서 사전은 목적에 따라 표제어가 속할 수 있는 의미, 기능상의 갈래를 제공한다. 또, 하나의 표제어가 둘 이상의 품사상의 특성을 지니고 있을 때 이의 의미와 용례 등도 제공해 준다. 그 예를 보이면 아래와 같다.

(2) <표준국어대사전>의 품사 정보 유형 및 예시

| 단어 분류 | 기능어 분류 | 기타 |
|---|---|---|
| 명사, 대명사, 수사, 동사, 형용사, 부사, 관형사, 조사, 감탄사, 의존 명사, 보조 동사, 보조 형용사 | 어미, 접사 | '어근'에 대한 정보 |

예시: 가다01 [가, 가니, 가거라]

[Ⅰ] 「동사」

[1] 【…에/에게】 【…으로】 【…을】

「1」 한 곳에서 다른 곳으로 장소를 이동하다.

¶ 산에 가다

「2」 수레, 배, 자동차, 비행기 따위가 운행하거나 다니다.

¶ 폭풍우가 치는 날에는 그 섬에 가는 배가 없다.

[Ⅱ] 「보조동사」

((주로 동사 뒤에서 '-어 가다' 구성으로 쓰여))

말하는 이, 또는 말하는 이가 정하는 어떤 기준점에서 멀어지면서 앞말이 뜻하는 행동이나 상태가 계속 진행됨을 나타내는 말.

¶ 책을 다 읽어 간다.


형태 정보는 표제어가 지니는 활용 및 어근, 접사 등에 관한 정보이다. 형태 정보를 통하여 사전 사용자는 일차적으로 표제어에 대한 조어론적인 정보를 얻을 수 있다. 또 표제어의 사용상의 형태 변화의 유무와 용법 등을 알 수 있다. 사전에서의 형태 정보는 표제항 중심의 사전 텍스트에서는 더욱 중요하다. 일반적으로 사전에서 형태 정보 범주로 볼 수 있는 내용은 용언의 활용, 파생어에 대한 정보, 어근이나 접사 표제어의 단어 형성 정보 등이다. 그리고 학습자용 사전에서는 체언의 조사 결합 정보와 피동, 사동 정보 등이다.

(3) 가. dis·cuss 미국·영국 [dɪ|skʌs]

동사과거 discussed 과거분사 discussed

현재분사 discussing 3인칭 단수 현재 discusses

명사형 discusser/discussion/discussant

형용사형 discussable/discussible 《네이버 영어사전》

나. 읽다[익따] [읽어, 읽으니, 읽고[일꼬], 읽는[잉-], 읽지[익찌]]

《표준국어대사전》

다. 지혜-롭다(智慧--)[-혜-따/-헤-따] [-로워, -로우니] 《표준국어대
사전》

(3)은 형태 정보를 보여 주는 사전들의 예이다. (3가)는 동사의 시제에 따른 활용형 및 명사형, 형용사 등의 형태 정보를 보여 주고 있다. (3나)는 <표준국어대사전>에서 동사의 활용 정보와 발음 정보를 함께 보여 주는 예이다. (3다)는 역시 <표준국어대사전>에서 형태소 경계와 불규칙 활용에 대한 정보를 얻을 수 있음을 보여 준다.

통사 정보는 표제어의 통합 관계 및 문법 요소와의 관계 등을 밝히는 내용을 가리킨다. 따라서 사전에서 통사 정보는 표제어와 다른 말과 결합상의 제약, 또는 문법적 기능어들과의 결합 여부와 규칙 등에 대한 정보가 표시된다. <표준국어대사전>에서 동사 '오다'에 대한 통사 정보를 발췌하여 제시하면 아래와 같다.

(4) 오다01

[I] 「동사」

[1] 【…에/에게】 【…으로】 【…을】

「1」 어떤 사람이 말하는 사람 혹은 기준이 되는 사람이 있는 쪽으로 움직여 위치를 옮기다.

¶ 나에게 오너라./군에 간 친구가 휴가를 받아 학교에 왔다.
[2] 【…에/에게】 【…으로】
「1」 수레, 배, 자동차, 비행기 따위가 말하는 이가 있는 쪽을 향하여
    운행하다.
¶ 비가 오는 날에는 이곳에 오는 배편이 없으니 모두 돌아가세요.
[3] 【…에/에게】
「1」 운수나 보람, 기회 따위가 말하는 사람 쪽에 나타나다.
¶ 드디어 나에게도 기회가 왔다.
[4] 【…으로】
물체가 말하는 사람이 있는 쪽으로 기울어지다.
¶ 액자가 이쪽으로 좀 오지 않았어요?/선이 우리 쪽으로 더 온 것 같다.
[6] 【…에서/에게서】 ('에서/에게서' 대신에 '…으로부터'가 쓰이기
    도 한다)
「1」 어떤 현상이 어떤 원인에서 비롯하여 생겨나다.
¶ 사고는 부주의에서 오게 마련이다.
[7] 【…을】
어떤 경로를 통하여 말하는 사람이 있는 쪽으로 위치를 옮기다.
¶ 어두운 산길을 왔더니 너무 힘들다.
[8] 【…에/에게 …을】 【…으로 …을】 ('…을' 성분은 주로 서술성이
    있는 명사가 온다)
어떤 목적 혹은 어떤 일을 하기 위하여 말하는 이가 있는 곳으로 위치
를 옮기다.


(4)에서 굵은 글자로 된 내용들이 통사 정보에 해당한다. <표준국어대
사전>에서는 주어 이외의 목적어, 보어 등 필수적인 성분들에 대한 정
보를 제시하되 조사의 형태를 이용하여 나타내고 있다. 그리고 이러한
통사 정보에 대해 보충적인 정보는 용례를 통해 제공 받도록 하고 있다.

의미 정보는 사용자가 사전에서 얻으려는 정보들 중에서 가장 중요한 것이다. 대부분의 사전은 이러한 사용자의 요구에 맞도록 충실한 뜻풀이를 제공한다. 사전에서 의미 정보는 언어의 내용적 측면을 주로 다루는 것이지만 언어학의 하위 분야인 의미론에서 다루는 학술적 차원의 의미 개념과 꼭 같은 것은 아니다. 즉 의미론의 연구에서는 의미가 어휘, 문장, 담화 등의 차원에서 다루어진다. 사전에서도 이들 차원을 모두 고려하여 의미 정보를 제공하기도 하지만, 의미 정보의 주된 대상은 표제어가 되는 형태소나 단어, 구 등의 어휘 항목이다.

사전의 의미 정보는 사전의 유형에 따라 다르며, 한 사전 안에서도 표제어에 따라 그 형식이 다를 수 있다. 예를 들면, 전문 용어나 은어, 비속어, 방언 등의 특수어의 뜻풀이는 일반적인 어휘들의 뜻풀이와는 다를 수밖에 없다. 또 표제어의 문법적인 기능, 화용론적인 쓰임에 따라서도 그 의미 정보는 다르게 제시될 수 있다.

즈구스터(Zgusta, 1971 : 257~258)는 사전 뜻풀이의 일반적인 원칙들을 제시한 바 있는데, 그 일부를 보면 다음과 같다.

> (5) 가. 사전의 뜻풀이는 뜻풀이 대상 단어보다 이해하기 어려운 말을 넣어서는 안 된다.
> 　　나. 뜻풀이의 대상이 되는 말을 그 뜻풀이에 이용해서는 안 된다. 독립하여 뜻풀이를 하지 않는 한 뜻풀이에 사용하는 단어의 파생어나 복합어도 함께 그 뜻풀이에 사용해서는 안 된다.

(5)에 제시된 사전의 뜻풀이에 대한 일반 원칙은 순환적 뜻풀이를 지양해야 한다는 것으로 요약된다. 순환적 뜻풀이는 뜻풀이가 되지 않은 용어를 표제어의 뜻풀이에 사용하는 것인데, 표제어보다 더 이해하기 어

려운 단어로 뜻풀이를 하는 것에도 동일하게 적용된다.

> (6) 가. 즐겁다[--따] [즐거워, 즐거우니]
>     「형용사」
>     【…이】 【-기가】
>     <u>마음에 거슬림이 없이 흐뭇하고 기쁘다.</u>
>     【즐겁다<석상> ←즑-+-업-】
>   나. 기쁘다[기뻐, 기쁘니]
>     「형용사」
>     【…이】 ('…이' 대신에 '…어(서)' 따위가 쓰이기도 한다.)
>     <u>마음에 즐거운 느낌이 있다.</u>
>     【<깃브다<석상> ←깄-+-브-】

(6가), (6나)는 인터넷 <표준국어대사전>에서 '즐겁다'와 '기쁘다'를 검색한 결과이다. 위에서 밑줄 친 부분이 뜻풀이다. 그런데 표제어 '즐겁다'에 대한 뜻풀이에는 '기쁘다'가 쓰였고, 표제어 '기쁘다'에 대한 뜻풀이에는 '즐겁다'가 쓰였다. 뜻풀이를 찾았을 때 뜻풀이 되지 않은 말이 다시 쓰인 것을 순환적 뜻풀이라고 한다. 이런 순환적 뜻풀이는 사전의 뜻풀이가 극복하여야 할 주된 문제의 하나이다.

사전은 위에서 언급한 발음 정보, 형태 정보, 통사 정보, 의미 정보 외에도, 표제어의 사용 맥락에 관한 화용 정보, 반의어, 유의어 등의 관련어 정보 등 다양한 내용을 제공할 수 있다. 또한 표제어가 쓰인 여러 환경에 관한 정보로서 다양한 용례를 제시하기도 한다. 사전의 사용자는 사전에서 이러한 정보들을 얻어서 관심이 있는 표제어를 적절한 목적에 사용할 수 있게 되는 것이다.

# 국어 정책론

## 01 국어 기본법

우리나라는 2005년 1월 27일 국어 기본법을 제정·공포하였다. 국어 기본법은 국어 사용을 촉진하고 국민의 창조적 사고력과 삶의 질을 향상시키는 한편, 민족 문화 발전에 이바지하려는 목적으로 제정되었다. 이로써 국어 발전을 꾀하고, 국어의 국제적 보급과 확산을 이룰 수 있는 법적 토대를 마련하였다.

국어 기본법 이전의 국어에 관한 법률은 1948년에 공포한 한글 전용에 관한 법률과 문화 예술 진흥법뿐이었다. 한글 전용에 관한 법률은 대한민국의 공용문서는 한글로 쓰지만 당분간 한자를 병용한다는 내용의 단 한 조로 된 법이었다. 문화 예술 진흥법 역시 제2장에서 국가는 국어 정책을 펴기 위한 계획을 수립해야 하고 어문 규범을 제정해야 하며, 이

를 위해 국어심의회를 두어야 한다는 내용이 전부였다. 국어 기본법의
제정으로 이 두 법률은 폐지하였다.

국어 기본법은 총 5장으로 나누어진 전문 27조와 부칙으로 이루어져
있다. 주요 내용을 요약하여 보이면 아래와 같다.


    (1) 국어 기본법 주요 내용
- ○ 문화체육관광부장관이 국어심의회의 심의를 거쳐 국어 발전 기본 계획을 수립·시행하고, 국어 정책의 수립·시행에 관한 보고서를 2년마다 국회에 제출하도록 함.(제6조 및 제8조)
- ○ 문화체육관광부장관이 국민의 국어 능력·국어 의식·국어사용 환경 등에 관한 자료를 수집하거나 실태를 조사할 수 있도록 함.(제9조)
- ○ 문화체육관광부장관이 국어심의회의 심의를 거쳐 어문 규범을 제정 및 개정하고 어문 규범이 국민의 언어생활에 미치는 영향 등을 평가하도록 함.(제11조 및 제12조)
- ○ 공공기관의 공문서는 한글로 작성하도록 하되, 대통령령이 정하는 경우에 한하여 한자 또는 다른 외국 문자를 괄호 안에 쓸 수 있도록 함.(제14조)
- ○ 국가가 국민이 각 분야의 전문 용어를 쉽고 편리하게 사용할 수 있도록 표준화하고 체계화하여 보급하도록 함.(제17조)
- ○ 재외 동포나 외국인을 대상으로 국어를 가르치고자 하는 자에게 일정한 기준에 의한 자격을 부여할 수 있도록 함.(제19조)
- ○ 문화체육관광부장관이 국민의 국어 능력 향상과 창조적인 언어생활 정착을 위하여 국어 능력을 검정하고 국어문화원을 지정할 수 있도록 함.(제23조 및 제24조)


국어 기본법의 제정 공포와 함께 국어 기본법 시행령도 마련하였다.

국어 기본법 시행령은 국어 기본법의 내용을 시행하기 위하여 필요한
구체적인 방안들을 법령으로 제정한 것인데, 그 주요 내용은 아래와
같다.


    (2) 국어 기본법 시행령 주요 내용−2005. 7. 28. 시행
        ○ 국어사용 실태 조사(제2조)
           −국어 정책 수립에 필요한 국어사용 실태 조사 실시
           −국민의 국어 능력·국어 의식·국어사용 환경에 관한 조사
             실시
        ○ 국어책임관의 지정(제3조)
           −중앙행정기관과 지방자치단체는 국어책임관을 둘 수 있음.
           −홍보 담당 부서장을 국어책임관으로 지정하고 문화부에 통
             보해야 함.
           −국어책임관의 임무
             (1) 알기 쉬운 용어의 개발, 보급과 정확한 문장 사용 장려
             (2) 정책 대상이 되는 사람들의 국어사용 환경 개선
             (3) 해당 기관 직원의 국어 능력 향상
        ○ 어문 규범의 영향 평가(제4조)
           −어문 규범의 제정·개정 시에 어문 규범에 대한 인식, 만족
             도 조사
        ○ 국어심의회(제5조부터 제11조까지)
           −국어심의회 위원의 임기는 2년으로 함.
           −언어 정책 분과, 어문 규범 분과, 국어 순화 분과의 세 분과
             위원회 설치
        ○ 공문서의 작성(제11조)
           −공공기관의 공문서는 어문 규범에 맞게 한글로 작성해야 함.
           −괄호 안에 한자나 외국 문자를 쓸 수 있는 경우
             (1) 뜻을 정확하게 전달하기 위해 필요한 경우

(2) 어렵거나 낯선 전문어 또는 신조어

○ 전문 용어의 표준화, 체계화(제12조)
　　－각 분야의 전문 용어를 표준화하고 체계화하여 보급해야 함.
　　－각 부처에 5~20인의 전문용어표준화협의회를 두어 전문
　　　용어 표준화안 심의
　　－문화부는 국어심의회를 거쳐 회신하고 각 부처는 확정안을
　　　고시, 사용해야 함.
○ 국어 보급(제13조, 제14조)
　　－외국어로서의 한국어 교육과정, 교재를 개발하고 전문가를
　　　양성하는 등 사업을 시행해야 함.
　　－한국어 교육의 질을 높이기 위해 한국어교원에게 자격을
　　　부여(1~3급)
○ 한글날 기념 행사(제15조)
　　－한글 발전 유공자 포상, 세종문화상 수여
○ 국어 능력 향상을 위한 정책 수립(제16조, 제17조)
　　－국어 능력의 향상에 필요한 정책을 수립·시행해야 함.
　　－관계 중앙행정기관 간의 협의 기구로 국어능력향상정책협
　　　의회를 둠.
　　－교육인적자원부 등 14개 부처 국어책임관으로 구성함.
○ 국어 능력 검정(제18조)
　　－국어 능력의 향상과 창조적인 언어생활의 정착을 위해 국
　　　어 능력을 검정함.
　　－듣기·말하기·읽기·쓰기 등에 대해 검정함.
○ 국어문화원 지정과 지원(제19조)
　　－국민들의 국어 능력을 높이고 국어 상담을 할 수 있도록
　　　국어문화원 지정
　　－상담 전문 인력과 상담 시설을 갖춘 곳을 지정

국어 기본법의 제정으로 국어에 관해 전에 없었던 새로운 제도가 마련되었고, 전에 있던 제도라도 종전보다 더 뚜렷하고 강하게 바뀌기도 했다. 전자의 예로는 국가 기관과 지방자치단체에 국어 문제를 책임지는 국어책임관을 지정할 수 있게 한 점, 한국어를 가르치는 이에게 전문성을 인정하는 자격을 부여할 수 있게 한 점, 국민의 국어 능력을 검정할 수 있게 한 점, 국민의 국어 능력을 키워 주기 위해 국어문화원을 운영할 수 있게 한 점 등을 들 수 있다. 후자의 예로 들 수 있는 것은 국어 발전 계획에 대한 내용이다. 이것은 종전의 문화 예술 진흥법에도 있었던 내용이지만 선언적인 조항에 그쳤던 반면, 국어 기본법에서는 5년마다 정기적으로 국어 발전 계획을 세워야 하고 2년마다 시행 결과를 국회에 보고하도록 함으로써 실효성을 훨씬 높였다. 국어 기본법의 제정과 시행으로 국어의 발전과 세계적 보급을 위해 국가적, 국민적으로 노력해야 할 내용들이 비로소 체계적으로 법제화되었다.

## 02 │ 국어 순화

국어 순화란 글자 그대로 해석하면 국어에 들어 있는 잡스러운 것들을 제거하여 국어를 순수하게 만드는 것이다. 국어에 들어 있는 잡스러운 것이란 바람직한 국어 생활을 저해하는 여러 요소들을 가리킨다. 예를 들면 순수성과 체계성을 파괴하는 외래적 요소들을 비롯하여 바람직하지 않은 습관적 언어 등이 국어에 들어 있는 잡스러운 것들이다.

국어 순화는 언어 순수주의에 기인한다. 한자나 일본어식으로 된 낱말을 고유어로 바꾸어 말하는 것, 또는 서양에서 들어온 외래어를 한자어나 고유어로 바꾸어 말하거나, 차별적인 의미를 띠는 단어 등 사회적으로 문제가 될 수 있는 용어를 순화하는 일 등이 모두 국어 순수주의에 따르는 것이다. 이러한 자국어의 순수성을 지키기 위한 활동은 정도의 차이가 있을지라도 어느 나라에서나 이루어지는 일이다.

자국 언어의 순수성을 지키기 위한 노력을 가장 잘하는 나라는 프랑스로 알려져 있다. 프랑스는 총리 직속의 전담 기관을 두고 범국민적인 언어 순화 운동을 전개하고 있다. 특히 방송에 종사하는 아나운서나 기자의 언어를 바로잡기 위해 방송언어보호위원회가 활동하고 있다. 1976년에는 이러한 운동을 법령으로 공포하고 위반자에게는 벌금까지 부과하는 조치를 취하고 있다. 또 아카데미 프랑세즈, 즉 프랑스 한림원에서는 언어사용을 승인하거나 금지하는 권한도 행사하고 있다. 이러한 자국어의 순수성을 지키려는 순화 운동은 몇 가지 측면에서 그 정당성을 인정한다.

먼저 언어 보존의 필요성이다. 세계에는 많은 언어가 있고, 각 언어마다 독특한 정신세계를 반영하고 있다. 언어의 순수성을 지키는 것은 언어의 다양성을 보장하는 것이고, 결국 정신의 다양성을 지키는 일이 된다. 국어를 순화하는 것은 국어의 순수성을 지키고, 국어가 세계 언어의 하나로서 고유한 체계를 유지하며, 우리 민족의 독특한 정신을 계승, 보존할 수 있게 해 준다. 보통 민족은 문화적 전통을 공통으로 하는 사회 집단이다. 특히 언어는 그 문화적 전통 가운데서도 가장 두드러진 것이다. 따라서 어느 민족이나 제 민족어를 보존하려는 운동을 중요하게 생각한다.

문화의 창조와 발전 및 전승의 필요성이다. 문화와 언어는 밀접한 관런이 있다. 언어는 문화에 의해 전달되는 것이기 때문이다. 하나의 언어를 순수하게 보존할 때 그 언어에 의해서 창조되는 문화 역시 보존할 수 있다. 문화의 보존과 발전이란 그 문화 창조의 주체들의 보존과 발전과도 불가분의 것이다.

사회 질서 유지의 필요성이다. 언어는 사회 구성원 개인의 자율성에 따라 사용하는 것이지만 사회 전체를 고려하지 않을 수 없다. 이것이 언어의 사회성이다. 언어가 사회적으로 용인하기 어려운 상태로 오염되었거나 개인의 무분별한 사용에 의해서 사회 전체의 이해에 문제를 일으킨다면 이것은 순화의 대상이 된다. 개인 언어라도 일정 부분 통제할 필요성이 있는 것이다.

국어 순화의 대상으로는 여러 가지가 있다. 일제 식민 치하에서 일본의 영향을 받아 쓰이는 말들이 일차적인 청산의 대상이다. 다음으로 서구 문명의 유입과 생활의 서구화로 인하여 무분별하게 도입되는 외국어들이 순화의 대상이 된다. 아울러 거친 언어 및 욕설, 음담패설도 정화 대상이다. 마지막으로 한자어도 대상이 될 수 있다. 다만 국어 어휘의 반 이상을 한자어가 차지하고 있는 현실에서 한자어 순화의 기준을 정하는 것은 매우 어려운 일이다

    (1) 다마내기 → 양파
       와리바시 → 나무젓가락
       사시미 → 생선회
       요지 → 이쑤시개
       벤또 → 도시락
       덴뿌라 → 튀김
       노가다 → 막노동

　(1)은 비교적 잘 알려진 청산 대상인 일본어의 잔재들이다. 이들 일본어 잔재는 지금 우리 국어에서 추방하기가 용이한 것들이다. 이것들에 대한 우리말 대응어들이 버젓이 있기 때문이다. 그렇지만 일부 이런 유형의 낱말들이 일상생활이나 특수한 영역에서 여전히 쓰이고 있는 것도 현실이다. (1)에 있는 단어들 중에도 '사시미, 요지, 노가다' 같은 말들은 아직도 세력을 갖고 우리 국어 속에서 쓰이고 있다.

> (2) 구라 → 거짓말
> 　　 짭새 → 경찰
> 　　 빽 → 배경

　(2)는 소위 은어이거나 교양 없는 말들로서 국어 순화의 대상이다. '구라'는 '속이다'는 뜻의 일본어 '구라마스'와 관련이 있는 말로 보이는데, '거짓말'로 순화해야 한다. '짭새'는 '경찰'을 가리키는 은어이고, '빽'은 '백그라운드'라는 영어에서 온 말로 보이는데 '배경'으로 순화할 수 있다. 은어나 비속어들 중에서는 이처럼 어원이 분명치 않고 어감이 나쁜 말들이 많아서 국어의 순수성을 해치고 있으므로 순화할 필요가 크다.

> (3) 가. 보너스 → 상여금
> 　　　 멤버 → 구성원
> 　　　 매스컴 → 대중 매체
> 　　　 아이디어 → 착안/생각
> 　　　 앰뷸런스 → 구급차
> 　　 나. 더치페이 → 각자내기

보드마커 → 칠판펜

헤드셋 → 통신머리띠

노블레스 오블리주 → 지도층 의무

 

언어의 순수성을 지키기 위하여 외래어를 수용할 것인가 추방할 것인가를 결정하는 것은 나라에 따라 다르다. 언어 순화를 정책으로 세운 나라에서는 그 정책에 따라 외래어를 다룬다. 우리나라의 경우 외래어는 대체로 '같은 우리말이 있는 것은 우리말로 바꾸어야' 하고, '우리말이 없는 것은 같은 우리말을 찾아내려고 노력해야' 한다는 것이 원칙이다. '도저히 추방되지 않는 외래어'가 있다면, 발음이라도 순화하여 사용해야 한다. 외래어가 국어의 일종인 것은 그 발음이 국어의 음운 체계 안에 있음을 말하는 것이기 때문이다. 따라서 우리말다운 음형으로 바꾸어 사용해야 한다.

위 (3가)는 국어에서 아주 익숙하여 순화하기가 쉽지 않은 외래어들이다. 그러나 각각에 해당하는 우리말이 있으므로 순화하여 써야 한다. (3나)는 2010년에 국립국어원에서 새로 순화한 외래어의 보기이다. 국립국어원에서는 수시로 우리말 속에 사용되고 있는 생경한 외래어들에 대해서 순화어를 공모한 후 심사하여 선정·발표하고 있다. 다만 국가적 차원에서 순화어를 정하는 것까지는 좋으나 이를 보다 활발하게 사용하도록 알리고 계도하는 일에는 아직 부족함이 많다.

(4) 가. 노견(路肩) → 갓길

고수부지(高水敷地) → 둔치

나. 가건물(假建物) → 임시 건물

가로등(街路燈) → 거리등

가불금(假拂金) → 미리 준 돈, 우선 지급금, 미리 받은 돈
개함(開函) → (함을) 엶
방임하다(放任-) → (내)버려 두다
설립(設立) → 세움

한자어에는 중국어계 한자어, 일본어계 한자어, 한국어계 한자어가 있다. 그러나 이들은 전문가가 아니면 구별하기 쉽지 않다. 이 중 특히 순화 대상은 일본어계 한자어이다. 한자어는 우리의 일상생활에서 없어서는 안 되지만, 좋은 우리말이 있으면 우리말을 사용하는 것이 언어 순화의 한 방법이다. (4)는 한자어를 우리말로 순화한 사례로서 국립국어원 <국어 순화집>에서 발췌한 것들이다. 특히 (4가)는 일본식 한자어로 알려져 있다. 그러나 한자어는 그 기원이 어디인지를 일반 국어 사용자들이 구별하기가 어렵다. 일본어에만 있는 한자어라고 하더라도 우리 일상에서 깊이 쓰이고 있어서 순화하기가 매우 어렵다. 한자어에 대해서도 (4나)와 같이 더 쉽고 뜻이 분명한 우리말 어휘로 바꾸어 쓰려는 노력이 더욱 필요하다.

위에서 설명한 말들 외에도 순화해야 할 필요가 있다고 보는 예들이 많이 있다. 곧 정치 용어 및 법률 용어, 학술 용어 등 전문 분야에서 사용하는 말들이 그것이다. 전문 분야일수록 한자어나 외래어의 사용이 빈번하고, 심지어는 우리말로 적는 것을 가벼운 일로 여기는 풍조마저 있다. 그러나 한자어나 외래어 혹은 외국어를 그대로 사용한다고 하여 학문이 발전하고 지식이 는다는 사고방식은 바꾸어야 할 것이다. 이것이 국어가 국제어로서 바로 자리매김하고, 하나의 독립적인 언어로서의 지위를 분명히 얻는 데 꼭 필요한 일이기 때문이다.

## 03 | 한국어의 세계화

한국어의 세계화란 세계의 사람들이 한국어의 형성 배경이나 문자 체계를 완전히 독립, 독창적인 것으로 인식하고, 제2 또는 제3언어로 한국어를 배울 가치가 충분히 있다고 생각할 뿐만 아니라 한국어를 실제로 배우며, 세계의 유수한 대학에서 하나의 학문으로 교육하고 연구하는 상태까지를 포함한다.

요즘 국제 사회에서 한국어에 대한 인식과 관심이 높아지고 있다. 2010년 현재 세계적으로 2,177개 교육 기관에서 한국어 교육이 이루어지고 있으며, 정부에서도 2015년까지 전 세계에 500개의 세종학당을 개설하여 운영할 계획이다. 그러나 한국어는 아직 중국어나 일본어에 비해 그 위상이 상대적으로 낮다. 따라서 한국어 강좌를 개설하는 나라와 대학 수를 늘리는 동시에 학부, 대학원에서 많은 한국어문학 전공자를 양성하는 질적 변화가 있도록 해야 할 것이다. 또 많은 나라의 고등학교에서 외국어로서의 한국어 과목이 개설되도록 노력해야 한다.

한국어 세계화에는 한국어 능력 표준 평가도 중요하다. 한국어 능력 표준 평가는 일본과 중국 등에서 국지적으로 실시하고 있는데, 서구를 포함한 세계의 많은 나라에서 폭넓게 실시하도록 해야 한다. 아울러 평가 문항과 답지에 대한 분석을 통해 수준 높은 평가 방식을 지속적으로 개발함으로써 한국어 능력 평가가 국제적인 공인을 받아서 세계적으로 권위 있는 시험이 될 수 있도록 해야 한다.

한국어를 세계에 널리 보급하는 데에는 교육과정과 교수 요목의 설정도 중요한 요소이다. 현재는 표준 교육과정이 없는 상태에서 각 교육 기관마다 자체적으로 교육과정을 수립하고 교수 요목을 만들어 사용하고 있다. 표준 교육과정과 교수 요목을 마련한 다음, 교재는 지역별, 수준별, 영역별, 학습 목표별로 각 단위에서 개발하고 응용할 수 있도록 하는 것이 바람직하다.

한국어의 세계화를 위해서는 통일 한국어의 확립도 필요하다. 어느 언어나 방언은 있게 마련이지만 남북한어가 공존하는 한국어는 국제화에 걸림돌이다. 한국어의 세계적인 보급을 위해서라도 통일을 위한 노력을 기울여야 할 것이다.

제2언어로서나 외국어로서의 한국어를 효율적으로 교육하기 위해서는 외국인을 위한 핵심적인 표준 문법의 제정도 반드시 이루어져야 한다. 한국어는 서양인들이 배우기 매우 어려운 언어로 알려져 있다. 외국어로서의 한국어 교육을 위한 핵심적인 표준 문법과 과학적이고 효율적인 교수 방법을 지속적으로 연구해야 한다.

한국어의 세계화를 위해 위의 내용들 못지않게 중요한 것은 한국어를 가르칠 우수한 교육자를 양성하는 일이다. 국어 기본법 제정 이후 현재 전국 대학이나 대학원에서 2급 한국어 교원을 배출하고 있다. 또 여러 기관에서 한국어 교원 양성 과정을 개설하여 한국어 교원이 될 수 있는 자격을 부여하고 있다. 더 심도 있는 연구와 교육을 통해 전문성을 갖춘 교사를 배출하여 한국어 교육의 질을 더욱 높여야 할 것이다.

# 04 | 어문 규범의 필요성

　어문 규범은 원활한 언어생활을 위해 국가가 정한 각종 규정이다. 그래서 어문 규범을 만들고 지키도록 할 수 있는 주체는 국가이다. 어문 규범은 바로 국가가 정책적으로 국민의 국어 생활을 통일시켜 표준 국어의 형태를 유지하고, 관리하는 데 꼭 필요한 것이다.

　국어 어문 규범은 국민의 글말과 입말을 모두 표준화한다. 어문 규범을 정서법으로 단순화해 인식하기도 하는데, 이는 글말에 대한 규정이 많은 부분을 차지하기 때문이다. 그러나 어문 규범에는 정서법은 물론이고 표준어의 사용, 표준 발음법의 준수, 적절한 경어 선택, 호칭어 선택 등 입말 자체를 규정하는 내용도 함께 있다. 요컨대 어문 규범은 국민의 글쓰기와 말하기 모두에 대한 규범인 것이다.

　국어 어문 규범은 국어 교육에 꼭 필요하다. 어문 규범이 국어의 표준화를 뒷받침하기 때문이다. 따라서 표준 국어에 대한 교육은 어문 규범을 준거로 하여 이루어질 수밖에 없다. 내국인의 국어 교육이나 외국인에 대한 제2언어로서의 한국어 교육에서 표준 국어는 어문 규범의 틀 안에서 규정하는 것이다. 이런 점에서 어문 규범은 바른 말 바른 글의 기준이라고도 할 수 있다.

　대표적인 국어 어문 규범은 네 가지이다. 한글 맞춤법, 표준어 규정, 외래어 표기법, 국어의 로마자 표기법이 그것이다. 여기에 국어의 경어법, 호칭어 사용법 등의 표준을 제시하는 국어 화법이 포함된다.

　어문 규범은 국어를 사용하는 사람이면 누구라도 지켜야 한다. 어문 규범을 지키는 것은 도로교통법을 지키는 것과 같은 사회적인 양식의 문제이기 때문이다. 도로에서 긴급한 일이 있을 때에 빨간 신호등을 지키지 않을 수 있지만, 이유 없이 그렇게 하는 행위를 부끄러운 일로 생각한다. 가정이나 사적인 장소에서 표준어를 사용하지 않거나 어문 규범을 지키지 않을 수 있다. 어떤 때는 방언을 사용하는 것이 표준어를 사용하는 것보다 더 나을 수도 있다. 그러나 책이나 신문에 쓰는 글, 그리고 공공을 대상으로 하는 말하기 등에서 어문 규범을 지키지 않는다면 부끄러운 일이다. 이런 점에서 어문 규범을 준수하는 국어 생활은 사회 공공의 선을 실천하는 일이다.


## 05 | 한글 맞춤법의 의의


한글 맞춤법은 국어 정서법의 원리와 띄어쓰기 원칙, 문장 부호법 등을 포함하는 어문 규범이다. 현행 한글 맞춤법은 1933년 한글학회가 제정한 <한글 마춤법 통일안>을 바탕으로 몇 차례의 수정과 보완을 거치다가 1988년에 전면 개정한 것인데, 1989년 3월 1일부터 시행하고 있다.

한글 맞춤법은 국어를 '소리대로' 적는 표음주의와 '어법에 맞도록' 적는 표의주의를 모두 정서법의 원리로 수용하고 있다. 이는 한글 맞춤법이 표기의 편리성과 함께 독서의 효율성이라는 목적을 동시에 달성하고자 하는 의도를 갖고 있음을 말해 준다.

한글은 표음문자이며 음소문자이다. 따라서 자음과 모음의 결합 형식에 의하여 말소리를 발음 그대로 표기하기에 좋다. 예컨대 '신다'의 불

규칙 활용형인 '실으니, 실어서'나, '구름, 나무, 하늘, 놀다, 달리다' 따위는 국어를 소리 나는 그대로 적은 것이다.

그러나 국어의 표기법을 규정함에는 국어를 소리대로 적는 원리만을 적용하기 어려운 점이 있다. 특히 독서의 효율이라는 점에서 보면 문제가 크다. 예들 들어 소리대로 적기 위해, '읽기'를 '일끼'로, '읽다, 읽고, 읽어'를 각각 '익따, 일꼬, 일거'로 적는다면, 적은 것만을 보고서 이것들이 같을 뜻을 지니고 있음을 파악하는 데는 어려움이 많다. 한글 맞춤법이 표음주의와 상충하는 표의주의 원리를 절충하고 있는 이유는 바로 여기에 있다. 어느 나라 말을 막론하고, 순 표음주의로만 정서법을 규정하는 일은 없다. 한글 맞춤법 역시 실제 발음과는 약간 다르더라도 소리와 형태에 관한 규칙을 세워 그에 따라 적도록 하고 있다.

한글 맞춤법은 총 6장 57항 및 부록으로 구성되어 있다. 그 내용을 대략적으로 살펴보면, 제1장 '총칙'에서는 한글 맞춤법의 원리를 규정하고 있고, 제2장에서는 한글 자모의 이름과 순서에 대하여 규정하고 있다. 제3장 '소리에 관한 것'에서는 된소리, 구개음화, 두음법칙 등에 대하여, 제4장 '형태에 관한 것'에서는 체언과 조사, 어간과 어미, 접미사가 붙어서 된 말, 준말 등에 대하여 규정하고 있다. 이 3장과 4장은 한글 맞춤법의 핵심 부분이라고 할 수 있다. 그리고 제5장은 '띄어쓰기'에 대한 규정이며, 제6장은 앞 장들에서 충분히 논의하지 않았거나 틀리기 쉬운 사항들에 대한 보충으로 되어 있으며, 부록에서는 문장 부호를 다루고 있다.

표준어 규정은 표준어 사정 원칙, 표준 발음법, 그리고 표준어 예시 등의 내용으로 된 어문 규범이다. 한글 맞춤법이 정서법의 이론과 원리의 규범이라면, 표준어 규정은 공용어 선정을 위한 규범이다. 곧 국어의 여러 방언 가운데서 국어 정책을 펼치고, 국어를 통일하는 데 필요한 특정한 방언을 선별하여, 공용어로 정한 것이 표준어 규정이다.

현행 표준어 규정 역시 한글 맞춤법과 마찬가지로 1987년 국어 심의회의 의결을 거쳐 개정한 뒤, 1988년 1월 19일 고시하여 1989년 3월 1일부터 시행하고 있다.

표준어는 국어 생활의 준거로서 특별히 규정한 공용어이다. 국어의 표준어는 표준어 규정 제1항에서 '교양 있는 사람들이 두루 쓰는 현대 서울말'로 정의하고 있다. 이 정의는 시간적으로는 '현대', 공간적으로는 '서울', 사회 계층적으로는 '교양 있는 사람들'의 말이 표준어임을 밝힌 것이다.

공적 활동에서 표준어를 익혀 올바르게 사용하는 것은 너무나 당연하고 필수적인 일이다. 영국에서는 런던에 표준어 훈련 기관이 있어 국회의원이나 정부 관리 등 공적인 활동을 하는 사람들에게 정확하고 품위 있는 표준어 발음을 가르친다고 한다. 공적 활동에서 교양 있는 표준어를 사용하는 일을 그만큼 중요하게 생각하기 때문이다.

# 07 | 외국에서 들어온 말

외래어 표기에 대한 최초의 어문 규범은 1933년 조선어학회에서 공포한 <한글 마춤법 통일안>의 한 조항이다. 여기서는 외래어의 표기에 다른 문자나 부호를 쓰지 않고, 한글 자모만으로 표음주의에 따라 적도록 하였다. 이 규정의 정신에 따라 1940년 조선어학회에서 '외래어 표기법 통일안'을 공포했다. 1986년 1월 7일 공포한 현행 '외래어 표기법'은 기본적으로 이 '외래어 표기법 통일안'의 표기 원칙을 이어받고 있다. 외래어 표기를 위한 기본 원칙들은 다음과 같다.

첫째, 외래어는 국어의 현용 24자모만으로 적어야 한다. 외래어란 외국어에서 유래한 말이지만 언중 사이에 익히 쓰여 국어화한 말이다. 따라서 외래어는 언중이 사용할 때 국어가 갖고 있는 제반 언어 규칙을 따르며, 언중도 그것을 국어로 인식한다. 이런 점에서 외래어를 현재 우리가 사용하는 24자모만을 사용하여 표기하는 것은 당연하다.

둘째, 외래어의 1음운은 원칙적으로 1기호로 적는다. 곧 국어의 표기가 하나의 음운에 대하여 하나의 기호를 쓰는 것과 같은 맥락이다. 그러나 외래어의 음운은 국어화하면서 국어의 음운 체계에 동화되어 원래 하나의 음운이던 것이 국어의 여러 소리에 해당되는 경우가 있을 수 있다. 예컨대, 'pulp, shop'은 '펄프, 숍'으로 표기하는 것과 같이 영어의 음운 'p'는 'ㅍ, 프, ㅂ'으로 소리 난다.

셋째, 받침에는 'ㄱ, ㄴ, ㄹ, ㅁ, ㅂ, ㅅ, ㅇ'만을 사용한다. 현행 한글 맞춤법에서 사용하는 7종성과는 달리 외래어 표기에는 'ㄷ'이 없고 'ㅅ'을 쓴다. 이는 국어의 음절 말 자음과 외래어의 받침에 다소의 차이가

있기 때문이다. 예컨대 영어에서 유래한 외래어인 '슈퍼마켓(super market)'
의 받침 'ㅅ'은 실제 발음이 'ㄷ'인 점으로 보나 영어의 음운이 't'인 점
을 감안하면 '슈퍼마켙'으로 표기하는 것이 합리적인 것으로 생각할 수
있다. 그런데 이 말 뒤에 모음으로 시작하는 조사 '이, 을, 은' 등이 붙게
되면 'ㅅ'으로 실현된다. 그러므로 이러한 현상을 고려하면 받침을 'ㅅ'
으로 표기하는 것이 더 합리적이다.

넷째, 파열음 표기에는 된소리를 쓰지 않는 것을 원칙으로 한다. 이는
어두에 유성 파열음 'b, d, g' 등을 가진 외국어에서 유래한 외래어의 표
기와 관련된다. 예컨대 영어의 'bag, band, bus'에서 유래한 외래어를
'빽, 뺀드, 뻐스'로 표기하지 않고, '백, 밴드, 버스'로 표기해야 한다.

다섯째, 이미 굳어진 외래어는 관용을 존중하여 적는다. 외래어는 유
입 경로가 다양하다. 문자를 통해서 들어오기도 하고 외국인의 발음에서
옮겨 오기도 한다. 원어에서 직접 들어오는 것도 있고 제3국을 거쳐서
들어오는 것도 있다. 또 오래 전부터 쓰여 온 것도 있고 최근에 들어오
는 것도 있다. 이렇게 다양한 외래어 중 오랫동안 쓰여 아주 굳어진 것
은 관용대로 적는다. 수용 경로와 방식이 다양한 외래어를 일정한 규칙
에 따라서만 적으면 언어 현실에 크게 어긋날 수 있어서 결국 혼란을 초
래할 수도 있다. 관용을 인정하는 표기의 대표적인 예가 '라디오'와 '카
메라'이다. 다만 관용을 인정한다고 할 경우, 그 관용적 표기의 범위를
어디까지 할 것인가가 문제인데 그것은 표준어를 사정하듯 필요할 때마
다 정해야 한다.

# 08 │ 국어의 로마자 표기

　　국어의 로마자 표기법은 외국인들에게 국어를 읽는 편의를 제공하기 위한 목적을 갖는 어문 규범이다. 따라서 국어의 로마자 표기법은 국어의 자음과 모음을 로마자로 대응시켜 표기하는 원칙을 규정하고 있다. 국어의 로마자 표기의 기본 원칙은 두 가지이다. 하나는 '국어의 로마자 표기는 국어의 표준 발음법에 따라 적는 것'이고, 다른 하나는 '로마자 이외의 부호는 되도록 사용하지 않는 것'이다. 국어의 자음과 모음에 대응하는 로마자를 보이면 아래와 같다.

〈자음의 로마자 대응 표〉

| ㄱ | ㄲ | ㅋ | ㄷ | ㄸ | ㅌ | ㅂ | ㅃ | ㅍ |
|---|---|---|---|---|---|---|---|---|
| g, k | kk | k | d, t | tt | t | b, p | pp | p |

| ㅈ | ㅉ | ㅊ |
|---|---|---|
| j | jj | ch |

| ㅅ | ㅆ | ㅎ |
|---|---|---|
| s | ss | h |

| ㄴ | ㅁ | ㅇ |
|---|---|---|
| n | m | ng |

| ㄹ | | |
|---|---|---|
| r, l | | |

〈모음의 로마자 대응 표〉

| ㅏ | ㅓ | ㅗ | ㅜ | ㅡ | ㅣ | ㅐ | ㅔ | ㅚ | ㅟ |
|---|---|---|---|---|---|---|---|---|---|
| a | eo | o | u | eu | i | ae | e | oe | wi |

| ㅑ | ㅕ | ㅛ | ㅠ | ㅒ | ㅖ | ㅘ | ㅙ | ㅝ | ㅞ | ㅢ |
|---|---|---|---|---|---|---|---|---|---|---|
| ya | yeo | yo | yu | yae | ye | wa | wae | wo | we | ui |

　국어의 자음과 모음은 위의 표에 나타난 것과 같이 대응하는 로마자를 사용하여 적는다. 그런데 주의할 사항들이 있다. 먼저 'ㄱ, ㄷ, ㅂ'은 모음 앞에서는 'g, d, b'로, 자음 앞이나 어말에서는 'k, t, p'로 적는다. 또 'ㄹ'은 모음 앞에서는 'r'로, 자음 앞이나 어말에서는 'l'로 적는다. 단, 'ㄹㄹ'은 'll'로 적는다. 그리고 'ㅢ'는 '이' 소리가 나더라도 'ui'로 적어야 하며, 장모음의 표기는 따로 하지 않는다.

　국어의 로마자 표기 원칙과 대응하는 문자에 대해 익힌다면 외국인이라도 국어로 된 표지판이나 글을 읽기에 용이하다. 그러나 어떤 언어에 대해서 깊이 공부하지 않고, 단지 문자의 대치만으로 정확하게 읽고 완벽하게 표현하기는 어려운 일이다. 종종 어떤 언어를 모르더라도 문자 전사를 통해 그 언어를 읽는 경우를 볼 수 있지만, 완벽한 발음을 기대할 수는 없다. 국어 로마자 표기법을 익힌 외국인도 마찬가지이다. 외국인이 로마자로 전사한 것만으로 어느 정도 국어를 읽을 수는 있지만 국어를 잘 익힌 사람과는 차이가 많다. 그러므로 로마자 표기법을 익혔더라도 국어를 좀 더 정확하게 알고자 한다면, 국어에 대한 더 많은 관심과 학습이 필요한 것이다.

# 참고 문헌


강범모(2010), <언어>, 한국문화사.

강신항(1983), 한국 한자음의 어제와 오늘, <국어생활> 17, 국어연구소.

강신항(1990), <증보판 훈민정음 연구>, 성균관대학교 출판부.

강창석(1990), 음절, <국어연구 어디까지 왔나>, 동아출판사.

강창석(1995), 한글과 한글표기법 이론의 체계화에 대하여, <국어학> 25, 국어학회.

강희숙(2001), 언어의 변화와 보존에 관한 사회언어학적 연구: 광주 방언을 중심으로,
    <한국언어문학> 제47집, 한국언어문학회.

고광모(1997), '르'과 관련된 두 음운 변화, <언어학> 18, 서울대학교.

고영근(1999), <텍스트이론−언어문학통합론의 이론과 실제>, 아르케.

고영근 외(2009), <한국문학작품과 텍스트 분석>, 집문당.

고영근(1983), <국어문법의 연구>, 탑출판사.

고영근(1987), <표준 중세국어 문법론>, 탑출판사.

고영근(1989), <국어형태론연구>, 서울대출판부.

고영근・남기심 편(1983), <국어의 통사・의미론>, 탑출판사.

고영근・구본관(2008), <우리말 문법론>, 집문당.

곽충구(1994), 계합 내에서의 단일화에 의한 어간 재구조화, <남천 박갑수 선생 화갑
    기념논문집>, 태학사.

구종남(1996), 간접의문문의 통사 분석, <한국언어문학> 제37집, 한국언어문학회.

구현정(1997), <대화의 기법>, 한국문화사.

국립국어원 편(1996), <국어의 시대별 변천 연구 1, −중세 국어−>, 국립국어원.

국립국어원 편(1997), <국어의 시대별 변천 연구 2, −근대 국어−>, 국립국어원.

국어사연구회(1997), <국어사 연구>, 태학사.

권재일(1985), <국어의 복합문 구성 연구>, 집문당

권재일(1992), <한국어 통사론>, 민음사.

기세관(1994), 국어 불규칙 어간의 형태론과 음운론, <한국언어문학> 제32집, 한국

언어문학회.

김광해(1993), <국어 어휘론 개설>, 집문당.

김광해(1998), <국어 어휘의 기반과 역사>, 태학사.

김광희(1997), <국어 변항범주 연구>, 한국문화사.

김기혁(1995), <국어 문법 연구>, 박이정

김무림(1992), <국어음운론>, 형설출판사.

김무림(2004), <국어의 역사>, 한국문화사.

김방한(1992), <언어학의 이해>, 민음사.

김병균(1996), <국어 동음이의어 연구>, 이회.

김봉순(2002), <국어교육과 텍스트 구조>, 서울대학교 출판부.

김세중(1997), 국어의 로마자 표기 실태, <새국어생활> 7:2, 국립국어원.

김영배 편(1992), <남북한 방언 연구>, 경운출판사.

김영태(1998), <경남방언과 지명 연구>, 경남대학교 출판부.

김영희(1988), <한국어 통사론의 모색>, 탑출판사.

김완진(1980), <향가 해독법 연구>, 서울대학교 출판부.

김용석(1981), 유의어 연구, <배달말> 5, 배달말학회.

김용석(1993), <통제 이론>, 한신문화사.

김웅배(1991), <전라남도 방언 연구>, 학고방.

김용직(1996), 방언과 한국문학, <새국어생활> 6:1, 국립국어원.

김인화(1995), 현대 한국어의 음성상징어 연구, 이화여자대학교 박사학위논문.

김재봉(1998), 텍스트 요약 전략에 대한 국어교육학적 연구, 조선대학교 박사학위논문.

김정대(1993), 한국어 비교구문의 통사론, 계명대학교 박사학위논문.

김정수(1993), 한글 풀어쓰기 운동, <국어생활> 18, 국어연구소.

김정은(1995), <국어 단어형성법 연구>, 박이정.

김종도(1995), 인지 문법의 개관, <담화와 인지> 1, 담화·인지언어학회.

김종도(1997), 인지 문법의 국어에의 적용, <한국어학> 5권 봄호, 한국어학회.

김종택(1982), <국어화용론>, 형설출판사.

김주필(1995), 두음법칙의 음운론적 해석에 대하여, <한국어학논총>, 국학자료원.

김진우(1985), <언어-그 이론과 응용>, 탑출판사.

김차균(1990), <우리말 시제와 상의 연구>, 태학사.

김창섭(1991), '-하다' 형용사에서의 표현적 장음, <국어학의 새로운 인식과 전개>,
    민음사.

김충회(1989), 현행 KS 완성형 한글 코드의 문제점, <국어생활> 18, 국어연구소.

김충회(1992), <충청북도의 언어지리학>, 인하대학교 출판부.

김칠남(1997), <우리말 어휘소 되기>, 한국문화사.

김태자(1987), <발화분석의 화행의미론적 연구>, 탑출판사.

김한곤·이상억(1989), <언어학신론>, 개문사.

김홍범(1997), <한국어 상징어 사전의 편찬 방안>, 한남대학교.

김홍범(1998), 한국어 상징어 연구－통사론적 특성을 중심으로, <새국어생활> 55,
국립국어원.

김희진(1996), 외래어 표기, 남북한이 어떻게 다른가, <새국어생활> 6:4, 국립국어원.

남기심·고영근(2002), <표준국어문법론(개정판)>, 탑출판사.

남기심·이정민·이홍배(1983), <언어학 개론>, 탑출판사.

남영신(2000), <새로운 우리말 분류 사전>, 성안당.

문교부(1989), <국어 어문 규정집>, 대한교과서주식회사.

박덕유(2009), <학교문법론의 이해>, 역락.

박병채(1989), <국어발달사>, 세영사.

박성종(1997), 차자표기의 어휘론, <새국어생활> 7:4, 국립국어원.

박영순(1994), <한국어 의미론>, 고려대 출판부.

박종갑(2003), <토론식 강의를 위한 국어의미론>, 도서출판 박이정.

방향옥·손춘섭(2008), 한국어학과 중·한 ‘2+2’ 학제에 따른 성과와 문제점－중국
치치하얼대학교를 중심으로, <새국어교육> 78, 한국국어교육학회.

배주채(1996), <국어음운론 개설>, 신구문화사.

배주채(1999), 한글전용시대의 한자, <한국어와 한국문화>, 새문사.

서상준(1997), <현대국어의 상대 높임법>, 전남대 출판부.

서상준·양영희(2009), 한국어 교육에서의 국어학적 지식 역할, <우리말글> 제46집,
우리말글학회.

서정목(1987), <국어 의문문 연구>, 탑출판사.

서정수(1996), <국어 문법(수정증보판)>, 한양대학교 출판원.

서태룡(1987), <국어 활용어미의 형태와 의미>, 탑출판사.

손남익(1995), <국어 부사 연구>, 박이정.

손춘섭(2001), 정도부사의 의미와 기능에 대한 고찰, <한국어의미학> 9, 한국어의미
학회.

손춘섭(2003), 국어의 내적변화 파생에 대한 연구, <국어국문학> 133, 국어국문학회.

손희하(1991), <새김 어휘 연구>, 태학사.

송기중(1996), 세계의 여러 문자와 한글, <새국어생활> 6:2, 국립국어원.

송복승(1995), <국어의 논항구조 연구>, 보고사.

송철의(1992), <국어의 파생어 형성 연구>, 태학사.

송하진(1994), 삼국사기 지리지 지명의 국어학적 연구, 동국대학교 박사학위논문.

시정곤(1998), <국어의 단어형성 원리(수정판)>, 한국문화사.

신지연(1998), <국어 지시용언 연구>, 태학사.

신현숙(1998), <의미 분석의 방법과 실제>, 한신문화사.

신희삼(1955), 합성명사의 형성에 관하여, <국어국문학> 114, 국어국문학회.

안병희(1992), <국어사 자료 연구>, 문학과 지성사.

안병희·이광호(1990), <중세국어문법론>, 학연사.

안병희·이희승(1994), <고친판 한글 맞춤법 강의>, 신구문화사.

양동휘(1994), <문법론>, 한국문화사.

양동휘(1989), <지배-결속 이론의 기초>, 신아사.

양명희(1998), <현대국어 대용어에 대한 연구>, 태학사.

양영희(1995), 관용표현의 의미 구현 양상, <국어학> 26, 국어학회.

양영희(2010), <중세국어 존대법 연구>, 역락.

오정란(1993), <현대 국어음운론>, 형설출판사.

왕문용·민현식(1993), <국어문법론의 이해>, 개문사.

우형식(2001), <한국어 분류사의 범주화 기능 연구>, 박이정.

유현경·남길임(2009), <한국어 사전 편찬학 개론>, 역락.

윤평현(1989), <국어의 접속어미 연구>, 한신문화사.

윤평현(1995), 국어 명사의 의미관계에 대한 연구, <한국언어문학> 제35집, 한국언어문학회.

이건환(1998), 의미 확장에 있어서 도식의 역할, <담화와 인지> 5-2, 담화·인지언어학회.

이관규(1992), <국어 대등구성 연구>, 서광학술자료사.

이관규(2002), <개정판 학교문법론>, 월인.

이광호(1995), <유의어 통사론>, 이회.

이규호(2010), <학교문법>, 한국외국어대학교 출판부.

이기갑(1986), <전라남도의 언어지리>, 국어학회.

이기갑(1998), 호남방언 문법의 이해, <호남의 언어와 문화>, 백산서당.

이기문(1991), <국어 어휘사 연구>, 동아출판사.

이기문(1998), <신정판 국어사개설>, 태학사.

이기문·김진우·이상억(1984), <국어음운론>, 학연사.

이남순(1988), <국어의 부정격과 격표지 생략>, 탑출판사.

이돈주(1989), 한자의 역사와 구조, <국어생활> 17, 국어연구소.

이돈주(1992), <한자학총론(전정증보판)>, 박영사.

이병근(1979), <음운현상에 있어서의 제약>, 탑출판사.

이병근(1981), 유음 탈락의 음운론과 형태론, <한글> 173·174, 한글학회.

이병근(1986), 발화에 있어서의 음장, <국어학> 15, 국어학회.

이병근·곽충구 편(1998), <방언>, 태학사.

이병근·송철의 편(1998), <음운 1>, 태학사.

이상규(2003), <국어방언학>, 학연사.

이상규·백두현 외(1995), <내일을 위한 방언 연구>, 경북대학교 출판부.

이상복(1990), 현대 국어의 조어법 연구, 연세대 박사학위논문.

이숭녕(1975), <중세국어 문법>, 을유문화사.

이승재(1992), <고려시대의 이두>, 국어학회.

이양혜(2002), <한국어 파생명사 사전>, 국학자료원.

이익섭(1984), <방언학>, 민음사.

이익섭(1990), <국어학개설>, 학연사.

이익섭(1994), <사회 언어학>, 민음사.

이익섭(1997), 로마자 표기법의 성격, <새국어생활> 7:2, 국립국어원.

이익섭·이상억·채완(1997), <한국의 언어>, 신구문화사.

이익섭·임홍빈(1983), <국어문법론>, 학연사.

이익환(1985), <의미론개론>, 한신문화사.

이익환(2000), <영어의미론>, 한국문화사.

이정애(1998), 국어 화용표지의 연구, 전북대학교 박사학위논문.

이호영(1996), <국어 음성학>, 태학사.

임지룡(1992), <국어의미론>, 탑출판사.

임지룡(1997), <인지의미론>, 탑출판사.

임칠성(1991), 현대국어의 시제어미 연구, 전남대학교 박사학위논문.

임홍빈(1996), 외래어 표기의 역사, <새국어생활> 6:4, 국립국어원.

임홍빈·이홍식 외(2002), <한국어 구문 분석 방법론>, 한국문화사.

장경희(1985), <현대국어의 양태범주 연구>, 탑출판사.

정경일 외(2000), <한국어의 탐구와 이해>, 박이정.

정제문(1990), '몽어유해'의 몽골어에 대한 연구, 서울대학교 박사학위논문.

정희원(1997), 역대 주요 로마자 표기법 비교, <새국어생활> 7:2, 국립국어원.

조건상(1981), <청주 북일면 순천김씨 묘 출토 간찰>, 충북대학교 박물관.

채완(1986), <국어 어순의 연구>, 탑출판사.

채완(2003), <한국어의 의성어와 의태어>, 서울대학교 출판부.

최명옥(1998), <국어 방언 연구의 실제>, 태학사.

최명옥(1998), <국어음운론과 자료>, 태학사.

최재희(1991), <국어의 접속문 구성 연구>, 탑출판사.

최재희(1996), 국어 의존동사 구문의 통사론, <한글> 제232호, 한글학회.

최전승(1985), <19세기 후기 전라방언의 음운현상과 그 역사성>, 한신문화사.

최전승 외(1999), <국어학의 이해>, 태학사.

최학근(1978), <한국방언 사전>, 현문사.

최현배(1937/1971), <우리말본(여섯번째 고침)>, 정음사.

허발(1979), <낱말밭의 이론>, 고려대학교 출판부.

허웅(1975), <우리 옛말본>, 샘문화사.

허웅(1983), <국어학-우리말의 오늘 어제>, 샘문화사.

허웅(1985), <국어 음운학>, 샘문화사.

홍사만(1994), <국어어휘론연구>, 형설출판사.

홍윤표(1994), <근대국어연구 (1)>, 태학사.

홍종선 외(2009), <한국어 사전 편찬학 개론>, 역락.

Aitchison, J.(1987/1994), *Words in the Mind: An Introduction to the Mental Lexicon 2nd ed.*, Oxford: Basil Blackwell.

Aronoff, M.(1976), *Word Formation in Generative Grammar.* Cambridge, Mass.: MIT Press.

Austin, J. L.(1962), *How to Do Things with Words*, Oxford: Clarendon Press.

Searle, J. R.(1969), *Speech Act*, Cambridge: Cambridge University Press.

Bloomfield, L.(1933), *Language*, New York: Holt, Reinhart and Winston, Inc.

Brinker, K.(1992), *Linguistische Textanalyse*(이성만 역, 1994), <텍스트 언어학의 이해>, 한국문화사.)

Carnap, R.(1956), *Meaning and Necessity*, Chicago: Chicago University Press.

Casad, E. H. ed.(1996), *Cognitive Linguistics in the Redwoods: The Expansion of a New*

*Paradigm in Linguistics*, Berlin: Mouton de Gruyter.

Chomsky, N.(1957), *Syntactic Structures,* The Hague: Mouton.

Chomsky, N.(1965), *Aspects of the Theory of Syntax*, Cambridge, Mass: MIT Press.

Chomsky, N.(1968), *Language and Mind*, New York: Harcourt Brace Jovanovich.

Chomsky, N.(1981), *Lectures on Government and Binding,* Dordrecht: Foris Publications. (이홍배 역(1987), <지배결속이론>, 한신문화사.)

Chomsky, N.(1992), *A Minimalist Program for Linguistic Theory,* MIT Occasional Papers in Linguistics.

Grice, H. P.(1975), *Logic and Conversation,* In P. Cole and J. L. Morgan(Eds.), *Syntax and Semantics 3: Speech Acts,* New York: Academic Press.

Hockett, C. F.(1958), *A Course in Modern Linguistics*, Macmillan.

Jakendoff, R.(1983), *Semantics and Cognition,* Cambridge, Mas. : MIT Press.

Kempson, R. M.(1977), *Semantic Theory*, London: Cambridge Textbooks in Linguistics. (허광일 · 이석주 · 박양구 공역(1980), <의미론>, 한신문화사.)

Leech, G. N.(1981), *Semantics*, Harmondsworth: Penguin.

Levinson, S.(1983), *Pragmatics*, Cambridge University Press.

Matthews, P. H.(1974), *Morphology*, Cambridge University Press.

Matthews, P. H.(1981), *Syntax,* Cambridge University Press.

Ogden, C. K. & I. A. Richards(1923), *The Meaning of Meaning*, New York: Harcourt Brace Jovanovich.

Palmer, F. R.(1981), *Semantics*, Cambridge University Press.(현대언어학연구회 옮김 (1984), <의미론>, 한신문화사.)

Quirk, R. et al.(1985), *A Comprehensive Grammar of the English Language,* London: Longman.

Saussure, F. de(1916), *Cours de Linguistique Générale,* Paris.(최승언 역(2006), <일반언어학강의>, 민음사.)

Tarski, A.(1956), *Logic, Semantic, Metamathematics*, London: Oxford University Press.

Trier, J.(1931), *Der Deutsche Wortschatz in Sinnbezirk des Verstandse: Die Geschishte eines Sprachlichen Feldes,* Bd. 1.

Ullmann, S.(1962), *Semantics: An Introduction to Science of Meaning,* Oxford: Basil Blackwell.(남성우 역(1979), <의미론의 원리>, 탑출판사.)

Wietgenstein, L.(1953), *Philosophical Investigation*, Oxford: Blackwell.

### ⅲ ㅈ

### ▌▌▌ ㅎ



### ▌▌▌ 히

저자 소개

**서상준** ■ 전남대학교 사범대학 국어교육과에 재직하고 있으며, 국어학개론, 국어
문법론 등을 강의하고 있다. 유학생들을 위한 한국어 교육에도 관심을
가지고 있다.

**손춘섭** ■ 광신대학교 국제한국어교원학과에 재직하고 있으며, 한국어 의미론 등
한국어학을 강의하고 있다. 제2언어로서의 한국어 교육 분야에 관심을
넓혀가고 있다.

**양영희** ■ 전남대학교 사범대학 국어교육과에 재직하고 있으며, 중세국어문법, 국
어사 등을 강의하고 있다. 국어사 교육의 활성화 방안을 모색하고 있다.

# 국어의 이해와 탐구

**초판 1쇄 발행** 2011년 8월 31일
**초판 2쇄 발행** 2013년 2월 28일

**지은이** 서상준 · 손춘섭 · 양영희
**펴낸이** 이대현
**편 집** 권분옥
**펴낸곳** 도서출판 역락
　　　　서울시 서초구 반포4동 577-25 문창빌딩 2층
　　　　전화 02-3409-2058(영업부), 2060(편집부)
　　　　팩시밀리 02-3409-2059
　　　　이메일 youkrack@hanmail.net
　　　　등록 1999년 4월 19일 제303-2002-000014호

ISBN 978-89-5556-937-7 93710
정 가 15,000원

* 잘못된 책은 교환해 드립니다.